DISCERNIMIENTO
DEL USO DE LA
FUERZA

Derechos humanos en la función policial

PABLO MARÍN MONTECINO

Autor y Compilador

DEDICATORIA

Para quienes hoy tienen la compleja, difícil y arriesgada
misión de hacer cumplir la ley en el mundo.

"Gracias a los que velan desvelándose. Ustedes son sin saberlo, los guardianes de nuestros sueños y la conciencia de la ciudad."

Gabriela Mistral

Contenido

ENLACES DE CONTACTO

LinkedIn

https://cl.linkedin.com/in/pablomarinmontecino

Email

pablomarin.montecino@gmail.com

orcid

https://orcid.org/0000-0002-0398-6501

AGRADECIMIENTOS

A mi familia, en especial, mis padres; Ana y Marcolino, mis hermanos Marcela y Marco Antonio, mi amada y admirada compañera de vida Carolina Andrea, por su apoyo incondicional, sabios consejos y comprensión, en nuestros más de 17 años juntos, de los cuales gran parte han sido sirviendo a nuestro país, desde nuestras profesiones ligadas a la abogacía y policía, como muestra de nuestra vocación e interés común por el servicio público.

A Carabineros de Chile, por estos casi 15 años de constante aprendizaje, iniciado como Carabinero Alumno el año 2009, en el Grupo de Formación de Carabineros en la ciudad de Ancud, Chiloé; aprendizaje que continuó posteriormente como Aspirante a Oficial en la Escuela de Carabineros de Chile en Santiago y han seguido con la especialización y perfeccionamiento en servicio. Reconociendo en especial a todas y todos quienes visten y han vestido el verde uniforme. Gracias por compartir su tiempo, experiencia, valores y principios en pro de la doctrina institucional.

Al gran equipo de la Dirección de Derecho Humanos y Protección de la Familia de Carabineros de Chile, que trabajan incansablemente por robustecer y prevalecer la cultura en derechos humanos.

Por último, pero no menos importantes, a mis profesores e instructores, camaradas de promoción, educandos y fraternales amigos y amigas, por siempre gracias.

***

ACERCA DEL AUTOR

Pablo Sebastián Marín Montecino, es Oficial de Carabineros de Chile, previo a ser policía estudió pedagogía en la Universidad Arturo Prat, obteniendo su título como profesor y licenciatura en educación el año 2006.

Además, es magíster en pedagogía universitaria de la Universidad Mayor, diplomado en derecho procesal penal de la Universidad de Chile, diplomado en ciberseguridad de la Academia Nacional de Estudios Políticos y Estratégicos, diplomado en derechos humanos, democracia y seguridad para el siglo XXI, de la Universidad de Santiago y Fundación José Ortega y Gasset de España. Posee un diploma en formadores en derechos humanos de la Universidad de los Lagos, entre otros.

El año 2021 inició estudios en el máster en derechos humanos, estado de derecho y democracia en Iberoamérica de la Universidad de Alcalá en España y magíster con el mismo nombre en la Universidad San Sebastián, y el año 2022 ingresó al programa de doctorado en Seguridad y Defensa impartido por la Academia Nacional de Estudios Políticos y Estratégicos (ANEPE).

Se destaca, además, que el año 2015, luego de su experiencia operativa, principalmente en Santiago de Chile, realizó la especialidad de Instructor en la Escuela de Carabineros de Chile y se desempeñó en dicho rol como comandante de sección y docente en diversos escuadrones del Grupo de Aspirantes a Oficiales, hasta el año 2019.

Desde el año 2016, posterior a formarse como instructor de derechos humanos aplicados a la función policial, certificado por el Comité Internacional de la Cruz Roja (CICR), comenzó a guiar clases de derechos humanos, tanto a Oficiales como Suboficiales; e incluso a docentes en calidad de tutor experto.

A partir del 2020, hasta abril del 2023; se desempeñó como jefe de la Sección Desarrollo Normativo y Educacional en el Departamento de Gestión en Derechos Humanos, que depende de la Dirección de Derechos Humanos, y actualmente está a cargo del área de docencia y capacitación en el Departamento de Control y Coordinación Interinstitucional de la misma Dirección en comento.

***

Prólogo: Ex-Subdirector Operativo de la PDI, Prefecto General (R) Luis Henríquez Seguel

El relato que nos entrega en su libro, el oficial de Carabineros de Chile: Pablo Marín Montecino, constituye un hito en los esfuerzos para promover y proteger los derechos humanos. El autor de esta obra recopila una serie de textos e instrumentos internacionales, que regulan el uso de la fuerza y la protección de los derechos humanos; para facilitar así, una mejor comprensión de la importante misión que tienen las policías en la protección de estos derechos.

La tarea de la Policía en la sociedad es difícil y delicada, así mismo se reconoce que el uso de la fuerza es legal, en circunstancias claramente definidas y controladas. El mandato de las policías es defender las libertades fundamentales, mantener el orden público y el bienestar general en una sociedad democrática, mediante políticas y prácticas que sean lícitas, humanitarias y disciplinadas.

En todas las sociedades, se entrega a las policías diversas atribuciones para los fines de la aplicación de la ley, y el mantenimiento del orden público. El ejercicio de esas atribuciones tiene inevitablemente un efecto inmediato y directo, para el cumplimiento de los derechos y libertades de cada uno de los conciudadanos.

La facultad de recurrir a la fuerza en ciertas condiciones lleva consigo la gran responsabilidad de velar porque esa facultad se ejerza lícita y eficazmente, basándose en los principios fundamentales de legalidad, necesidad, proporcionalidad y responsabilidad de los mandos llamados a dictar órdenes, supervisar y/o controlar los procedimientos.

Dentro del marco de los principios esenciales del uso de la fuerza, se considera la gradualidad, que debe aplicarse cuando sea estrictamente necesario, para fines lícitos de aplicación de la ley, proporcional, con moderación, reduciendo al mínimo los daños y lesiones, sin admitir excepciones ni excusas, para los usos ilegítimos de la fuerza.

Todos estos principios, contemplados en el Código de Conducta, para los funcionarios encargados de cumplir la ley, adoptado por la Asamblea General de las Naciones Unidas en el año 1979, el autor los interpreta fielmente en el desarrollo del libro, proponiendo el discernimiento del uso de la fuerza en los procedimientos policiales, como un tema de permanente investigación científica; donde profesionales de diferentes áreas del conocimiento, interaccionan para realizar aportes que faciliten un mejor análisis y comprensión.

El rigor del relato presentado por el autor, exponiendo una realidad objetiva, garantiza la independencia de su narración, evitando toda interpretación particular de la realidad social.

Prólogo: General (R) Carabineros de Chile Luis Valdés Bünting.

Abordar la temática de los Derechos Humanos, desde la perspectiva del uso de la fuerza, por parte de los funcionaros encargados de hacer cumplir la ley; es un desafío que debe asumirse, tanto como un imperativo legal, que a partir de la abundante normativa así lo avala y lo exige, como también, y principalmente; como un imperativo ético, que surge necesariamente de la propia Doctrina Institucional, en la cual los principios como el de protección de la vida y la dignidad humana en la legalidad, no pueden entenderse sin posicionarse desde los derechos fundamentales de las personas.

Es en este contexto, donde el libro: "Discernimiento del uso de la fuerza", hace un aporte significativo al fortalecimiento de los Derechos Humanos, y a la obligación que tienen los Estados, y, por ende, sus órganos dependientes dentro de los cuales indudablemente las policías, de ser los primeros garantes de ellos. Carabineros de Chile, ha asumido esta obligación con una mirada de responsabilidad, en la cual el proceso de aprendizaje a partir de debilidades y errores cometidos ha sido fundamental. El profundo proceso de reforma institucional que así lo avala, tanto a partir de los principios considerados por la Unidad Coordinadora de la Reforma, seguido por los atributos del carabinero del centenario, la misión y visión institucional y los objetivos estratégicos respectivos.

El camino recorrido ha sido largo y no exento de complicaciones. Mas allá que los contenidos de Derechos Humanos, ya fueron incorporados en la década del noventa del siglo pasado, con la participación de una eminencia en la materia, como lo fue el destacado jurista y diplomático Don Máximo Pacheco Gómez, quien asumiera como docente en la Academia de Ciencias Policiales de Carabineros, el proceso en estas casi tres décadas, caracterizada por altos y bajos, condicionado por aspectos coyunturales y marcado no pocas veces, por consideraciones ideológicas que indudablemente no aportaban en nada, a la mirada transversal que se debe tener sobre este trascendente tema.

Las consideraciones ideológicas señaladas, en muchas oportunidades se han construido a partir de mitos, que se sustentan en prejuicios o en evidentes juicios de valor, lejos de toda racionalidad o del necesario pensamiento crítico que requieren estos temas. La destacada académica

Catalina Fernández Carter en su libro: "Los límites de la Fuerza. Mitos y Verdades sobre los Derechos Humanos" (Editorial La Pollera Ediciones, Santiago de Chile, 2020), desarrolla en extenso algunos de ellos, dentro de los cuales podemos señalar a modo de ejemplo, la creencia, en que existe una marcada preocupación por los Derechos Humanos de los detenidos, es decir, de personas que actúan al margen de la ley o en abierta oposición a ésta, en desmedro de las personas honestas o directamente de los propios integrantes de las fuerzas policiales.

Otro reconocido mito que plantea Fernández Carter radica en que los Derechos Humanos y en su normativa, para asegurar su protección; se ha convertido en una evidente cortapisa al trabajo de las policías, generando inhibiciones en el actuar de sus efectivos, con perjuicio de la sociedad; que solo exige poder vivir en paz y seguridad. Lo que no favorece a fortalecer una cultura de absoluto respeto por estas garantías y derechos fundamentales.

Es por lo anteriormente señalado, que aportes como el de esta obra escrita y compilada por Pablo Marín Montecino, debemos valorarlos; ya que van en la dirección correcta, en el reconocer a los Derechos Humanos, como una conquista de la humanidad; pero no debiendo ser apropiados por sector alguno. En la medida que logremos generar una mirada transversal, y un consenso respecto al sentido y la importancia de los Derechos Humanos, asumiendo que no pueden ni deben ser patrimonio de un sector determinado, y mucho menos ser usados, como herramienta para acusar sistematicidad en su violación, sin los elementos de prueba que lo avalen y ratifiquen; entonces; estaremos generando las condiciones que permitan cimentar una verdadera cultura de respeto hacia los Derechos Humanos.

En este camino, se evidencia que, en el título de esta obra, encontramos la clave fundamental, sobre la condición imprescindible que debe estar presente en la educación de todo policía, dentro de dicha cultura del irrestricto respeto de los Derechos Humanos, se asume en plenitud la condición de ser los primeros garantes de ellos, ante toda la comunidad: El discernimiento.

El *"Discernimiento del uso de la fuerza",* se construye a partir de los conocimientos, tanto de la historia de la evolución de los Derechos Humanos, como de la abundante normativa legal y reglamentaria que existe al respecto, partiendo de la Declaración Universal de los Derechos Humanos de las Naciones Unidas del año 1948, como de los actualizados protocolos de actuaciones incorporados en la legislación y reglamentación nacional e institucional. De todo lo anterior, el presente libro se hace cargo, convirtiéndose así en una materia imprescindible, tanto para docentes como para estudiantes; que deben adentrarse en el conocimiento y la enseñanza de este saber, como de aquellos que solo por interés, deseen conocer, aprender y/o reflexionar al respecto.

Pero el esfuerzo de Marín Montecino no queda ahí, por lo tanto, quiero destacar y profundizar respecto a la mirada ética y doctrinaria que sobre los Derechos Humanos nos entrega. Es aquí donde dicho discernimiento, cobra el protagonismo, característica de una obra, que como este libro debe tener.

Abreviaturas y acrónimos

ACNUR: Alto Comisionado de las Naciones Unidas para los refugiados
CADH: Convención Americana sobre derechos humanos
Carta de la OEA: Carta de la Organización de los Estados Americanos
Carta de la ONU: Carta de la Organización de las Naciones Unidas
CC: Código de Conducta para funcionarios encargados de hacer cumplir la ley
CCT: Convención contra la tortura y otros tratos o penas crueles, inhumanos o degradantes
CDPD:Convención sobre los derechos de las personas con discapacidad
CICR: Comité Internacional de la Cruz Roja
CIDH: Comisión Interamericana de Derechos Humanos
CIJ: Corte Internacional de Justicia
CP: Conjunto de principios para la protección de todas las personas sometidas a cualquier forma de detención o prisión
CPI: Corte Penal Internacional
DD. HH: Derechos Humanos
DIDH: Derecho internacional de los derechos humanos
DIH: Derecho internacional humanitario
DUF: Discernimiento del uso de la fuerza
DUDH: Declaración Universal de Derechos Humanos
EPU: Examen periódico universal
FEHCL: Funcionarios encargados de hacer cumplir la ley
HRW: *Human Rights Watch*
INDH: Instituto Nacional de Derechos Humanos
OEA: Organización de los Estados Americanos
ONG: Organización no gubernamental
ONU: Organización de las Naciones Unidas
PBEF: Principios básicos sobre el empleo de la fuerza y de armas de fuego por los funcionarios encargados de hacer cumplir la ley
PNDH: Plan Nacional de Derechos Humanos
PIDCP: Pacto Internacional de derechos civiles y políticos
PIDESC: Pacto Internacional de derechos económicos, sociales y culturales
RUF: Reglas del Uso de la Fuerza

Introducción

Una de las tradicionales formas de abordar académicamente los derechos humanos, ha sido principalmente desde el área jurídica, lo cual tiene mucho sentido, dado que se considera a esta, una rama del derecho internacional público; donde la bibliografía existente es una prueba palmaria de ello, no obstante; el autor desde su perspectiva considera que existen aportes de otras disciplinas que pueden fortalecer y complementar el análisis, para una visión más holística. En esta línea, es pertinente citar lo expuesto por el jurista René Cassin redactor de la DUDH, quien expresó, que "no se puede ver dicha declaración solo en clave jurídica, dado que lo esencial está ligado a la ética".

Es por ello, que este libro comienza con reflexiones de los derechos humanos, como un código de ética universal, de la mano del destacado Dr. Alejandro Arroyo Ríos autor del Best Seller *"La vida se cura con la vida"*.

La temática central del libro radica, en un término que ha acuñado el autor, basado en su experiencia como docente y policía, denominado discernimiento del uso de la fuerza (DUF), el cual es un complemento a los tradicionales principios del uso de lo anterior, donde se reduce la práctica de éstos, que a su juicio; es lo que necesita fundamentalmente un policía operativo, para saber distinguir cuándo y cómo hacer uso de la fuerza en un procedimiento determinado.

El concepto, lo toma el autor desde un enfoque académico y pedagógico, a modo de respuesta y complemento, a las regulaciones legales y normativas que se han generado a raíz de las recomendaciones nacionales e internacionales, presentadas al Estado de Chile; por el HRW, ACNUDH, CIDH, INDH y Defensoría de la Niñez, como consecuencia de los graves hechos de violencia, posteriores al 18 de octubre de 2019, para así enfatizar, en el correcto uso de la fuerza, sobre todo en aquellos contextos complejos.

Lo anterior, sumado a las recomendaciones del Examen Periódico Universal (EPU) en el tercer ciclo, en lo relativo al uso excesivo de la fuerza han generado la convicción del autor para plantear la siguiente premisa; un policía que desconoce el discernimiento del uso de la fuerza

(DUF) tiene mayores probabilidades de vulnerar los derechos humanos. Lo que se comprueba fehacientemente con la jurisprudencia internacional revisada y datos de aquellas instituciones que tienen altos índices de letalidad, en las que no se visualiza una plena cultura de respeto de DD.HH.

Por otro lado, se expone en este texto la necesidad de reconocer la dignidad de los policías, como sociedad; y de la misma manera, reflexionar sobre los derechos humanos de éstos, donde se dé la oportunidad de analizar e interpretar asertivamente, las preocupantes cifras de agentes asesinados en los últimos años en Latinoamérica.

Con la finalidad de tener una mirada holística sobre la temática central, se destacan los aportes de destacados profesionales, como al doctorando en Seguridad y Defensa: Felipe Cartes Salgado, quien entrega un análisis desde las Ciencias Políticas, Relaciones Internacionales y Seguridad y Defensa. De igual manera, se ha tenido en cuenta a la abogada y magíster en derecho público: Carolina Landaeta Turra quien desde el derecho público y administrativo aborda la probidad y transparencia en la función policial, así mismo, al abogado y magíster en derecho público: Rodrigo Muñoz, quien hace claro detalle de la evolución del uso de la fuerza en Chile durante el siglo XXI, quien analiza en este país, y en profundidad el caso de Alex Lemún Vs el Estado de Chile, y las pondera en materia de cambios legales y cultura educacional de DD.HH.

Además, se hace énfasis sobre la importancia del ejercicio del mando apegado a los DD.HH. y el poder de referencia, destacando particularmente al S.O.M. de Carabineros de Chile José Vera Muñoz de especialidad Instructor, quien entrega a modo general nociones relevantes del "Método de Tiro Defensivo de Preservación de la Vida", más conocido por el "Método Giraldi".

El reconocido y destacado sociólogo de la Universidad de Chile Sergio Vivanco Zúñiga, como principal referente académico de la nueva figura denominada Agentes de Diálogo, entrega su visión de lo que ha sido esta nueva apuesta en el contexto del control del orden público. Desde el área de las comunicaciones, el destacado docente y periodista Mg. Marcelo Balbontín Rojas, aborda el uso de la fuerza desde la complejidad de interpretarlos en materia comunicacional, y finalmente el psicólogo Mg. en Neurociencias Jasson Berly Zafirópulos, quien se desempeña desde el apoyo profesional a policías en la Zona de la Araucanía, presenta el tema sobre regulación emocional y el uso de la fuerza: La dinámica del comportamiento en situaciones de alto impacto policial.

En consecuencia, con este libro se busca entregar algunos recursos didácticos y nemotécnicos, relacionados y enfatizados en la enseñanza de derechos humanos; en la función policial. De igual manera, aclarar algunos mitos que existen sobre los derechos humanos de los policías, para entregar una verdadera guía, de las obligaciones que tienen los Estados, conforme al estándar internacional de derechos humanos, y así empoderar a quienes ejercen la cada vez más difícil labor de hacer cumplir la ley, donde se espera, que sea un real aporte al trabajo diario de aquellos hombres y mujeres; que han jurado rendir su vida si fuese necesario en defensa del Orden y la Patria.

Por último, es preciso mencionar que en este libro se considera un lenguaje inclusivo "moderado" en atención a los cambios propios del siglo XXI, por lo que para algunos académicos más rigurosos en el lenguaje y fieles a las reglas del DRAE les podrá llamar la atención el que use "los y las", "todos y todas", "hombres y mujeres", entre otras. Pero de no ser así, no sería consecuente con los derechos humanos que ven en prospectiva ideales para una mejor sociedad, inspirada en los tres conceptos plasmados en el artículo 1 de la DUDH como son; la libertad, igualdad y fraternidad, lo cual ha sido, además, el ejemplo y énfasis los últimos cuatro presidentes de Chile, en sus discursos de cuentas públicas ante el Congreso.

Sobre esto, me permití revisar todos los discursos de cuentas públicas de presidentes chilenos ante el Congreso Nacional, desde S.E. José Joaquín Prieto el 1 de junio de 1832 hasta la fecha, constatando que fue S.E. Ricardo Lagos Escobar el primero en considerar en sus vocativos "Conciudadanos y Conciudadanas", agregando esta última palabra que de cierta manera hace la inclusión a la mujer en los discursos de esta índole, marcando el hito en el año 2000 coincidiendo con el nuevo siglo y milenio, por lo menos, desde nivel de discursos republicanos ante el Congreso, y se mantuvo con S.E. Michel Bachelet quien agregó el 21 de mayo de 2006 por primera vez en estos mensajes el "Chilenos y Chilenas". Luego S.E. Sebastián Piñera el 2011 cambió el orden al comenzar con "Chilenas y Chilenos" y en su último discurso el 1 de junio 2023 el actual Presidente S.E. Gabriel Boric en el congreso se refirió a "Chilenos y Chilenas"[1].

---

[1] Véase "Mensajes presidenciales ante el congreso pleno" disponible en https://www.bcn.cl/historiapolitica/corporaciones/cuentas_publicas/detalle?tipo=presidentes

1 Reflexiones: Derechos humanos: Un código de ética universal. Dr. Alejandro Arroyo Ríos, PhD.

Es necesario e importante, iniciar con la siguiente pregunta: ¿Somos todos los seres humanos sujetos con derecho? A estas alturas de la historia, uno podría pensar que esta pregunta ya está contestada de manera afirmativa, y que no plantea ningún género de duda. A lo largo del siglo XX y principios del XXI, se han ido firmando multitud de declaraciones de derechos, a favor de los grupos humanos más desfavorecidos, las cuales; dichas declaraciones internacionales han sido sancionadas por los estados de todo el mundo. Sin embargo, el problema real acerca de los derechos humanos radica en que su reconocimiento efectivo está muy lejos de ser cumplido y evidenciado.

Sin duda, fue el derecho romano el primero que llegó a definir el concepto de persona como sujeto de derechos y obligaciones; pero es evidenciado; que ni los esclavos, ni los extranjeros; tenían en Roma la consideración de sujetos con derecho. En cuanto a las mujeres, aunque fuesen ciudadanas romanas, estaban bajo la tutela de sus padres, maridos e incluso hermanos. Por tanto, la consideración de persona como sujeto de derechos y obligaciones no tuvo en el derecho romano una extensión universal. Las personas físicas y las personas jurídicas fueron una creación del derecho romano, pero su alcance no llegó a todos los habitantes del Imperio.

Un momento clave para el reconocimiento de los derechos de todos los ciudadanos, fue sin duda la Declaración de los derechos del hombre y del ciudadano, el 26 de agosto de 1789. "La Asamblea Nacional Constituyente francesa, aprobó esta Declaración, convirtiéndose en un legado fundamental de la Revolución Francesa, que tiene un valor universal, y constituyó la base de la Declaración de las Naciones Unidas en el año de 1948" Sin embargo, dicha declaración tuvo una tremenda omisión, al no incluir a las mujeres en la misma. Fue Olympe de Gouges, escritora francesa que reivindicó la igualdad de derechos entre hombres y mujeres en el marco de la Revolución Francesa, por lo que es considerada una precursora del moderno feminismo. Se destaca que logró incluir a las mujeres con la Declaración de los Derechos de la Mujer y de la ciudadanía, siendo así uno de los primeros documentos históricos, que propone la emancipación femenina en el sentido de la igualdad de derechos o la equiparación jurídica y legal de las mujeres en relación con los varones. Dicho texto fue presentado en la Asamblea Legislativa el 28 de octubre del 1791.

Por fin en 1948, la Declaración Universal de los Derechos Humanos, estableció sin reservas en su artículo 2, que: **"Toda persona tiene los derechos y libertades proclamados en esta Declaración, sin distinción alguna de raza, color, sexo, idioma, religión, opinión política o de cualquier otra índole, origen nacional o social, posición económica, nacimiento o cualquier otra condición"**. El reconocimiento, de toda persona como sujeto de derechos, implica que las leyes solamente se pueden aplicar a quienes son sujeto de derechos, a las personas, sean estas físicas o jurídicas. Importante es señalar que, esta nominación de sujeto de derechos conlleva también la de las obligaciones. Ambos elementos derechos y obligaciones constituyen el anverso y el reverso de todo el compendio de leyes que constituyen el sistema jurídico de un país. Aunque en nuestra época vivimos solamente el tiempo de los derechos, no se puede olvidar que los derechos no son absolutos, porque siempre tienen limitaciones debido al cumplimiento de obligaciones recíprocas. Si aceptamos el principio de dignidad para todos los seres humanos, tenemos que concluir que todo ser humano es sujeto de derechos al margen de cualquier condición biológica, psíquica, social o cultural.

Si se niega la libertad y la dignidad de toda persona, o se considera que no es posible atribuir responsabilidad a ninguna acción humana, entonces la ética no tendría sentido ya que nadie podría ser considerado un agente moral capaz de obrar en conciencia bien o mal. Los seres humanos siempre estamos situados o actuamos en un determinado contexto, y en cada caso existen factores que pueden presionar en un sentido o en otro nuestra capacidad de decisión, que en definitiva depende también de nuestra condición neurofisiológica como seres humanos que somos. Ortega y Gasset definieron muy bien el sentido de las determinaciones en las que siempre está inscrita la acción del yo, al decir que "yo soy yo y mis circunstancias". Es decir, que todo ser humano está muy condicionado por sus coordenadas espaciotemporales y nadie está fuera de su situación histórica. En otras palabras, las circunstancias forman parte de nuestro yo. Por ello uno de los análisis más interesantes que se puede hacer desde la perspectiva de la ética es el de los dilemas; es decir, el de poner a una persona ante la necesidad de tomar una decisión ante una situación con dos o más opciones que pueden tener consecuencias muy distintas para el individuo y la sociedad. Esto se nos presenta también como razón última de la libertad que es de carácter moral, ya que en ella nos jugamos la apuesta más importante que tenemos en la vida: La de decidir lo que queremos ser. Kant vio en la libertad la verdadera esencia moral del ser humano. Así, el ser humano tiene que ir configurando libremente su personalidad ética como parte de una filosofía que reflexiona sobre el hecho moral, es decir, sobre lo que está bien o está mal. Así, pues, en nuestro día a día, nos ajustamos a ciertos principios o normas que guían u orientan nuestra conducta.

La premisa universal de toda ética es el bien como provecho y necesidad común para todos. Para que la ética sea un bien compartido, es necesario que el valor de lo bueno y justo esté consagrado como un derecho humano que oriente políticamente a una ciudadanía cada vez más inclusiva, hacia los valores de la libertad y de la paz convivida. En ese aspecto la ética, que versa sobre valores humanos, de alguna forma busca su reconocimiento en las prácticas individuales y/o colectivas entre las personas que comparten y conviven dichos valores, asumidos mediante normas de vida, donde los principios que legislan los valores éticos declaran el respeto a la identidad y a la diversidad, propias de la pluralidad de las conductas humanas.

¿Podemos entonces, considerar la Declaración de los Derechos Humanos como un código ético universal? Creo que para comprender el sentido universalista de la declaración Universal de los Derechos Humanos de 1948 conviene analizar brevemente el contexto en el que surgió y los motivos profundos que impulsaron a los Estados a suscribir aquella declaración. En este análisis podemos apreciar que las razones que llevaron a asumir ese compromiso político, ético y jurídico siguen siendo hoy totalmente válidas.

El mundo actual, está situado hoy ante amenazas graves para la supervivencia, donde el horizonte ético de los derechos humanos sigue siendo una exigencia global ineludible para todos los gobiernos. El momento en que se produjo la Declaración (1948), fue posterior a la II Guerra Mundial, una guerra en la que hubo millones de muertos y en la que los campos de concentración nazi se convirtieron en un ejemplo execrable de crímenes contra la humanidad. En aquellos años había comenzado ya el periodo de la Guerra Fría, que dividió el mundo en dos bloques antagónicos regidos por dos sistemas ideológicos opuestos que nos mantienen hasta la actualidad encadenados a estas posiciones ideológicas, como el capitalismo y el comunismo, encabezados por dos grandes potencias militares: Los Estados Unidos de América y la URSS. Las razones que impulsaron a la Declaración están bastante claras en el preámbulo de esta y entre ellas podemos destacar las siguientes:

Es esencial, promover el desarrollo de relaciones amistosas entre las Naciones […] Considerando que los pueblos de las Naciones Unidas han reafirmado en la carta su fe en los derechos fundamentales del hombre, en la dignidad y el valor de la persona humana y en la igualdad de derechos de hombres y mujeres, y se han declarado resueltos a promover el progreso social y a elevar el nivel de vida dentro de un concepto más amplio de libertad.

La paz o las declaraciones amistosas entre todos los pueblos, se presenta como un objetivo esencial en ese momento de la Declaración, puesto que dos guerras mundiales y el lanzamiento de la bomba atómica en Japón, exigían que los estados tomaran posiciones ante futuras amenazas de guerra. A ello se unió, además la fe en los derechos y libertades fundamentales, en la dignidad de toda persona y en la igualdad de derechos entre hombres y mujeres.

Estos dos considerandos señalan perfectamente el clima intelectual y moral en el que se redactó aquella Declaración. No hay ninguna fundamentación de tipo religioso ni menos teológico, para creer en los derechos y libertades fundamentales de todo ser humano. Todos somos iguales en cuanto que personas, con el mismo valor y la misma dignidad.

¿Tienen entonces los policías derechos en los Derechos Humanos? Cuando se habla de derechos humanos, hablamos de las obligaciones que tiene el Estado de garantizar la vida y la dignidad de las personas. Los funcionarios encargados de hacer cumplir la ley, los agentes del Estado son personas; por lo tanto, el Estado tiene la obligación de garantizar sus derechos. Así, hay que considerar que todas las personas, incluyendo los agentes del Estado, son titulares de derechos, puesto que, además, la universalidad de la Declaración está explicitada de modo directo a través de sus propios artículos, pues muchos de ellos comienzan con estas frases: "toda persona", "todo individuo"; o bien "todos los seres humanos". También se expresa esa universalidad en forma negativa diciendo en muchos artículos que "nadie podrá ser privado de sus derechos mediante la coacción o la represión". Curiosamente, el último artículo es una nueva forma de interpretación universalista de estos derechos, puesto que al

señalar que*: "Nada de lo escrito en la Declaración puede interpretarse de modo que permita a alguien utilizarlo para intentar suprimir los derechos y libertades proclamados en esta Declaración".* Es
decir, queda muy claro que de algún modo se establece un blindaje contra
toda interpretación malévola tendiente a suprimir esos derechos inherentes a todo ser humano. Toda la Declaración tiene en su esencia una pretensión de universalidad por la que manifiesta su clara intención de que
todos los "Estados" promuevan y resguarden eficazmente la defensa de
los derechos y libertades individuales contenidos en la misma. Cuando
un particular vulnera la ley, comete un delito.

Cuando un agente del Estado vulnera la ley, comete un delito y
genera una responsabilidad del Estado, que es lo que se denomina violación a los Derechos Humanos. Un policía es un servidor público y per-
sonifica la facultad coercitiva que tiene el Estado para hacer uso del
monopolio de la fuerza legítima. Los funcionarios encargados de hacer
cumplir la ley deben respetar y proteger la dignidad humana y defenderán
y harán respetar los derechos humanos de todas las personas observando
los principios de legalidad, necesidad, no discriminación, proporcionalidad y humanidad.

El problema, es que la primera gran dificultad que se presenta se
evidencia en que la Declaración no es un documento jurídico que obligue
de modo vinculante a los Estados; aunque la mayoría de los Estados actuales lo han firmado, sin embargo, no existe ningún mecanismo jurídico
establecido para obligar a su cumplimiento. De ahí que en los últimos
años hayan aparecido las ONG como, por ejemplo, Amnistía Internacional, que vigilan y denuncian a los Estados que vulneran los derechos humanos en cualquier parte del mundo; pero es evidente que esto no es un
instrumento que resguarde los derechos ni menos permitir la obediencia
de los gobiernos en esta materia.

Otra razón, por la que muchos Estados dicen aplicar en sus territorios los derechos humanos cuando realmente los está vulnerando; es la
utilización retórica del discurso de la Declaración para ocultar los hechos.
Así, el "terrorismo de Estado", ha sido y es justificado por algunos gobiernos aludiendo a la defensa de la seguridad de sus ciudadanos y a la
necesidad de restringir derechos fundamentales en nombre del orden y
la seguridad del Estado. En este punto, es necesario aclarar que, siendo
Carabineros de Chile, un organismo del estado chileno no es responsable
de posibles situaciones que atiendan a sus operativos policiales. Por otro

lado, la utilización perversa del concepto de seguridad por parte de los gobiernos ha sido una constante en la lucha antiterrorista, comenzando por los Estados Unidos tras los atentados del 11 de septiembre de 2001.

Finalmente, es necesario especificar que la Declaración es un texto etnocéntrico que responde a las necesidades y esquemas culturales y morales de Occidente, y que, por tanto, no tiene un carácter que considere la transculturización universal de la especie humana. Así, por ejemplo, en ciertos países islámicos se ha llegado a plantear la elaboración de los derechos humanos en sintonía con la tradición moral y religiosa del Islam, para que, de ese modo, existiera una mejor comprensión de estos por los países musulmanes. Por otra parte, es evidente que no se puede admitir ese tipo de argumento, porque si se elabora una Declaración d Derechos Humanos adaptada a cada tradición de tipo moral y/o religiosa, jamás se podría hablar de derechos universales y transculturales. Que la Declaración sea de una línea esencialmente occidental, no invalida su pretensión de buscar en su aplicación y justificación los principios y valores universales como la dignidad, la libertad, la igualdad y la justicia. Precisamente, esa misma declaración es la que se debe utilizar como criterio moral para juzgar a los gobiernos occidentales, acerca del cumplimiento o no de los derechos humanos; por lo tanto; es claro que todos los Gobiernos deben someterse a esa autocrítica, justamente en nombre de los Derechos Humanos. El valor de la dignidad del otro, como punto de encuentro y reconocimiento en un nosotros, es el "principio rector", del encuentro y reconocimiento; en un nosotros, desde los valores éticos de los derechos humanos, lo que debe estar plenamente internalizado, por quienes tienen la misiones hacer cumplir la ley, para un correcto discernimiento del uso de la fuerza.

2 Tipos de derechos y evolución de los derechos humanos.

Como se analizó en el capítulo anterior, los derechos humanos deben necesariamente abordarse desde la ética, en este mismo punto el Dr. Guillermo Escobar en libro *Introducción a la teoría Jurídica de los Derechos Humanos* expresa que "Los derechos humanos, entendidos básicamente como demandas derivadas de la dignidad de la persona, pertenecen al campo de la ética, no del derecho positivo. Por mucho que expliquen el origen de los derechos fundamentales y puedan servir de fundamento de los mismos, los derechos humanos se encuentran extramuros a la Constitución"[2].

Ahora bien, existen diversas formas de clasificación de derechos, y no existe un consenso entre los autores, no obstante, para fines de este capítulo se entrega una mirada considerando lo expuesto por el Dr. Guillermo Escobar[3], quien expone 5 categorías de Derechos:

---

[2] ESCOBAR, Guillermo. 2005 Introducción a la teoría jurídica de los derechos humanos, editorial Trama editorial, Madrid España p. 33

[3] ESCOBAR, Guillermo. 2021 Teoría y práctica de los derechos humanos, Tema 1 ¿Qué Derechos tenemos? Universidad Alcalá, España, pp 1-5. (Apuntes de clase)

Cuadro 1. Tipos de derechos

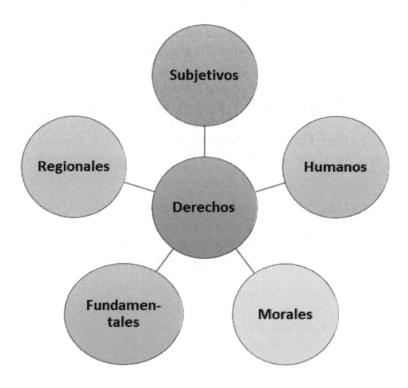

Cuadro 1. Elaboración a partir de artículo Mis derechos del Dr. Guillermo Escobar.

Para clarificar en que consiste cada uno de estos derechos, siguiendo en la línea del Dr. Escobar, 2021, podemos encontrar que:

"1) Los derechos subjetivos son intereses de las personas reconocidos por una norma jurídica, generalmente de rango legal, y garantizados al menos en sede judicial. Los derechos subjetivos exigen deberes correlativos; si no, serán también un fraude. Tienen por tanto que traducirse en normas "objetivas", esto es, en obligaciones de otros, sean personas privadas o poderes públicos, y que puedan ser exigidas ante un juez. Ahora bien, también al revés: si solo hay normas objetivas, no hay propiamente derechos, esto es, puede haber obligaciones sin derechos, pero no derechos sin obligaciones.

2) Los derechos humanos se utilizan normalmente en dos contextos, en apariencia distintos: la Ética o Moral (derechos humanos como derechos morales) y el Derecho internacional, este entendido en un sentido digamos

tradicional. Ambos contextos comparten una característica esencial: normalmente se apela a la Ética o al Derecho internacional cuando "fallan" los derechos en el sistema jurídico nacional, sea por falta de reconocimiento, sea por falta de garantías. La Ética tiende a ser universalista y los filósofos especializados en este campo suelen esforzarse en proponer resultados factibles. El Derecho es el instrumento más adecuado para conseguirlos y por eso en la reflexión ética aparecen frecuentemente referencias al Derecho internacional.

3) Los derechos morales existen en la conciencia y reivindicaciones de los filósofos (moral crítica) o de la ciudadanía (moral positiva) pero no son propiamente derechos en sentido jurídico: por mucho que expliquen el origen de los derechos humanos y fundamentales y puedan servir para justificarlos, se encuentran extramuros del Derecho; hasta que no sean reconocidos por normas jurídicas, no se transforman en derechos propiamente dichos, permaneciendo por tanto como demandas, no como exigencias jurídicamente tuteladas. No son por tanto derechos subjetivos (aunque aspiran a serlo).

4) Los derechos fundamentales son los derechos subjetivos reconocidos en la Constitución, de lo que se siguen respectivamente dos consecuencias o elementos necesarios de este concepto: tutela judicial directa (sin esperar al desarrollo legislativo) y vinculación de todos los poderes públicos y en especial del legislador. No es necesario contar con recurso de amparo ante el Tribunal Constitucional; en Italia o en Francia, por ejemplo, no existe este recurso y no por ello deja de hablarse de derechos fundamentales.

5) Los derechos regionales (europeos o latinoamericanos) se encuentran a caballo entre los derechos humanos y los fundamentales. En el ámbito del Consejo de Europa, a partir del Convenio para la Protección de los Derechos Humanos y de las Libertades Fundamentales (CEDH) de 1950 (ratificado por España en 1979), nos encontramos con un nuevo catálogo de derechos, acompañado esta vez de un conjunto de órganos y procedimientos específicos destinados a garantizar coactivamente su eficacia, en última instancia ante un órgano judicial, el Tribunal Europeo de Derechos Humanos. Estos derechos (cuya relación coincide en lo sustancial con la del Capítulo II del Título I CE), aunque resultan jurídicamente exigibles de forma independiente (a diferencia de los derechos humanos de ámbito universal, que carecen de un tribunal ad hoc), son inferiores a los fundamentales, al no formar parte de la Constitución formal y situarse en el nivel de los tratados internacionales"[4].

Ahora bien, como se puede apreciar de esta clasificación, existe una diversidad de interpretaciones desde lo ético y moral, hasta una línea puramente positiva consagrada en las cartas fundamentales; lo que daría para profundizar en cada una de ellas, pero para fines de lo que pretende este libro, quiero ahondar específicamente en los Derechos Humanos, por ende, comenzaremos a revisar antecedentes históricos para luego

---

[4] Ibídem.

analizar las definiciones conceptuales.

2.1 Historia de los Derechos Humanos.

En una breve revisión de hitos históricos en la evolución de los derechos humanos y considerando lo recopilado por el ACNUR[5]　se puede mencionar lo siguiente:

"539 a.C. | Conquista de Babilonia, cuando Ciro el Grande conquista Babilonia, dejó que todos los esclavos se fueran en libertad, proclamando a su vez la libertad religiosa y convirtiéndose en el primer precursor de los derechos humanos. Sus palabras quedaron grabadas en el "cilindro de Ciro".

1215 | Carta Magna, mil años más tarde, el rey de Inglaterra firma el primer documento que reconoce los derechos de las personas.

1776 | Independencia de América, en la declaración de independencia de los Estados Unidos se incluye el concepto de los derechos naturales y recoge que todos los seres humanos son iguales y tienen derechos inalienables como el derecho a la vida y a la libertad.

1789 | Revolución Francesa, amplía los derechos establecidos en la declaración de la independencia de América, y hace hincapié en que tales derechos son naturales. La idea de los derechos humanos se extiende por Europa, pero más allá de este continente los pueblos son colonizados y sus derechos humanos, vulnerados.

1915 | Mahatma Gandhi, hasta que Gandhi comienza a difundir que todas las personas del mundo tienen derechos, no solamente en Europa, a través de sus protestas pacíficas.

1945 | Carta Fundacional de las Naciones Unidas y acuñación del término, el 26 de junio de ese año, en la carta de las Naciones Unidas será la primera vez que aparezca el término de "derechos humanos". En la carta fundacional aparece 7 veces a lo largo del texto.

1948 | Declaración Universal de los Derechos Humanos, el 10 de diciembre de 1948 fue proclamado en la Asamblea de la ONU en París este hito en la historia de los derechos humanos. Es la primera vez en la historia que se establecen los derechos humanos fundamentales que deben protegerse en todo el mundo"[6].

Cuadro 2. Línea de Tiempo DD.HH

---

[5] ACNUR, 2017 Relato histórico de los Derechos Humanos, Agencia de la ONU para los Refugiados [en línea]. 10 de diciembre de 2017 [consultado el 21 de julio de 2023]. Disponible en: https://eacnur.org/es/actualidad/noticias/eventos/historia-de-los-derechos-humanos-un-relato-por-terminar

[6] Ibídem.

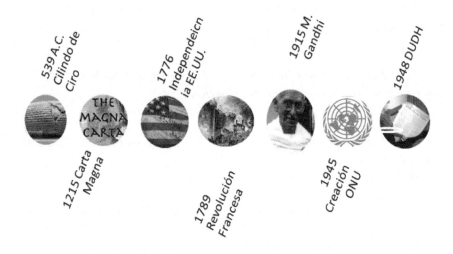

Fuente: Elaboración propia a partir de datos ACNUR

Si bien, estos hitos entregan una mirada general; de cómo a través de la historia, la humanidad ha logrado paulatinamente avanzar en el respeto por los derechos humanos, se hace necesario ahondar desde un prisma más pormenorizado para tener una mitrada completa.

En esta línea, al revisar la bibliografía basada en organismos que tienen por finalidad la promoción de derechos humanos, se destaca el trabajo y la mirada objetiva que hace Amnistía Internacional[7], dado que aumentan considerablemente las fechas e hitos detallados por la ACNUR, situándolos en tiempos mucho más pretéritos, como se puede apreciar en las siguientes citas que ha recopilado dicha ONG:

"No he hecho daño a la hija del pobre."
Libro de los Muertos (III milenio aC); alegaciones de un difunto ante el tribunal de Osiris, con el objetivo de asegurarse la vida eterna.

"Observa la verdad y no la traspases, que no te lleve la pasión del corazón. No calumnies a ninguna persona, importante o no."
Enseñanzas de Ptahhotep (finales del III milenio aC); normas para

---

[7] Amnistía Internacional, 2009 Historia de los Derechos Humanos, disponible en https://www.amnistiacatalunya.org/edu/pdf/historia/dudh-historia.pdf

facilitar la vida en sociedad destinadas al futuro visir del faraón.

"No te rías de un ciego, no te burles de un enano ni hagas mal a un cojo."
Amenemopet (ca 1300-1100 aC)

"He hecho a cada hombre igual a su prójimo. No he ordenado que los hombres cometan injusticia."
Inscripción egipcia, XI dinastía (finales del 3r. milenio aC)

"No hay diferencia alguna entre clases de personas. Todo el mundo es de origen divino."
Mahabharata (primer milenio aC

"Todo lo que una persona no desea que le hagan, debe abstenerse de hacerlo a los demás."
Mahabharata, XII (primer milenio aC)

"No hagas a otro lo que no quieras que te hagan a ti."
Confucio (551-479 aC). Diálogos

"Esfuérzate en tratar a los demás como querrías ser tratado, y verás que es el camino más corto a la benevolencia".
Mencio (370-289 aC

"También el extranjero tiene derecho al aceite de tu jarra."
Amenemopet (ca 1300-1100 aC), Antiguo Egipto

"No explotarás al jornalero humilde y pobre, ya sea uno de tus hermanos o un forastero que resida dentro de tus puertas."
La Biblia. Deuteronomio, 24

"Haz reinar la maat (justicia-verdad) mientras permanezcas en la tierra. Consuela al que llora, no despojes a la viuda, no prives a ningún hombre de los bienes de su padre."
Enseñanzas para Merikare, Antiguo Egipto, X dinastía (finales del 3r. milenio aC)

"Nunca modifiquéis una ley para satisfacer los caprichos de un príncipe; la ley está por encima del príncipe."
Kuan-tseu (S VII aC), China

La recopilación efectuada por Amnistía Internacional, en cuanto a las normas referentes a los derechos humanos a través de la historia cronológica, es el siguiente:

"2350 aC. Código de Urukagina. Se conoce sólo por las referencias incluidas en documentos posteriores. Consistía en una recopilación de ordenanzas o leyes dictadas por los reyes de Mesopotamia anteriores a Urukagina.

2050 aC. Código de Ur-Nammu (Mesopotamia). Primer código jurídico escrito que se conoce. Se basaba enun sistema jurídico que establecía jueces especializados, el testimonio bajo juramento y la facultad de los jueces de ordenar al culpable la indemnización de perjuicios.

1700 aC. Código de Hammurabi. Redactado por Hammurabi, rey de Babilonia. Aparece por primera vez la Ley del Talión.

1250 aC. Los Diez Mandamientos. Según la tradición judaica, el profeta Moisés recibió esta lista de diez preceptos directamente de Dios.

1280 a 880 aC. Código de Manú. Recopilación escrita de normas jurídicas transmitidas de generación en generación. Constituía la base del sistema de castas de la India, que clasificaba a los individuos según su rango social. El castigo sólo se utilizaba como último recurso. Los miembros de las castas superiores eran castigados con más severidad que los de las inferiores.

621 aC. Código de Dracón (Atenas). Primeras leyes escritas de Grecia. Redactado por Dracón, era un código jurídico extremadamente severo. Disponían que sólo el estado tenía la potestad de castigar a las personas acusadas de crímenes.

630 aC. Nacimiento de Zaratustra, fundador en Persia del zoroastrismo (religión monoteísta con muchos rasgos en común con el judaísmo).

600 aC. Leyes de Licurgo, rey de Esparta. Transmitidas oralmente, no fueron escritas. Fueron dictadas para apoyar el régimen militar Espartano. Los niños eran educados para la guerra; si nacían con alguna deformidad eran ejecutados. El peor crimen era rendirse en la batalla.

590 aC. Código de Solón. Actualización y suavización del Código de Dracón, elaborado por el ateniense Solón.

560 aC. Nacimiento de Buda, fundador del budismo (no se basa ni en revelaciones divinas ni en dogmas de fe, insta a la investigación, al entrenamiento mental, la disciplina ética y el estudio como medios para erradicar la insatisfacción y el sufrimiento).

550 aC. Nacimiento de Confucio, fundador del confucianismo (insta a la buena conducta en la vida y al buen gobierno del estado, a la armonía social como medio de conseguir una sociedad justa, a la caridad, la justicia, el respeto de la jerarquía, el cuidado de la tradición, el estudio y la meditación).

500 aC. Inicio de la difusión del taoísmo. Con su acento en la individualidad y la espontaneidad, supone en China un contrapunto a los aspectos más organizativos y sociales del confucianismo).

450 aC. Ley de las Doce Tablas. Se ha conservado parcialmente a través de citas posteriores. Estas leyes eran aplicables a los ciudadanos de la República romana, y constituyen la base del derecho público y del derecho

privado modernos. Establecen un procedimiento para enjuiciar a los culpables de delitos y un mecanismo en virtud del cual la parte ofendida puede reclamar indemnización de perjuicios a la parte culpable. El principio esencial es que la ley debe ser escrita: la justicia no ha de quedar librada a la mera apreciación de los jueces.

350 aC. Código de Li Kui. Primer código imperial de China. Contiene disposiciones sobre el hurto, el robo, la prisión, la detención y otras normas generales. Sirvió de modelo para el posterior código Tang.

30 a 33. Predicación de Jesús de Nazaret, proclamando la dignidad e igualdad de los seres humanos.

313. Edicto de Milán. Reconocimiento del derecho a la libertad religiosa (anulada en el 392 por Teodosio el Grande).

529. Código de Justiniano. El emperador bizantino Justiniano lleva a cabo la codificación del derecho romano, el Corpus Juris Civilis. Muchas máximas jurídicas que todavía se emplean derivan de él. Se le debe la noción moderna de justicia e incluso la palabra misma.

570. Nacimiento de Mahoma, fundador del Islam (considera a Jesús de Nazaret un profeta; se basa en la profesión de fe, la oración, la limosna, el ayuno -ramadán- y la peregrinación a La Meca).

653. Código Tang. Enumera los delitos y sus penas en 501 artículos, modifica los códigos chinos precedentes y uniforma los procedimientos.

1100. Primera Escuela de Derecho, en Bolonia. Fundada por el jurista italiano Irnerius. Contribuyó a revivir el Corpus Juris de Justiniano y a difundir el derecho romano por toda Europa.

1215. Carta Magna. El rey Juan Sin Tierra de Inglaterra firmó la Carta Magna, concediendo diversos derechos a sus barones y a su pueblo. Por primera vez, un rey se comprometió a cumplir la ley y en caso contrario los barones podían acusarlo. Se considera que es la base del derecho común inglés.

1492. Expulsión de los judíos de España por los Reyes Católicos y llegada de Colón a América

1532. Francisco de Vitoria: De indis (contra los excesos cometidos en las tierras conquistadas en América, afirmando que los indios no son seres inferiores, sino que poseen los mismos derechos que cualquier ser humano).

1542. Bartolomé de las Casas: Brevísima relación de la destrucción de las Indias.

1598. Edicto de Nantes sobre la libertad religiosa.

1609. Expulsión de los moriscos de España por Felipe III.

1625. Hugo Grotius: De iure belli ac pacis (primer tratado sistemático sobre el derecho internacional).

1628. Petición de Derechos (Inglaterra). Reclamaba la protección de los derechos personales y patrimoniales, fue rechazada por el rey Carlos I.

1679. Acta de Habeas Corpus (Inglaterra). Prohibía las detenciones sin orden judicial.

1689. Declaración de Derechos (Inglaterra). Consagraba los derechos recogidos en los textos anteriores. Su intención era limitar los poderes de la realeza y que éstos quedasen sometidos a las leyes aprobadas por el Parlamento inglés.

1751. Diderot. Publicación del primer volúmen de la Enciclopedia.

1762. Rousseau: El contrato social.

1763. Voltaire: Tratado de la tolerancia.

1764. Beccaria: Tratado de los delitos y las penas (contra la pena de muerte y la tortura).

1776. Declaración de Derechos (Virginia)

1776: Declaración de Independencia de Estados Unidos. Por primera vez un gobierno rechazó la idea de que un determinado pueblo tenía derecho a gobernar a otros.

1786. Código criminal de Toscana (abolición de la pena de muerte por Leopoldo I, luego restablecida)

1787. Código penal austriaco (abolición de la pena de muerte, luego restablecida)

1787. Fundación de la Asociación inglesa para la abolición de la trata de esclavos, en Londres.

1787. Constitución de los Estados Unidos. Define las ramas del gobierno (judicial, legislativo y ejecutivo) y delimita sus facultades. Establece también que es superior a cualesquiera otras leyes, estatales o federales

1789. Declaración de los Derechos del Hombre y del Ciudadano. Proclamaba la igualdad de todos los ciudadanos "hombres" franceses, al igual que la declaración americana hacía con los ciudadanos americanos.

1791. Carta de Derechos americana. Las primeras 10 enmiendas a la Constitución de Estados Unidos de 1787. Incluyen la libertad de expresión, de prensa, de religión, el derecho a juicio por jurado, la protección contra castigos crueles y contra registros irrazonables (a lo largo de los años se le irán añadiendo distintas enmiendas).

1791. Olimpia de Gouges: Declaración de los Derechos de la Mujer y la Ciudadana

1792. Mary Wollstonecraft: Vindicación de los derechos de la mujer.

1792. Abolición de la trata de esclavos por Dinamarca

1794. Abolición de la esclavitud en las colonias francesas (derogada por Napoleón en 1802)

1804. Código Napoleónico. Consagraba muchos de los principios resultantes de la Revolución Francesa, como la libertad individual, la igualdad ante la ley, el carácter laico del Estado. Incorporó la mayor parte del derecho Romano, y se convirtió en un modelo para los sistemas legales basados en el derecho civil. La ley era escrita (no desarrollada por los jueces caso a caso) y estaba redactada en un lenguaje sencillo, de manera que el pueblo la pudiese entender. Regulaba muchos asuntos de derecho privado como: propiedad, sucesiones y contratos.

1807. Prohibición de la trata de esclavos por el Parlamento británico.

1808. Prohibición de la trata de esclavos en Estados Unidos.

1808. Constitución de Bayona (abolición de la tortura en España).

1812. Constitución de Cádiz.

1821. Abolición de la esclavitud en Colombia (1826 en Bolivia, 1827 en Perú y Guatemala, 1828 en Méjico).

1832. Fundación de la Sociedad Antiesclavista Americana, en los Estados Unidos.

1833. Abolición de la esclavitud en todos los territorios británicos.

1848. Marx y Engels: Manifiesto comunista.

1848. Declaración de Séneca Falls

1858. Emancipación de los siervos en Rusia.

1864: Convención de Ginebra. Acuerdo que reconoce un mínimo de derechos humanos en tiempo de guerra, como la protección del personal médico militar y el tratamiento humanitario a los heridos. Por primera vez se establece alguna norma de decencia humana durante tiempos de guerra.

1865. Abolición de la esclavitud en los Estados Unidos (Decimotercera enmienda de la Constitución Americana).

1869. John Stuart Mill: El sometimiento de la mujer

1873. Abolición de la esclavitud por España en Puerto Rico (1880, en Cuba).

1893. Nueva Zelanda es el primer país del mundo que otorga el sufragio femenino.

1893. Sufragio universal masculino en Bélgica (1896 en los Países Bajos, 1898 en Noruega).

1902. Derecho de sufragio de la mujer en Australia (el sufragio universal no llegó a Australia hasta 1962, anteriormente los aborígenes no podían votar).

1906. Finlandia es el primer país europeo que otorga el sufragio femenino.

1913. Sufragio femenino en Noruega (1915 en Dinamarca, 1918 en Alemania, Gran Bretaña -mayor límite de edad- y URSS, 1920 en Estados Unidos, 1921 en Suecia).

1917. Constitución mexicana. Culminación de la revolución iniciada en 1917. Fue la primera constitución de la historia, antes que la de Weimar, con un catálogo de derechos sociales.

1917. Revolución rusa.

1919. Constitución de Weimar, Alemania. Junto a derechos individuales se proclaman derechos sociales como el de la protección a la familia, la educación, sistema de seguros y el derecho al trabajo.

1919. Sociedad de Naciones, con sede en Ginebra (Suiza), creada por el Tratado de Versalles. Se disolvió el 18 de abril de 1946 al crearse la Organización de las Naciones Unidas (ONU). Perseguía los principios de la cooperación internacional, el arbitraje de los conflictos y la seguridad colectiva.

1919. Creación de la Organización Internacional del Trabajo (OIT), adherida inicialmente a la Sociedad de Naciones.

1923. Abolición de la esclavitud en Afganistán (1924 en Irak, 1926 en Nepal, 1929 en Persia)

1926. Convención sobre la Esclavitud.

1931. Sufragio femenino en España.

1932. Abolición de la pena de muerte en España (reintroducida en 1934 y nuevamente abolida en 1978).

1937. Abolición de la esclavitud en Bahreim.

1945-1946. Proceso de Nuremberg. Juicio a los oficiales nazis por crímenes contra la humanidad durante la Segunda Guerra Mundial.

1945. Creación de la Organización de las Naciones Unidas (ONU), heredera de la Sociedad de Naciones.

1948. Declaración Universal de Derechos Humanos.

1959. Declaración de los Derechos del Niño.

1963. Declaración de las Naciones Unidas sobre la Eliminación de todas las Formas de Discriminación Racial.

1964. Ley de Derechos Civiles (Estados Unidos). Prohibición de la discriminación racial.

1965. Convención Internacional sobre la Eliminación de todas las Formas de Discriminación Racial (entrada en vigor: 1969).

1966. Pacto Internacional de Derechos Económicos, Sociales y Culturales (entrada en vigor: 1976).

1966. Pacto Internacional de Derechos Civiles y Políticos (entrada en vigor: 1976).

1967. Declaración sobre la Eliminación de la Discriminación contra la Mujer.

1968. Convención sobre la imprescriptibilidad de los crímenes de guerra y de los crímenes de lesa humanidad.

1979. Convención sobre la Eliminación de todas las formas de Discriminación contra la Mujer (entrada en vigor: 1981).

1989. Convención sobre los Derechos del Niño (entrada en vigor: 1990).

1994. Fin de la segregación racial en Sudáfrica.

1998. Detención de Pinochet en Londres, a instancia de las autoridades judiciales españolas, y posterior traslado a Chile para ser juzgado.

1998. Estatuto de Roma. Establecimiento de la Corte Penal Internacional (entrada en vigor: 2002)"[8].

Si bien, como se ha apreciado desde una óptica iusnaturalista, los derechos humanos han estado presentes en diferentes momentos de la historia, ahora bien, desde una óptica más positivista le daremos el debido crédito a la Carta de las Naciones Unidas, dado que marca un antes y un después en el respeto por los derechos humanos, dado que previo a esta, como plantea Tardif E.: *"los estados gozan de la posibilidad casi ilimitada al uso de la fuerza armada"*[9] , ya que no existía una mayor regulación desde un prima multilateralita, en el uso de la fuerza, como la que se tiene en esta época.

Al presente, la institucionalidad que ha sido clave en este avance es sin lugar a duda la Organización de las Naciones Unidas, por lo que en este libro se abordará en detalle; las funciones que cumple hoy en día, pero antes de ello, es preciso dar respuesta a la siguiente pregunta, que

---

[8] Amnistía Internacional, 2009 Historia de los Derechos Humanos, disponible en https://www.amnistiacatalunya.org/edu/pdf/historia/dudh-historia.pdf

[9] Tardif, E. 2011 Teoría y práctica del uso legítimo de la fuerza en la comunidad internacional: evolución durante el último siglo y tendencias recientes / Theory and practice of the legitimate use of force in the international community: evolution over the last century, and recent trends pp83 disponible en https://www.jstor.org/stable/41969366

de manera objetiva argumenta todo lo anterior:

2.2 ¿Qué son los derechos humanos?

Podemos encontrar tantas definiciones como autores existen, no obstante, para fines de este libro, en primer lugar, citaré a Faúndez quien expresa que:

> "Con la expresión 'derechos humanos' no nos referimos a todos los derechos de que pueda ser titular un ser humano, ya sea que éstos deriven de sus vínculos familiares, de sus relaciones contractuales o extracontractuales, o de su pertenencia a un grupo social o político. Esta expresión se ha reservado para ciertos derechos básicos, o mínimos, que son inherentes a toda persona, y que derivan únicamente de su condición de ser humano" [10].

Ahora bien, para tener una definición universal y estandarizada debo remitirme a la propia ONU 2022 donde se establece que:

> "Los derechos humanos son derechos inherentes a todos los seres humanos, sin distinción alguna de raza, sexo, nacionalidad, origen étnico, lengua, religión o cualquier otra condición. Entre los derechos humanos se incluyen el derecho a la vida y a la libertad; a no estar sometido ni a esclavitud ni a torturas; a la libertad de opinión y de expresión; a la educación y al trabajo, entre otros muchos. Estos derechos corresponden a todas las personas, sin discriminación alguna" [11].

Ya en esta definición, se incorporan elementos que nos permiten visualizar sin margen a error, que nadie puede argumentar que no tiene derechos humanos, dado que todas las personas somos titulares de ello, y que solo por el hecho de ser persona, no se pude hacer ningún tipo de arbitrariedad.

Si bien, en la definición de la ONU se mencionan algunos derechos fundamentales, uno de los que ha cobrado gran relevancia en las demandas sociales es sin duda la dignidad; presente en el artículo 1° de la Declaración Universal de Derechos Humanos, donde se estipula que: *"Todos los seres humanos nacen libres e iguales en dignidad y derechos y, dotados como están*

---

[10] Faúndez Ledesma, H. 2000. El Sistema Interamericano de Protección de los Derechos Humanos, Aspectos Institucionales y Procesales (Tercera ed.). San José: Instituto Interamericano de Derechos Humanos, pp 4 disponible en https://biblioteca.corteidh.or.cr/ adjunto/36527

[11] ONU 2022 ¿Qué son los derechos Humanos? Disponible en https://www.un.org/es/global-issues/human-rights

de razón y conciencia, deben comportarse fraternalmente los unos con los otros"[12].

Además, como señala el Dr. Nash 2015, "La dignidad es el valor hacia el cual debe propender todo el sistema normativo de derechos humanos"[13]. Esto es, una clara señal que, a través de la historia, como bien revisamos al principio del capítulo, donde el foco estaba más que todo, en la lucha por libertad e igualdad, se suma hoy a consagrar la dignidad humana, lo que es una de las prioridades de en las políticas de los países Sudamericanos.

En esta misma línea, citaré a Moloeznik 2002, quien expresa que "esta concepción de nuevo cuño gira alrededor de una preocupación universal por la vida y la dignidad humanas, concepción ciudadano-céntrica que supera la tradicional de naturaleza restringida y centrada exclusivamente en el poder y el dominio estatales (estado-céntrica)"[14].

El propio Moloenznik 2021 argumenta que el eje de la seguridad humana es la persona y las condiciones que garantizan su seguridad. Lo anterior lo entrega en las siguientes notas básicas, como se detalla:

"1. Los múltiples ámbitos de integración: el político, el social, el económico y el ambiental.
2. La incorporación de nuevas dimensiones o nuevos actores en la problemática de la seguridad, como el individuo, las organizaciones no gubernamentales (ONG) y las propias sociedades.
3. La cada vez mayor relación entre la seguridad exterior y la seguridad interior de las naciones.
4. Al tiempo que la seguridad humana se presenta como universal, puesto que muchas amenazas son comunes a los países pobres y a los ricos, sus componentes son interdependientes porque trascienden las fronteras nacionales; es más fácil prevenir ex ante que intervenir ex post, por lo que sus costos son menores y está centrada en la persona humana.
5. Este concepto se corresponde con la denominada tendencia ampliacionista, corriente de pensamiento estratégico que asegura que las nuevas políticas de seguridad deben incluir, además de lo militar y lo político posición sustentada por los "tradicionalistas" o partidarios del llamado enfoque limitado o restringido, los aspectos social, económico y

---

[12] ASAMBLEA GENERAL DE NACIONES UNIDAS. (10 de Diciembre de 1948). Declaración Universal de Derechos Humanos. Recuperado el 29.09 2022, de Organización de Naciones Unidas: http://www.un.org/es/documents/udhr/

[13] Nash, C., & Núñez, C. (2015). Estudios y capacitación: Derechos humanos y juicio penal en Chile. Santiago: Centro de Documentación Defensoría Penal Pública, pp. 21 Disponible en https://www.academia.edu/30518383/Derechos_Humanos_y_Juicio_Penal_en_Chile

[14] Moloenznik, M. 2002, LA SEGURIDADHUMANA Un nuevo enfoque impulsado por la ONU, pp 46

medioambiental, y que no debe restringirse al nivel estatal. Se pueden identificar los siguientes ámbitos de la seguridad:

- Militar: capacidad de proyección de este poder y de defensa de los estados-nación, así como la percepción que tiene un estado de las intenciones de terceros.
- Político: estabilidad y organización de los estados nación, y sistemas gubernamentales e ideologías que les confieren legitimidad.
- Económico: acceso a los recursos, el financiamiento y los mercados necesarios para mantener un nivel adecuado de desarrollo y bienestar.
- Social: preocupaciones sobre la sustentabilidad y preservación de la identidad, cultura, religión y lengua de una nación.
- Medioambiental: conservación de los recursos naturales renovables y no renovables, como plataforma de sostenimiento de las actividades humanas.

6. La mayoría de los sistemas políticos del orbe no son democráticos, no se caracterizan por respetar los derechos humanos ni aceptan órganos jurisdiccionales supranacionales como la Corte Penal Internacional (CPI). El Estado de Derecho es una creación de occidente que encuentra sus raíces en la antigua Grecia" [15].

De lo anterior se destaca que la seguridad humana tiene varios componentes y que cada vez se van relacionando más la seguridad interior con la seguridad exterior, ampliando por lo demás el pensamiento estratégico.

En atención a todo lo anterior, es que, para fines prácticos de definición del concepto en comento, tomo lo establecido en el Manual de Técnicas de Intervención Policial de Carabineros de Chile Nivel 1, donde se menciona de manera precisa y acotada que los derechos humanos "son la suma de reconocer el valor de la dignidad humana cuyo objeto tiene como fin poner límites al ejercicio del poder público para evitar abusos que se establecen al poder"[16].

No obstante que para complementar lo anterior, es preciso mencionar las características de los derechos humanos que están presentes en el estándar internacional, como son:

a. *Universales:* lo que significa que pertenecen a todos los seres humanos por el mero hecho de serlo.

---

[15] Moloeznik M, 2021 Temas selectos de Derechos Humanos y Derecho Internacional Humanitario

[16] Carabineros de Chile 2017, Manual de Técnicas y Tácticas de intervención Policial Nivel I

b. *Irrenunciables:* cada persona tiene la facultad de exigir y disfrutar de sus derechos y no puede renunciar a ellos.

c. *Indivisibles:* no se puede sacrificar un derecho con el pretexto de defender otro.

d. *Inalienables:* no se pueden enajenar (vender) y nadie puede ser despojado de ellos.

e. *Imprescriptibles:* son para toda la vida, no tienen fecha de caducidad por ningún motivo. Solo se extinguen ante la muerte de la persona.

Por otro lado, cabe aclarar que los derechos humanos están inmersos en el derecho internacional de los derechos humanos. Al respecto se puede precisar grosso modo, que el derecho internacional, "es un conjunto de normas que rigen la relación entre los sujetos del derecho internacional, es decir, las entidades dotadas de capacidades jurídicas. Estas son, en particular, los Estados, las organizaciones públicas internacionales y los particulares"[17]. Por su parte, el derecho internacional humanitario y el derecho internacional de los derechos humanos son parte del derecho internacional, así lo afirma Rover en el Libro Servir y Proteger "El derecho internacional humanitario (DIH) es una rama del derecho cuyo objetivo es limitar los efectos de los conflictos armados con fines puramente humanitarios"[18] y además que "los derechos humanos son los imperativos legales que posee cada ser humano. Son universales y gozan de ellos todas las personas, sin distinciones. Forman parte del derecho, y a pesar de que pueden ser violados, es imposible privar a las personas de ellos"[19].

Por lo tanto, uno de los elementos claves de los derechos humanos como bien señalaba el Dr. Nash, es el respeto de la dignidad de la persona.

---

[17] CICR, 2015, Reglas y normas internacionales aplicables a la función policial, p. 10. Disponible en https://www.icrc.org/es/doc/assets/files/other/icrc-003-809.pdf

[18] Rover C. 2018, Servir y Proteger, CICR.

[19] Pallares P. 2013 La justificación racional de los derechos humanos en los redactores de la declaración universal de derechos humanos.

2.3 La importancia de la dignidad para los derechos humanos

En el proceso de redacción de la Declaración Universal de Derechos Humanos, Eleonor Roosevelt expresó en una oportunidad que la palabra "Dignidad", se había elegido con "la intensión de enfatizar la dignidad inherente de todo ser humano"[20].

La Real Academia de la Lengua Española, detalla que la palabra dignidad proviene "del Latín dignĭtas, y es una cualidad de digno"[21], no obstante para comprender mejor el concepto es pertinente citar al filósofo Immanuel Kant quien expone que el ser humano se debe tratar siempre como un fin y no un medio detallando que "este imperativo establece en efecto, que todo hombre y más bien todo ser racional, como finen sí mismo posee valor no relativo (como es por ejemplo, un precio) y sí intrínsicamente esto es, la dignidad. "Lo que tiene un precio, puede ser sustituido por cualquier cosa equivalente; lo que es superior a todo precio y, que por tanto no permite equivalencia alguna, tiene una D"[22].

Esto quiere decir en palabras simples, que la dignidad no tiene precio, y por ende tiene una vital importancia para el ser humano, es por ello por lo que las normativas lo protegen con tanto énfasis, lo que además es un factor clave para la democracia.

El respeto a la dignidad humana está presente en diferentes normativas del estándar internacional, entre las que destacan:

Artículo 1 de la Declaración Universal de Derechos Humanos: "Todos los seres humanos nacen libres e iguales en dignidad y derechos y, dotados como están de razón y conciencia, deben comportarse fraternalmente los unos con los otros".

Artículo 5° de la Convención Americana de Derechos Humanos, más conocida como pacto de San José de Costa Rica, que a la letra dice en el numeral 2: "Nadie debe ser sometido a torturas ni a penas o tratos crueles, inhumanos o degradantes. Toda persona privada de libertad será tratada con el respeto debido a la dignidad

---

[20] Ibídem.
[21] RAE. 2023 Definición Dignidad, disponible en https://dle.rae.es/dignidad
[22] Kant I, definición dignidad, (en línea) disponible en https://www.academia.edu/20196340/Abbagnano_Diccionario_de_Filosof%C3%ADa_2a_ed.

inherente al ser humano".

Artículo 10 del Pacto internacional de los derechos civiles y políticos: "Toda persona privada de libertad, será tratada humanamente y con el respeto debido a la dignidad inherente al ser humano".

Artículo 13 del Pacto Internacional de Derechos Económicos, Sociales y Culturales: "Los Estados Parte en el presente Pacto reconocen el derecho de toda persona a la educación. Convienen en que la educación debe orientarse hacia el pleno desarrollo de la personalidad humana, y del sentido de su dignidad, y debe fortalecer el respeto por los derechos humanos y las libertades fundamentales".

Artículo 2 del Código de Conducta para los funcionarios encargados de hacer cumplir la ley: "En el desempeño de sus tareas, los funcionarios encargados de hacer cumplir la ley respetarán y protegerán la dignidad humana y mantendrán y defenderán los derechos humanos de todas las personas".

Principio N° 1 del Conjunto de Principios, para la protección de todas las personas sometidas a cualquier forma de detención o prisión: "Toda persona sometida a cualquier forma de detención o prisión, será tratada humanamente y con el respeto debido a la dignidad inherente al ser humano".

Artículo 23 de la convención sobre derechos del niño: "Los Estados Parte reconocen que el niño mental o físicamente impedido, deberá disfrutar de una vida plena y decente en condiciones que aseguren su dignidad, le permitan llegar a bastarse a sí mismo y que le faciliten su participación activa en la comunidad".

Además, en los preámbulos de la Convención sobre la eliminación de todas las formas de discriminación contra la mujer, y Convención contra la Tortura y Otros Tratos o Penas Crueles, Inhumanos o Degradantes se menciona la dignidad humana.

Como se ha visto, respeto a la vida e igual que a la dignidad; está presente en diferentes normativas del estándar internacional de los derechos humanos, lo que refuerza la gran relevancia y obliga a los funcionarios encargados de hacer cumplir ley a su total respeto. Debiendo por lo demás, proteger su propia vida, por ende, es vital que hagan cumplir su derecho de contar con el equipamiento adecuado como lo contempla el principio N° 2 de los Principios básicos, para el uso de la fuerza y armas de fuego de los FEHCL, que estipula claramente:

> "Los gobiernos y los organismos encargados de hacer cumplir la ley establecerán una serie de métodos lo más amplia posible, donde dotarán a los funcionarios correspondientes de distintos tipos de armas y municiones; de modo que puedan hacer un uso diferenciado de la fuerza y de las armas de fuego. Entre estas armas, deberían figurar armas incapacitantes no letales, para emplearlas cuando fuera apropiado, con miras a restringir cada vez más el empleo de medios que puedan ocasionar lesiones o muertes. Con el mismo objetivo, también debería permitirse que los funcionarios encargados de hacer cumplir la ley cuenten con equipo autoprotector, por ejemplo, escudos, cascos, chalecos a prueba de balas y medios de transporte a prueba de balas a fin de disminuir la necesidad de armas de cualquier tipo"[23].

Por otro lado, cada funcionario debe tener una capacitación suficiente para el ejercicio de sus funciones, que le permitan proteger su vida e integridad física.

En definitiva, la dignidad se resguarda bajo un binomio insoslayable, compuesto por los derechos humanos y democracia.

Ilustración 1. Dignidad

Fuente. Elaboración propia, tomando plantilla de Canva.

---

[23] ONU. Principios Básicos sobre el Empleo de la Fuerza y de Armas de Fuego por los Funcionarios Encargados de Hacer Cumplir la Ley. OHCHR [en línea]. 1990 [consultado el 21 de julio de 2023]. Disponible en: https://www.ohchr.org/es/instruments-mechanisms/instruments/basic-principles-use-force-and-firearms-law-enforcement

3 Estándar internacional de derechos humanos

Una de las frases más repetidas que se utiliza para exigir el cumplimiento de derechos humanos, es: "Estándar internacional de los derechos humanos", por lo que es pertinente preguntarse a qué se refiere dicho estándar.

De Casas 2009, define estándar internacional, como "los pronunciamientos de organizaciones intergubernamentales y otros organismos de derechos humanos, mediante resoluciones, recomendaciones, declaraciones, o decisiones en casos concretos. Es decir, los estándares de derechos humanos son el resultado de los esfuerzos por implementar los derechos humanos"[24].

En sintonía con esta definición, es preciso revisar los sistemas de protección de los derechos humanos.

---

[24] De Casas I. 2019 ¿Qué son los estándares de derechos humanos? / 291-301 revistaidh.org

Cuadro 3 Sistema de Protección de DD.HH.

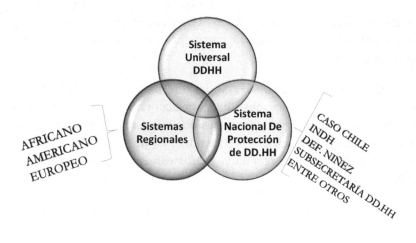

Fuente: Elaboración propia

3.1 Sistema Internacional y Regional de Derechos Humanos

Para fines de este libro, nos abocaremos en un sistema universal de derechos humanos, y en el sistema Interamericano de derechos humanos, los cuales se representan a modo resumen en la siguiente tabla:

Tabla 1 Sistema Universal e Interamericano de DD. HH

SISTEMA UNIVERSAL DE DERECHOS HUMANOS	SISTEMA INTERAMERICANO DE DERECHOS HUMANOS
a) Declaración Universal de Derechos Humanos.	a) Carta de la organización de los estados americanos de 1948.
b) Convención Internacional sobre la Eliminación de todas las Formas de Discriminación Racial.	b) Declaración Americana de los Derechos y Deberes del Hombre.
c) Pacto internacional de los derechos civiles y políticos de 1966.	c) Convención americana sobre los derechos humanos de 1969.
d) Pacto Internacional de Derechos Económicos, Sociales y Culturales Adoptado y abierto a la firma, ratificación y adhesión por la Asamblea General en su resolución 2200 A (XXI), de 16 de diciembre de 1966.	d) Convención Interamericana para prevenir y sancionar la tortura de 1985.
e) Convención sobre la eliminación de todas formas de discriminación contra la mujer de 1979.	e) Convención interamericana para prevenir, sancionar y erradicar la violencia contra la mujer "convención Belén Do Pará" de 1994.
f) Convención contra la tortura otro tratos o penas crueles, inhumanos o degradantes de 1984.	f) Convención interamericana sobre la desaparición forzada de personas de 1994.
g) Convención sobre los derechos del niño del año 1989.	g) Convención Interamericana para la eliminación de todas las formas de discriminación contra las personas con discapacidad de 1999.
h) Convención internacional sobre la protección de los derechos de todos los trabajadores migratorios y de sus familiares Adoptada por la Asamblea General en su resolución 45/158, de 18 de diciembre de 1990.	h) Convención interamericana sobre la protección de los derechos humanos de las personas mayores de 2015.
i) Convención internacional para la protección de todas las personas contra las desapariciones forzadas de 2006.	
j) Convención sobre los derechos de las personas con discapacidad 2006.	

Para complementar sobre la institucionalidad, que tiene por misión generar el que se promueva dicho sistema de protección, es preciso conocer más a fondo los órganos que componen la ONU.

3.2 Organizaciones de la ONU

Tabla 2 Organizaciones de la ONU

Asamblea General	Es el órgano representante, normativo y deliberativo de la ONU, y el único que cuenta con representación universal al estar representados sus 193 Estados Miembros. Estos se reúnen cada año, en septiembre, durante la sesión anual, que tiene lugar en el Salón de la Asamblea General en Nueva York. Durante sus primeros días, se realiza un debate. La toma de decisiones en la Asamblea General requiere una mayoría de dos tercios cuando se trata de asuntos de vital importancia; como aquellos referidos a la paz y la seguridad, la admisión de nuevos miembros y los asuntos presupuestarios. Las decisiones en otras cuestiones se toman por mayoría simple. Cada año, se elige a un Presidente, que ejerce el cargo durante un año.
Consejo de Seguridad	El Consejo de Seguridad tiene la responsabilidad principal, según lo estipulado en la Carta de las Naciones Unidas, de mantener la paz y seguridad internacionales. Cuenta con 15 Miembros (5 permanentes y 10 no permanentes). Cada uno tiene un voto, aunque los cinco permanentes cuentan con el poder del veto. Según la Carta, todos los Estados Miembros están obligados a adoptar las decisiones del Consejo. El Consejo de Seguridad dirige la labor de determinar la existencia de amenazas contra la paz o de actos de agresión. Pide a las partes involucradas en un conflicto que se llegue a un acuerdo por medios pacíficos y recomienda métodos de ajuste o términos de acuerdo. En algunos casos, el Consejo de Seguridad puede recurrir a la imposición de sanciones e, incluso, a la autorización del uso de la fuerza para mantener o restablecer la paz y la seguridad internacionales. La presidencia del Consejo de Seguridad rota de forma mensual. Programa de Trabajo Diario del Consejo de Seguridad. Organismos subsidiarios del Consejo de Seguridad
Consejo Económico y Social	El Consejo Económico y Social, es el encargado de tratar los asuntos económicos, sociales y medioambientales, mediante la revisión de las políticas que se adaptan, su coordinación y la creación de recomendaciones. También vela por el cumplimiento de los objetivos de desarrollo, acordados de manera internacional. Además, sirve como mecanismo central para las actividades del sistema de la ONU, y sus agencias especializadas en campos económicos, sociales y medioambientales, ya que supervisa los cuerpos subsidiarios y de expertos. La Asamblea General elige a los 54 Miembros del Consejo para períodos superpuestos de tres años. Es la plataforma central de las Naciones Unidas para la reflexión, el debate y el pensamiento innovador acerca del desarrollo sostenible.

Consejo de Administración Fiduciaria	El Consejo de Administración Fiduciaria, se estableció en 1945 y tenía como misión, según el Capítulo XIII de la Carta de las Naciones Unidas, la de supervisar internacional a los 11 Territorios fideicomisados, puestos bajo la administración de 7 Estados Miembros, y asegurar que se les preparaba para la autonomía y la independencia. En 1994, todos los Territorios fideicometidos habían obtenido la autonomía y la independencia, por lo que el Consejo de Administración Fiduciaria suspendió sus operaciones el 1 de noviembre de ese año. A través de una resolución, el Consejo modificó su Reglamento para eliminar la obligación de reunirse anualmente y acordó reunirse según requiriera la ocasión -- por decisión propia o del Presidente, o por petición de la mayoría de los miembros de la Asamblea General o el Consejo de Seguridad.
Corte Internacional de Justicia	La Corte Internacional de Justicia, es el órgano judicial principal de las Naciones Unidas. Su sede está en el Palacio de la Paz en la Haya (Países Bajos). Es el único de los seis órganos principales de la Organización que no se encuentra en Nueva York. Su función es resolver, de acuerdo con la legislación internacional, las disputas legales presentadas ante ella por los distintos Estados y emitir dictámenes consultivos acerca de las cuestiones legales que los órganos autorizados y las agencias especiales le planteen. La Corte Internacional de Justicia funciona de conformidad con su Estatuto.
Secretaría	La Secretaría, está encabezada por el Secretario General y lo conforman decenas de miles de miembros de personal internacional, que trabajan en distintas estaciones de destino por todo el mundo, realizando a diario el trabajo estipulado por la Asamblea General y los otros órganos principales. El Secretario General es el Oficial Administrativo Jefe de la Organización. El Secretario General es el símbolo de los ideales de las Naciones Unidas y portavoz de los intereses de los pueblos del mundo, en particular los pobres y vulnerables. El personal de la ONU es reclutado a nivel internacional y local, y trabaja en lugares de destino y en las misiones de paz en todo el mundo. Pero servir a la causa de la paz en un mundo violento es una ocupación peligrosa. Desde la fundación de las Naciones Unidas, cientos de hombres y mujeres abnegados han perdido su vida al servicio de la causa de la paz.

Fuente: Elaboración a partir de antecedentes extraídos de la ONU

3.3 Declaración Universal de Derechos Humanos de 1948

Como es sabido, la Declaración Universal, es un documento en esencia no vinculante y se enmarca en el derecho consuetudinario, la gran relevancia que ha tenido es muy difícil de medir. No obstante, Amnistía Internacional[25]; detalla cuatro elementos a considerar para valorar su importancia:

1. Como referente ético internacional.

2. Como referente de posteriores documentos de las Naciones Unidas.

3. Como referente para distintos documentos regionales sobre derechos humanos.

4. Como referente para las constituciones nacionales que se han ido aprobando.

Ahora bien, al remontarse a la discusión previa del texto final de la Declaración Universal de Derechos Humanos del 10 de diciembre de 1948, se aprecia que existen aspectos interesantes, que permiten comprender el porqué de ciertos énfasis y el espíritu de esta.

En este apartado, se intentará dar respuesta a los siguientes interrogantes

¿Por qué no se menciona a Dios en la Declaración Universal de Derechos Humanos?

¿Por qué se estipuló que "los seres humanos nacen", y no se consideró que "las personas existen"?

¿Qué contempla realmente el artículo 1 de la DUDH?

¿Por qué los deberes quedaron al final?

Ante la primera pregunta, relacionada principalmente en reconocer a Dios en la declaración a través del término "por naturaleza", se puede

---

[25] Amnistía Internacional, 2009 Historia de los Derechos Humanos, disponible en https://www.amnistiacatalunya.org/edu/pdf/historia/dudh-historia.pdf

decir que esta estuvo en los primeros borradores, no obstante, fue eliminada finalmente por las discrepancias y diferentes formas de comprender dicho concepto tal como explica Pallares 2013.

> "las discusiones de los delegados muestran que cada uno comprendía distinto de lo que significaba la expresión "por naturaleza", Charles Malik (Líbano); lo hacía en términos tomistas. Rene Cassin (Francia), Peng Chung Chang (China), entre otros lo hacían en clave ilustrada, Tanto los delegados soviéticos como Austregesilio De Athayde (Brasil), lo hacían en términos "Biológicos". De Athayde pensaba que la expresión "por naturaleza" implicaba afirmar pura biología, opuesta a "por el espíritu", de forma que para fundamentar los derechos humanos habría que referirse también a Dios"[26]

Tomando al mismo autor, en comento; se aclara la segunda respuesta en el sentido que el término "nacen", fue utilizada para "expresar esa forma de "ser" que justifica a los derechos humanos"; lo que no estuvo ajeno a la discusión de cuando inicia la vida, ahora bien, dicho autor considera que el *nacen,* es equivalente a decir *existen*[27].

El primer borrador del artículo 1 de la DUDH, en origen se componía de cinco artículos a modo de principios, que luego se redujeron a tres, generando que los deberes contemplados en inicio en el primer artículo pasaran al artículo Nro. 2. Según Pallares el artículo 1 tiene tres elementos claves que son: el hecho; "las personas nacen libres e iguales en dignidad y derechos" el deber; "comportarse fraternalmente los unos a los otros" y una conexión gnoseológica entre ambas; "razón y conciencia".

Es así, como la conciencia no tiene la misma interpretación que podríamos hacer desde el mundo occidental, dado que dicho término fue la traducción del concepto "Ren, que solicitó incorporar el representante Chino Peng Chung Chang. Ahora bien, el Ren es una de las 5 virtudes del confusionismo, entendida como "humanidad o benevolencia"[28].

Por último, cabe precisar, luego de analizar el texto presentado por Pallares, que el jurista René Cassin, era de la idea de dejar los deberes en el segundo artículo, considerando que el espíritu de la DUDH pone a los derechos en el mismo nivel de deberes. Ahora bien, los deberes como

---

[26] Pallares-Yabur, P. (2013). ""La justificación racional de los derechos humanos en los redactores de la Declaración Universal de los Derechos Humanos"", Persona y Derecho, 68, 139-158

[27] Ibídem

[28] Ibídem

binomio derechos-deberes, estaba con mayor fuerza en el artículo 1, pero como ya se planteó, luego se separó y quedaron de manera independiente en el segundo artículo, lo que, en todo caso, fue de manera provisoria. Esto último, conforme a las evidencias que entregan los registros de discusión de la DU, se estipula que a petición del representante Chino Peng Chun Chang, se modifica nuevamente la posición de los deberes en el texto, pasando ahora del artículo 2 al artículo 27, y finalmente quedó como lo conocemos hoy en el artículo 29.

Es importante destacar, que el minimalismo de los deberes se podría explicar en lo que el propio Cassin argumentaba en el sentido que estos no debían entenderse en clave jurídica, sino ética, lo cual tiene sintonía con lo que mencionó el Dr. Arroyo en su artículo al inicio de este libro y lo que también plantea el ya citado Dr. Guillermo Escobar.

Ahora bien, es válido preguntarse, ¿Habría cambiado en algo de haber prevalecido la idea orinal de René Cassin, de dejar los deberes al principio; en materia de las obligaciones hacia la comunidad? ¿Se ha cumplido la idea original, en el sentido idealizado, en que no sea un texto extremadamente garantista y que tenga un contrapeso con los deberes?

A menudo, cada vez que pregunto a los educandos, cuál es el primer derecho humano contenido en la DUDH, me responden equivocadamente "el derecho a la vida". Por lo anterior, como una forma de facilitar el aprendizaje de tan vitales derechos, es que he creado un recurso nemotécnico para recordar fácilmente y tener una mayor claridad sobre lugar en el que se ubica cada uno de los artículos de la DUDH, tomando para ello la lógica del calendario, lo cual permite generar un esquema mental a la hora de saber en qué lugar va cada uno.

3.4 Cuadro 4. Resumen DUDH 1948

Art. 1 Nacemos libres e iguales en dignidad y derechos.	Art. 2 No discriminación	Art. 3 Derecho a la vida, libertad y seguridad personal	Art. 4 Prohibición de esclavitud	Art. 5 Prohibición de tortura	Art. 6 Personalidad jurídica	Art. 7 Igualdad ante la ley
Art. 8 Defenderse ante los tribunales	Art. 9 Nadie podrá ser arbitrariamente detenido	Art. 10 Derecho a juicio	Art. 11 Presunción de inocencia	Art 12 No ser objeto de injerencias arbitrarias	Art. 13 Circular libremente	Art. 14 Derecho de asilo
Art. 15 Nacionalidad.	Art. 16 Al matrimonio y fundar una familia	Art. 17 Derecho a la propiedad, individual y colectivamente.	Art. 18 Libertad de pensamiento, de conciencia y de religión	Art. 19 Libertad de opinión y de expresión;	Art. 20 Libertad de reunión y de asociación pacíficas.	Art. 21 Participar en el gobierno de su país. Sufragar
Art. 22 Seguridad social	Art. 23 Trabajo, igual salario, fundar sindicatos y a sindicarse	Art. 24 "Descanso, al disfrute del tiempo libre, a una limitación razonable de la duración del trabajo y a vacaciones periódicas"	Art. 25 "Nivel de vida adecuado, salud, bienestar, alimentación vivienda, y los servicios sociales necesarios"	Art. 26 Derecho a la educación	Art. 27 "Vida cultural, gozar de las artes y a participar en el progreso científico"	Art. 28 Orden social e internacional, para hacer plenamente efectivos estos derechos
Art. 29 Deberes respecto a la comunidad	Art. 30 Nadie puede suprimir cualquiera de los derechos y libertades					

Elaboración propia a partir de la DUDH 1948.

Por lo tanto, una de las formas de clasificar los derechos según Amnistía Internacional[29]. es:

a) Principios Generales: artículos 1 y 2

b) Derechos civiles y políticos: artículos 3 al 21

c) Derechos económicos y sociales: artículos 22 al 25

d) Derechos culturales: artículos 26 y 27

e) Ciudadanía y comunidad internacional: artículos 28 al 30

Si pasamos dicha clasificación al cuadro resumen, con la lógica del calendario, quedaría de la siguiente manera:

---

[29] Amnistía Internacional, 2009 Historia de los Derechos Humanos, disponible en https://www.amnistiacatalunya.org/edu/pdf/historia/dudh-historia.pdf

Cuadro 5. Clasificación de DD.HH

Art. 1 Nacemos libres e iguales en dignidad y derechos.	Art. 2 No discriminación	Art. 3 Derecho a la vida, libertad y seguridad personal	Art. 4 Prohibición de esclavitud	Art. 5 Prohibición de tortura	Art. 6 Personalidad jurídica	Art. 7 Igualdad ante la ley
Art. 8 Defenderse ante los tribunales	Art. 9 Nadie podrá ser arbitrariamente detenido	Art. 10 Derecho a juicio	Art. 11 Presunción de inocencia	Art 12 No ser objeto de injerencias arbitrarias	Art. 13 Circular libremente	Art. 14 Derecho de asilo
Art. 15 Nacionalidad.	Art. 16 Al matrimonio y fundar una familia	Art. 17 Derecho a la propiedad, individual y colectivamente.	Art. 18 Libertad de pensamiento, de conciencia y de religión	Art. 19 Libertad de opinión y de expresión;	Art. 20 Libertad de reunión y de asociación pacíficas.	Art. 21 Participar en el gobierno de su país. Sufragar
Art. 22 Seguridad social	Art. 23 Trabajo, igual salario, fundar sindicatos y a sindicarse	Art. 24 "Descanso, al disfrute del tiempo libre, a una limitación razonable de la duración del trabajo y a vacaciones periódicas"	Art. 25 "Nivel de vida adecuado, salud, bienestar, alimentación vivienda, y los servicios sociales necesarios"	Art. 26 Derecho a la educación	Art. 27 "Vida cultural, gozar de las artes y a participar en el progreso científico"	Art. 28 Orden social e internacional, para hacer plenamente efectivos estos derechos
Art. 29 Deberes respecto a la comunidad	Art. 30 Nadie puede suprimir cualquiera de los derechos y libertades					

Fuente: Elaboración propia

Otra clasificación, siguiendo lo expuesto por Amnistía internacional[30] sería:

a) Derechos inherentes a la persona: Artículos 1 al 7
b) Derechos que garantizan la seguridad de la persona: Artículos 8 al 12 y 14
c) Derechos relativos a la vida política del individuo: Artículos 18 a 21
d) Derechos económicos y sociales: Artículos 17 y 22 al 27
e) Derechos relativos a la vida jurídica y social de los individuos: Artículos 13, 15 y 26
f) Otros derechos: Artículos 28 a 30

Si pasamos dicha clasificación al cuadro resumen, con la lógica del calendario, quedaría de la siguiente manera:

---

[30] Ibídem.

Cuadro 6. Otra clasificación de DD.HH

Art. 1 Nacemos libres e iguales en dignidad y derechos.	Art. 2 No discriminación	Art. 3 Derecho a la vida, libertad y seguridad personal	Art. 4 Prohibición de esclavitud	Art. 5 Prohibición de tortura	Art. 6 Personalidad jurídica	Art. 7 Igualdad ante la ley
Art. 8 Defenderse ante los tribunals	Art. 9 Nadie podrá ser arbitrariamente detenido	Art. 10 Derecho a juicio	Art. 11 Presunción de inocencia	Art 12 No ser objeto de injerencias arbitrarias	Art. 13 Circular libremente	Art. 14 Derecho de asilo
Art. 15 Nacionalidad.	Art. 16 Al matrimonio y fundar una familia	Art. 17 Derecho a la propiedad, individual y colectivamente.	Art. 18 Libertad de pensamiento, de conciencia y de religión	Art. 19 Libertad de opinión y de expresión;	Art. 20 Libertad de reunión y de asociación pacíficas.	Art. 21 Participar en el gobierno de su país. Sufragar
Art. 22 Seguridad social	Art. 23 Trabajo, igual salario, fundar sindicatos y a sindicarse	Art. 24 "Descanso, al disfrute del tiempo libre, a una limitación razonable de la duración del trabajo y a vacaciones periódicas"	Art. 25 "Nivel de vida adecuado, salud, bienestar, alimentación vivienda, y los servicios sociales necesarios"	Art. 26 Derecho a la educación / Art. 26 Derecho a la educación	Art. 27 "Vida cultural, gozar de las artes y a participar en el progreso científico"	Art. 28 Orden social e internacional, para hacer plenamente efectivos estos derechos
Art. 29 Deberes respecto a la comunidad	Art. 30 Nadie puede suprimir cualquiera de los derechos y libertades					

Fuente: Elaboración propia

Antiguamente, se daba una tercera clasificación por generaciones; no obstante, en el mundo de la academia e investigadores, la tendencia va en la línea, de no separar los derechos humanos en generaciones; dado que existen diversas discusiones que han llevado a ser mal interpretadas o que propenden a dar mayor importancia a unos sobre otros. Por otro lado, hablar de una segunda generación es incorrecto, desde el punto de vista histórico y temporal, en atención a que varios de estos derechos estaban mencionados en la declaración del hombre y el ciudadano de 1789.

Nota aclaratoria: Es por lo anterior que prefiero no hacer un cuadro en dicha categoría.

A continuación, se detalla cada uno de los derechos humanos consagrados en la declaración universal de derechos humanos del año 1948[31].

Artículo 1

"Todos los seres humanos nacen libres e iguales en dignidad y derechos y, dotados como están de razón y conciencia, deben comportarse fraternalmente los unos con los otros".

Artículo 2

"Toda persona tiene todos los derechos y libertades proclamados en esta Declaración, sin distinción alguna de raza, color, sexo, idioma, religión, opinión política o de cualquier otra índole, origen nacional o social, posición económica, nacimiento o cualquier otra condición. Además, no se hará distinción alguna fundada en la condición política, jurídica o internacional del país o territorio de cuya jurisdicción dependa una persona, tanto si se trata de un país independiente, como de un territorio bajo administración fiduciaria, no autónomo o sometido a cualquier otra limitación de soberanía".

Artículo 3

"Todo individuo tiene derecho a la vida, a la libertad y a la seguridad de su persona".

Artículo 4

"Nadie estará sometido a esclavitud ni a servidumbre, la esclavitud y la trata de esclavos están prohibidas en todas sus formas".

Artículo 5

"Nadie será sometido a torturas ni a penas o tratos crueles, inhumanos o degradantes".

---

[31] ONU, Declaración Universal de derechos humanos, disponible en https://www.un.org/es/about-us/universal-declaration-of-human-rights

Artículo 6

"Todo ser humano tiene derecho, en todas partes, al reconocimiento de su personalidad jurídica".

Artículo 7

"Todos son iguales ante la ley y tienen, sin distinción, derecho a igual protección de la ley. Todos tienen derecho a igual protección contra toda discriminación que infrinja esta Declaración y contra toda provocación a tal discriminación".

Artículo 8

"Toda persona tiene derecho a un recurso efectivo ante los tribunales nacionales competentes, que la ampare contra actos que violen sus derechos fundamentales reconocidos por la constitución o por la ley".

Artículo 9

"Nadie podrá ser arbitrariamente detenido, preso ni desterrado".

Artículo 10

"Toda persona tiene derecho, en condiciones de plena igualdad, a ser oída públicamente y con justicia por un tribunal independiente e imparcial, para la determinación de sus derechos y obligaciones o para el examen de cualquier acusación contra ella en materia penal".

Artículo 11

"1. Toda persona acusada de delito tiene derecho a que se presuma su inocencia mientras no se pruebe su culpabilidad, conforme a la ley y en juicio público en el que se le hayan asegurado todas las garantías necesarias para su defensa.

2. Nadie será condenado por actos u omisiones que en el momento de cometerse no fueron delictivos según el Derecho nacional o internacional. Tampoco se impondrá pena más grave que la aplicable en el momento de la comisión del delito".

Artículo 12

"Nadie será objeto de injerencias arbitrarias en su vida privada, su familia, su domicilio o su correspondencia, ni de ataques a su honra o a su reputación. Toda persona tiene derecho a la protección de la ley contra tales injerencias o ataques".

Artículo 13

"1. Toda persona tiene derecho a circular libremente y a elegir su residencia en el territorio de un Estado.

2. Toda persona tiene derecho a salir de cualquier país, incluso del propio, y a regresar a su país".

Artículo 14

"1. En caso de persecución, toda persona tiene derecho a buscar asilo, y a disfrutar de él, en cualquier país.

2. Este derecho no podrá ser invocado contra una acción judicial realmente originada por delitos comunes o por actos opuestos a los propósitos y principios de las Naciones Unidas".

Artículo 15

"1. Toda persona tiene derecho a una nacionalidad.

2. A nadie se privará arbitrariamente de su nacionalidad ni del derecho a cambiar de nacionalidad".

Artículo 16

"1. Los hombres y las mujeres, a partir de la edad núbil, tienen derecho, sin restricción alguna por motivos de raza, nacionalidad o religión, a casarse y fundar una familia, y disfrutarán de iguales derechos en cuanto al matrimonio, durante el matrimonio y en caso de disolución del matrimonio.

2. Sólo mediante libre y pleno consentimiento de los futuros esposos podrá contraerse el matrimonio.

3. La familia es el elemento natural y fundamental de la sociedad y tiene derecho a la protección de la sociedad y del Estado".

Artículo 17

"1. Toda persona tiene derecho a la propiedad, individual y colectivamente.

2. Nadie será privado arbitrariamente de su propiedad."

Artículo 18

"Toda persona tiene derecho a la libertad de pensamiento, de conciencia y de religión; este derecho incluye la libertad de cambiar de religión o de creencia, así como la libertad de manifestar su religión o su creencia, individual y colectivamente, tanto en público como en privado, por la enseñanza, la práctica, el culto y la observancia".

Artículo 19

"Todo individuo tiene derecho a la libertad de opinión y de expresión; este derecho incluye el de no ser molestado a causa de sus opiniones, el de investigar y recibir informaciones y opiniones, y el de difundirlas, sin limitación de fronteras, por cualquier medio de expresión".

Artículo 20

"1. Toda persona tiene derecho a la libertad de reunión y de asociación pacíficas.

2. Nadie podrá ser obligado a pertenecer a una asociación".

Artículo 21

"1. Toda persona tiene derecho a participar en el gobierno de su país, directamente o por medio de representantes libremente escogidos.

2. Toda persona tiene el derecho de acceso, en condiciones de igualdad, a las funciones públicas de su país.

3. La voluntad del pueblo es la base de la autoridad del poder público; esta voluntad se expresará mediante elecciones auténticas que habrán de celebrarse periódicamente, por sufragio universal e igual y por voto secreto u otro procedimiento equivalente que garantice la libertad del voto".

Artículo 22

"Toda persona, como miembro de la sociedad, tiene derecho a la seguridad social, y a obtener, mediante el esfuerzo nacional y la cooperación internacional, habida cuenta de la organización y los recursos de cada Estado, la satisfacción de los derechos económicos, sociales y culturales, indispensables a su dignidad y al libre desarrollo de su personalidad".

Artículo 23

1. Toda persona tiene derecho al trabajo, a la libre elección de su trabajo, a condiciones equitativas y satisfactorias de trabajo y a la protección contra el desempleo.

2. Toda persona tiene derecho, sin discriminación alguna, a igual salario por trabajo igual.

3. Toda persona que trabaja tiene derecho a una remuneración equitativa y satisfactoria, que le asegure, así como a su familia, una existencia conforme a la dignidad humana y que será completada, en caso necesario, por cualesquiera otros medios de protección social.

4. Toda persona tiene derecho a fundar sindicatos y a sindicarse para la defensa de sus intereses.

Artículo 24

Toda persona tiene derecho al descanso, al disfrute del tiempo libre, a una limitación razonable de la duración del trabajo y a vacaciones periódicas pagadas.

Artículo 25

1. Toda persona tiene derecho a un nivel de vida adecuado que le asegure, así como a su familia, la salud y el bienestar, y en especial la alimentación, el vestido, la vivienda, la asistencia médica y los servicios sociales necesarios; tiene asimismo derecho a los seguros en caso de desempleo, enfermedad, invalidez, viudez, vejez u otros casos de pérdida de sus medios de subsistencia por circunstancias independientes de su voluntad.

2. La maternidad y la infancia tienen derecho a cuidados y asistencia especiales. Todos los niños, nacidos de matrimonio o fuera de matrimonio, tienen derecho a igual protección social.

Artículo 26

1. Toda persona tiene derecho a la educación. La educación debe ser gratuita, al menos en lo concerniente a la instrucción elemental y fundamental. La instrucción elemental será obligatoria. La instrucción técnica y profesional habrá de ser generalizada; el acceso a los estudios superiores será igual para todos, en función de los méritos respectivos.

2. La educación tendrá por objeto el pleno desarrollo de la personalidad humana y el fortalecimiento del respeto a los derechos humanos y a las libertades fundamentales; favorecerá la comprensión, la tolerancia y la amistad entre todas las naciones y todos los grupos étnicos o religiosos, y promoverá el desarrollo de las actividades de las Naciones Unidas para el mantenimiento de la paz.

3. Los padres tendrán derecho preferente a escoger el tipo de educación que habrá de darse a sus hijos.

Artículo 27

1. Toda persona tiene derecho a tomar parte libremente en la vida cultural de la comunidad, a gozar de las artes y a participar en el progreso científico y en los beneficios que de él resulten.

2. Toda persona tiene derecho a la protección de los intereses morales y materiales que le correspondan por razón de las producciones científicas, literarias o artísticas de que sea autora.

Artículo 28

Toda persona tiene derecho a que se establezca un orden social e internacional en el que los derechos y libertades proclamados en esta Declaración se hagan plenamente efectivos.

Artículo 29

1. Toda persona tiene deberes respecto a la comunidad, puesto que sólo en ella puede desarrollar libre y plenamente su personalidad.

2. En el ejercicio de sus derechos y en el disfrute de sus libertades, toda persona estará solamente sujeta a las limitaciones establecidas por la ley con el único fin de asegurar el reconocimiento y el respeto de los derechos y libertades de los demás, y de satisfacer las justas exigencias de la moral, del orden público y del bienestar general en una sociedad democrática.

3. Estos derechos y libertades no podrán, en ningún caso, ser ejercidos en oposición a los propósitos y principios de las Naciones Unidas.

Artículo 30

Nada en esta Declaración podrá interpretarse en el sentido de que confiere derecho alguno al Estado, a un grupo o a una persona, para emprender y desarrollar actividades o realizar actos tendientes a la supresión de cualquiera de los derechos y libertades proclamados en esta Declaración.

3.4 Código Conducta para los FEHCL

El Código de Conducta para los Funcionarios Encargados de hacer cumplir la Ley (FEHCL)[32], fue adoptado por la Asamblea General en su resolución 34/169, de 17 de diciembre de 1979, donde se considera un texto no vinculante para los Estados, no obstante, en general se acogen en plenitud sus recomendaciones, dado que son claves para la función policial.

A pesar de tener esta categoría de no vinculante para los Estados, se considera fundamental para el ejercicio de la función policial y se invoca en las normativas internas que regulan el uso de la fuerza, en atención que es parte del estándar internacional de derechos humanos.

Para una mejor comprensión, he creado un esquema, que permite una rápida y precisa revisión de los principios, al igual que el calendario ya mencionado como recurso nemotécnico. Además, los Instructores de Derechos Humanos aplicados a la Función policial que capacita el CICR lo asociación a las ocho puntas del logo representativo del Servir y Proteger.

---

[32]ONU. Código de conducta para funcionarios encargados de hacer cumplir la ley. OHCHR [en línea]. 17 de diciembre de 1979 [consultado el 21 de julio de 2023]. Disponible en: https://www.ohchr.org/es/instruments-mechanisms/instruments/code-conduct-law-enforcement-officials

Cuadro 7. Esquema resumen CC

Fuente: Elaboración propia a partir del Código de Conducta

El detalle pormenorizado de cada artículo del CC, es el siguiente:

Artículo 1

Los funcionarios encargados de hacer cumplir la ley cumplirán en todo momento los deberes que les impone la ley, sirviendo a su comunidad y protegiendo a todas las personas contra actos ilegales, en consonancia con el alto grado de responsabilidad exigido por su profesión.

Artículo 2

En el desempeño de sus tareas, los funcionarios encargados de hacer cumplir la ley respetarán y protegerán la dignidad humana y mantendrán y defenderán los derechos humanos de todas las personas.

Artículo 3

Los funcionarios encargados de hacer cumplir la ley podrán usar la fuerza sólo cuando sea estrictamente necesario y en la medida que lo requiera el desempeño de sus tareas.

Artículo 4

Las cuestiones de carácter confidencial de que tengan conocimiento los funcionarios encargados de hacer cumplir la ley se mantendrán en secreto, a menos que el cumplimiento del deber o las necesidades de la justicia exijan estrictamente lo contrario.

Artículo 5

Ningún funcionario encargado de hacer cumplir la ley podrá infligir, instigar o tolerar ningún acto de tortura u otros tratos o penas crueles, inhumanos o degradantes, ni invocar la orden de un superior o circunstancias especiales, como estado de guerra o amenaza de guerra, amenaza a la seguridad nacional, inestabilidad política interna, o cualquier otra emergencia pública, como justificación de la tortura u otros tratos o penas crueles, inhumanos o degradantes.

Artículo 6

Los funcionarios encargados de hacer cumplir la ley asegurarán la plena protección de la salud de las personas bajo su custodia y, en particular, tomarán medidas inmediatas para proporcionar atención médica cuando se precise.

Artículo 7

Los funcionarios encargados de hacer cumplir la ley no cometerán ningún acto de corrupción. También se opondrán rigurosamente a todos los actos de esa índole y los combatirán.

Artículo 8

Los funcionarios encargados de hacer cumplir la ley respetarán la ley y el presente Código. También harán cuanto esté a su alcance por impedir toda violación de ellos y por oponerse rigurosamente a tal violación. Los funcionarios encargados de hacer cumplir la ley que tengan motivos para creer que se ha producido o va a producirse una violación del presente Código informarán de la cuestión a sus superiores y, si fuere necesario, a cualquier otra autoridad u organismo apropiado que tenga atribuciones de control o correctivas.

3.5 Principios Básicos sobre el Empleo de la Fuerza y de Armas de Fuego por los Funcionarios Encargados de Hacer Cumplir la Ley.

Los principios en comento fueron adoptados por el Octavo Congreso de las Naciones Unidas, sobre Prevención del Delito y Tratamiento del Delincuente, celebrado en La Habana (Cuba) del 27 de agosto al 7 de septiembre de 1990.

En el preámbulo de dicho texto de carácter no vinculante se contempla:

"Considerando que la labor de los funcionarios encargados de hacer cumplir la ley * constituye un servicio social de gran importancia y, en consecuencia, es preciso mantener y, siempre que sea necesario, mejorar las condiciones de trabajo y la situación de estos funcionarios"[33].

Dentro de los considerandos de estos principios se destaca:

- La amenaza a la vida y a la seguridad de los funcionarios encargados de hacer cumplir la ley debe considerarse como una amenaza a la estabilidad de toda la sociedad.

- Los funcionarios encargados de hacer cumplir la ley desempeñan un papel fundamental en la protección del derecho a la vida, la libertad y la seguridad de las personas, tal como se garantiza en la Declaración Universal de Derechos Humanos, y se reafirma en el Pacto Internacional de Derechos Civiles y Políticos.

- Las Reglas Mínimas para el Tratamiento de los Reclusos, prevén las circunstancias en las que los funcionarios de establecimientos penitenciarios podrán recurrir a la fuerza en el ejercicio de sus funciones.

- El artículo 3 del Código de Conducta, para Funcionarios Encargados de Hacer Cumplir la Ley, estipula que esos funcionarios podrán usar la fuerza sólo cuando sea estrictamente necesario, y en la medida que lo requiere el desempeño de sus tareas.

- La reunión preparatoria del Séptimo Congreso de las Naciones Unidas, sobre la Prevención del Delito y Tratamiento del Delincuente, celebrada en Varenna, Italia; convino en los elementos que debían tenerse en cuenta en la continuación de los trabajos, sobre las limitaciones en el uso de la fuerza y de las armas de fuego; por parte de los funcionarios encargados de hacer cumplir la ley.

---

[33] ONU. Principios Básicos sobre el Empleo de la Fuerza y de Armas de Fuego por los Funcionarios Encargados de Hacer Cumplir la Ley. OHCHR [en línea]. 1990 [consultado el 21 de julio de 2023]. Disponible en: https://www.ohchr.org/es/instruments-mechanisms/instruments/basic-principles-use-force-and-firearms-law-enforcement

- Tener presente que el Séptimo Congreso, en su resolución 14, entre otras cosas, subraya que el empleo de la fuerza y las armas de fuego por los funcionarios encargados de hacer cumplir la ley debe conciliarse con el debido respeto de los derechos humanos.

- El Consejo Económico y Social, en su resolución 1986/10, sección IX, de 21 de mayo de 1986, invitó a los Estados Miembros a que prestaran especial atención en la aplicación del Código a la cuestión del uso de la fuerza y armas de fuego por parte de los funcionarios encargados de hacer cumplir la ley, y que la Asamblea General, en su resolución 41/149, de 4 de diciembre de 1986, entre otras cosas, acogió con satisfacción esta recomendación formulada por el Consejo.

- Es oportuno, teniendo debidamente en cuenta su seguridad personal, atender al papel de los funcionarios encargados de hacer cumplir la ley en relación con la administración de justicia y la protección del derecho a la vida, la libertad y la seguridad de las personas, a su responsabilidad de mantener la seguridad pública y la paz social, y a la importancia de sus calificaciones, capacitación y conducta.

La finalidad de los PB, que se detallan más abajo, consiste en asistir a los Estados Miembros en sus actividades destinadas a asegurar y fomentar el papel que corresponde a los funcionarios encargados de hacer cumplir la ley, deben ser tenidos en cuenta y respetados por los gobiernos en el marco de sus respectivas legislaciones y prácticas nacionales, y deben señalarse a la atención de los funcionarios encargados de hacer cumplir la ley, así como de otras personas como jueces, fiscales, abogados y miembros del poder ejecutivo y legislativo, y del público en general.

Cuadro 8. Resumen Principios Básicos Uso de la Fuerza

P. 1	P.2	P.3	P.4	P.5	P.6	P.7
Normas y reglamentaciones sobre el empleo de la fuerza y armas de fuego	Gobiernos dotarán de diversos tipos de armas y municiones y equipos de autoprotección	Evaluación de la fabricación y distribución de armas no letales y control de las letales	FEHCL Med. Posib. Usar medios no violentos antes de recurrir al empleo de la fuerza y de armas de fuego	Inevitable uso: a) Moderación. b) mín. daño, vida humana. c) asistencia d) avisar fam.	FEHCL Ocasionen lesiones o muerte, comunicarán inmediatamente a sus superiores. P.22	Delito el empleo arbitrario o abusivo de la fuerza o de armas de fuego de FEHCL
P.8	**P.9**	**P.10**	**P.11**	**P.12**	**P.13**	**P.14**
No se podrán invocar circunstancias excepcionales	Legítima defensa	Identificarse (alto policía) Carabinero en caso de Chile. Advertencia.	Directrices: a) Especif. b) Aseguren... c) Prohíban... d) Reglamen... e) Señalen... f) Establez...	... participar en reuniones lícitas y pacíficas. Uso fuerza y armas	Al dispersar reuniones ilícitas pero no violentas, FEHCL evitarán el empleo de la fuerza ...	...condiciones para el uso de armas de fuego al dispersar reuniones violentas.
P.15	**P.16**	**P.17**	**P.18**	**P.19**	**P.20**	**P.21**
Con las personas bajo custodia o detenidas, no emplearán la fuerza, salvo cuando sea estrictamente necesario ...	No empleará armas de fuego contra personas detenidas salvo legítima defensa ...Relacionado principio 9	Reglas Mínimas para el Tratamiento de los Reclusos, sobre todo las reglas 33, 34 y 54.	FEHCL serán seleccionados mediante procedimientos adecuados. Evaluación periódica.	todos los FEHCL reciban capacitación en el empleo de la fuerza y sean examinados ...	Ética policial y DD.HH. examinar sus programas de capacitación y procedimientos operativos a la luz de casos concretos	Apoyo..., para sobrellevar las tensiones propias de esas situaciones
P.22	**P.23**	P.24	**P.25**	**P.26**		
Procedimientos eficaces para la presentación de informes y recursos en relación con todos los casos mencionados en los principios 6 y 11 f	Afectadas por U. la fuerza y de armas de fuego tendrán acceso a un proceso independiente, incluido un proceso judicial	Responsabilidad de mando.	Ninguna sanción penal o disciplinaria contra los FEHCL que, en cumplimiento del CC de estos PB, se nieguen a ...	Los FEHCL no podrán alegar obediencia de órdenes ilícitas y tuvieron una oportunidad razonable de negarse a cumplirla		

Elaboración propia a partir de los PB. Uso de la fuerza

Detalle de cada uno de los principios del uso de la fuerza:

1. Los gobiernos y los organismos encargados de hacer cumplir la ley adoptarán y aplicarán normas y reglamentaciones sobre el empleo de la fuerza y armas de fuego contra personas por parte de funcionarios encargados de hacer cumplir la ley. Al establecer esas normas y disposiciones, los gobiernos y los organismos encargados de hacer cumplir la ley examinarán continuamente las cuestiones éticas relacionadas con el empleo de la fuerza y de armas de fuego.

2. Los gobiernos y los organismos encargados de hacer cumplir la ley establecerán una serie de métodos lo más amplia posible y dotarán a los funcionarios correspondientes de distintos tipos de armas y municiones de modo que puedan hacer un uso diferenciado de la fuerza y de las armas de fuego. Entre estas armas deberían figurar armas incapacitantes no letales para emplearlas cuando fuera apropiado, con miras a restringir cada vez más el empleo de medios que puedan ocasionar lesiones o muertes. Con el mismo objetivo, también debería permitirse que los funcionarios encargados de hacer cumplir la ley cuenten con equipo autoprotector, por ejemplo, escudos, cascos, chalecos a prueba de balas y medios de transporte a prueba de balas a fin de disminuir la necesidad de armas de cualquier tipo.

3. Se hará una cuidadosa evaluación de la fabricación y distribución de armas no letales incapacitantes a fin de reducir al mínimo el riesgo de causar lesiones a personas ajenas a los hechos y se controlará con todo cuidado el uso de tales armas.

4. Los funcionarios encargados de hacer cumplir la ley, en el desempeño de sus funciones, utilizarán en la medida de lo posible medios no violentos antes de recurrir al empleo de la fuerza y de armas de fuego. Podrán utilizar la fuerza y armas de fuego solamente cuando otros medios resulten ineficaces o no garanticen de ninguna manera el logro del resultado previsto.

5. Cuando el empleo de las armas de fuego sea inevitable, los funcionarios encargados de hacer cumplir la ley.

a) Ejercerán moderación y actuarán en proporción a la gravedad del delito y al objetivo legítimo que se persiga.

b) Reducirán al mínimo los daños y lesiones y respetarán y protegerán la vida humana.

c) Procederán de modo que se presten lo antes posible asistencia y servicios médicos a las personas heridas o afectadas.

d) Procurarán notificar lo sucedido, a la menor brevedad posible, a los parientes o amigos íntimos de las personas heridas o afectadas.

6. Cuando al emplear la fuerza o armas de fuego los funcionarios encargados de hacer cumplir la ley ocasionen lesiones o muerte, comunicarán el hecho inmediatamente a sus superiores de conformidad con el principio 22.

7. Los gobiernos adoptarán las medidas necesarias para que en la legislación se castigue como delito el empleo arbitrario o abusivo de la fuerza o de armas de fuego por parte de los funcionarios encargados de hacer cumplir la ley.

8. No se podrán invocar circunstancias excepcionales tales como la inestabilidad política interna o cualquier otra situación pública de emergencia para justificar el quebrantamiento de estos Principios Básicos.

Disposiciones especiales:

9. Los funcionarios encargados de hacer cumplir la ley no emplearán armas de fuego contra las personas salvo en defensa propia o de otras personas, en caso de peligro inminente de muerte o lesiones graves, o con el propósito de evitar la comisión de un delito particularmente grave que entrañe una seria amenaza para la vida, o con el objeto de detener a una persona que represente ese peligro y oponga resistencia a su autoridad, o para impedir su fuga, y sólo en caso de que resulten insuficientes medidas menos extremas para lograr dichos objetivos. En cualquier caso, sólo se podrá hacer uso intencional de armas letales cuando sea estrictamente inevitable para proteger una vida.

10. En las circunstancias previstas en el principio 9, los funcionarios encargados de hacer cumplir la ley se identificarán como tales y darán una clara advertencia de su intención de emplear armas de fuego, con tiempo suficiente para que se tome en cuenta, salvo que al dar esa advertencia se pusiera indebidamente en peligro a los funcionarios encargados de hacer cumplir la ley, se creara un riesgo de muerte o daños graves a otras personas, o resultara evidentemente inadecuada o inútil dadas las circunstancias del caso.

11. Las normas y reglamentaciones sobre el empleo de armas de fuego por los funcionarios encargados de hacer cumplir la ley deben contener directrices que:

a) Especifiquen las circunstancias en que los funcionarios encargados de hacer cumplir la ley estarían autorizados a portar armas de fuego y prescriban los tipos de armas de fuego o municiones autorizados.

b) Aseguren que las armas de fuego se utilicen solamente en circunstancias apropiadas y de manera tal que disminuya el riesgo de daños innecesarios.

c) Prohíban el empleo de armas de fuego y municiones que puedan provocar lesiones no deseadas o signifiquen un riesgo injustificado.

d) Reglamenten el control, almacenamiento y distribución de armas de fuego, así como los procedimientos para asegurar que los funcionarios encargados de hacer cumplir la ley respondan de las armas de fuego o municiones que se les hayan entregado.

e) Señalen los avisos de advertencia que deberán darse, siempre que proceda, cuando se vaya a hacer uso de un arma de fuego.

f) Establezcan un sistema de presentación de informes siempre que los funcionarios encargados de hacer cumplir la ley recurran al empleo de armas de fuego en el desempeño de sus funciones.

Actuación en caso de reuniones ilícitas:

12. Dado que todas las personas están autorizadas a participar en reuniones lícitas y pacíficas, de conformidad con los principios consagrados en la Declaración Universal de Derechos Humanos y en el Pacto Internacional de Derechos Civiles y Políticos, los gobiernos y los organismos y funcionarios encargados de hacer cumplir la ley reconocerán que la fuerza y las armas de fuego pueden utilizarse solamente de conformidad con los principios 13 y 14.

13. Al dispersar reuniones ilícitas, pero no violentas, los funcionarios encargados de hacer cumplir la ley evitarán el empleo de la fuerza o, si no es posible, lo limitarán al mínimo necesario.

14. Al dispersar reuniones violentas, los funcionarios encargados de hacer cumplir la ley podrán utilizar armas de fuego cuando no se puedan utilizar medios menos peligrosos y únicamente en la mínima medida necesaria. Los funcionarios encargados de hacer cumplir la ley se abstendrán de emplear las armas de fuego en esos casos, salvo en las circunstancias previstas en el principio 9.

Vigilancia de personas bajo custodia o detenidas:

15. Los funcionarios encargados de hacer cumplir la ley, en sus relaciones con las personas bajo custodia o detenidas, no emplearán la fuerza, salvo cuando sea estrictamente necesario para mantener la seguridad y el orden en los establecimientos o cuando corra peligro la integridad física de las personas.

16. Los funcionarios encargados de hacer cumplir la ley, en sus relaciones con las personas bajo custodia o detenidas, no emplearán armas de fuego, salvo en defensa propia o en defensa de terceros cuando haya peligro inminente de muerte o lesiones graves, o cuando sea estrictamente necesario para impedir la fuga de una persona sometida a custodia o detención que presente el peligro a que se refiere el principio 9"40.

17. Los principios precedentes se aplicarán sin perjuicio de los derechos, obligaciones y responsabilidades de los funcionarios de establecimientos penitenciarios, tal como se enuncian en las Reglas Mínimas para el Tratamiento de los Reclusos, sobre todo las reglas 33, 34 y 54.

Calificaciones, capacitación y asesoramiento:

18. Los gobiernos y los organismos encargados de hacer cumplir la ley procurarán que todos los funcionarios encargados de hacer cumplir la ley sean seleccionados mediante procedimientos adecuados, posean aptitudes éticas, psicológicas y físicas apropiadas para el ejercicio eficaz de sus funciones y reciban capacitación profesional continua y completa. Tales aptitudes para el ejercicio de esas funciones serán objeto de examen periódico.

19. Los gobiernos y los organismos encargados de hacer cumplir la ley procurarán que todos los funcionarios encargados de hacer cumplir la ley reciban capacitación en el empleo de la fuerza y sean examinados de conformidad con normas de evaluación adecuadas. Los funcionarios que deban portar armas de fuego deben estar autorizados para hacerlo sólo tras haber finalizado la capacitación especializada en su empleo.

20. En la capacitación de los funcionarios encargados de hacer cumplir la ley, los gobiernos y los organismos correspondientes prestarán especial atención a las cuestiones de ética policial y derechos humanos, especialmente en el proceso de indagación, a los medios que puedan sustituir el empleo de la fuerza y de armas de fuego, por ejemplo, la solución pacífica de los conflictos, el estudio del comportamiento de las multitudes y las técnicas de persuasión, negociación y mediación, así como a los medios técnicos, con miras a limitar el empleo de la fuerza y armas de fuego. Los organismos encargados de hacer cumplir la ley deben examinar sus programas de capacitación y procedimientos operativos a la luz de casos concretos.

21. Los gobiernos y los organismos encargados de hacer cumplir la ley proporcionarán orientación a los funcionarios que intervengan en situaciones en las que se empleen la fuerza o armas de fuego para sobrellevar las tensiones propias de esas situaciones.

Procedimientos de presentación de informes y recursos:

22. Los gobiernos y los organismos encargados de hacer cumplir la ley establecerán procedimientos eficaces para la presentación de informes y recursos en relación con todos los casos mencionados en los principios 6 y 11 f). Para los casos con respecto a los cuales se informe de conformidad con esos principios, los gobiernos y los organismos encargados de hacer cumplir la ley asegurarán que se establezca un procedimiento de revisión eficaz y que autoridades administrativas o judiciales independientes estén dotadas de competencia en circunstancias apropiadas. En caso de muerte y lesiones graves u otras consecuencias de importancia, se enviará rápidamente un informe detallado a las autoridades competentes para la revisión administrativa y la supervisión judicial.

23. Las personas afectadas por el empleo de la fuerza y de armas de fuego o sus representantes legales tendrán acceso a un proceso independiente, incluido un proceso judicial. En caso de muerte de esas personas, esta disposición se aplicará a sus herederos.

24. Los gobiernos y los organismos encargados de hacer cumplir la ley adoptarán las medidas necesarias para que los funcionarios superiores asuman la debida responsabilidad cuando tengan conocimiento, o debieran haberlo tenido, de que los funcionarios a sus órdenes recurren, o han recurrido, al uso ilícito de la fuerza y de armas de fuego, y no adopten todas las medidas a su disposición para impedir, eliminar o denunciar ese uso.

25. Los gobiernos y los organismos encargados de hacer cumplir la ley adoptarán las medidas necesarias para que no se imponga ninguna sanción penal o disciplinaria contra los funcionarios encargados de hacer cumplir la ley que,

en cumplimiento del Código de conducta pertinente y de estos Principios Básicos, se nieguen a ejecutar una orden de emplear la fuerza o armas de fuego o denuncien ese empleo por otros funcionarios.

26. Los funcionarios encargados de hacer cumplir la ley no podrán alegar obediencia de órdenes superiores si tenían conocimiento de que la orden de emplear la fuerza o armas de fuego, a raíz de la cual se ha ocasionado la muerte o heridas graves a una persona, era manifiestamente ilícita y tuvieron una oportunidad razonable de negarse a cumplirla. De cualquier modo, también serán responsables los superiores que dieron las órdenes ilícitas.

A modo de resumen, con la lógica del calendario y aplicando la clasificación mediante colores, para una clara comprensión nos quedaría de la siguiente manera:

- Disposiciones generales: 1 al 8 (nombre asignado por el autor, aplicando la deducción en atención que no se menciona en el texto original)
- Disposiciones especiales: 9 al 11
- Actuación en caso de reuniones ilícitas: 12 al 14
- Vigilancia de personas bajo custodia o detenidas: 15 al 17
- Calificaciones, capacitación y asesoramiento: 18 al 21
- Procedimientos de presentación de informes y recursos: 22 al 26

Cuadro 9. Resumen PB según clasificación

P.1	P.2	P.3	P.4	P.5	P.6	P.7
Normas y reglamentaciones sobre el empleo de la fuerza y armas de fuego	Gobiernos dotarán de diversos tipos de armas y municiones y equipos de autoprotección	Evaluación de la fabricación y distribución de armas no letales y control de las letales	FEHCL Med. Posib. Usar medios no violentos antes de recurrir al empleo de la fuerza y de armas de fuego	Inevitable uso: a) Moderación. b) mín. daño, vida humana. c) asistencia d) avisar fam.	FEHCL Ocasionen lesiones o muerte, comunicarán inmediatamente a sus superiores. P.22	Delito el empleo arbitrario o abusivo de la fuerza o de armas de fuego de FEHCL

P.8	P.9	P.10	P.11	P.12	P.13	P.14
No se podrán invocar circunstancias excepcionales	Legítima defensa	Identificarse (alto policía) Carabinero en caso de Chile. Advertencia.	Directrices: a) Especif. b) Aseguren... c) Prohíban... d) Reglamen... e) Señalen... f) Establez...	... participar en reuniones lícitas y pacíficas. Uso fuerza y armas	Al dispersar reuniones ilícitas pero no violentas, FEHCL evitarán el empleo de la fuerza ...	...condiciones para el uso de armas de fuego al dispersar reuniones violentas.

P.15	P.16	P.17	P.18	P.19	P.20	P.21
Con las personas bajo custodia o detenidas, no emplearán la fuerza, salvo cuando sea estrictamente necesario ...	No empleará armas de fuego contra personas detenidas salvo legítima defensa ...Relacionado principio 9	Reglas Mínimas para el Tratamiento de los Reclusos, sobre todo las reglas 33, 34 y 54.	FEHCL serán seleccionados mediante procedimientos adecuados. Evaluación periódica.	todos los FEHCL reciban capacitación en el empleo de la fuerza y sean examinados ...	Ética policial y DD.HH. examinar sus programas de capacitación y procedimientos operativos a la luz de casos concretos	Apoyo..., para sobrellevar las tensiones propias de esas situaciones

P.22	P.23	P.24	P.25	P.26		
Procedimientos eficaces para la presentación de informes y recursos en relación con todos los casos mencionados en los principios 6 y 11 f	Afectadas por U. la fuerza y de armas de fuego tendrán acceso a un proceso independiente, incluido un proceso judicial	Responsabilidad de mando.	Ninguna sanción penal o disciplinaria contra los FEHCL que, en cumplimiento del CC de estos PB, se nieguen a ...	Los FEHCL no podrán alegar obediencia de órdenes ilícitas y tuvieron una oportunidad razonable de negarse a cumplirla		

Fuente: elaboración propia a partir de los PB

4 Rol de los Organismos Internacionales de DD.HH. Doctorando Felipe Cartes Salgado

En el sistema internacional, los organismos internacionales se presentan como los estamentos esenciales para el correcto desarrollo y mantención del status-quo en el mundo. No necesariamente, debemos acercar a estos organismos internacionales hacia un rol que los lleve a proteger el orden global, sino que también los podemos acercar hacia elementos que necesiten de una supervisión más supraestatal, y esto se basa en el comportamiento de diversas instituciones dentro de las naciones.

Es así, que dichos organismos no tienen la facultad de generar cambios inmediatos, si tienen la facultad de fiscalizar diversas acciones y actitudes, mediante resoluciones y cartas que ayudarán ciertamente a las naciones, a guiarse en los cambios necesarios; tanto en acciones como en estructuras a largo plazo.

Desde este punto de vista, nos acercamos a uno de los puntos importantes, donde estos organismos tienen un amplio campo de acción y fiscalización, en los derechos humanos. Este derecho, ligado a la seguridad humana; es fundamental para generar un correcto funcionamiento dentro del marco legal y estructura social, para así asegurar, no solo la protección de los ciudadanos dentro de las estructuras gubernamentales y sociales, sino que también observar y supervisar el rol de las fuerzas de seguridad, que son las primeras líneas de reacción ante cualquier tipo de anomia social, garantizando así la paz interna y el orden social.

Fruto de dichos elementos, donde una de las secciones más importantes a la hora de observar el rol de las fuerzas de seguridad o policiales, es el discernimiento en el uso de la fuerza, donde debemos reconocer la relevancia que este tema representa para los Derechos Humanos. Aún más, en los últimos años, donde ha existido una creciente interés y preocupación por sobre cómo los agentes de seguridad pública aplican la fuerza en su rol protector de la ciudadanía.

No debemos obviar, que han existido diversos casos de abusos y violaciones a los derechos humanos en los últimos 20 años, debido al aumento de tensión política y social en el sistema internacional, donde la policía, en su rol de proteger, en diversos lugares tanto de Latinoamérica y Europa, han actuado bajo premisas que podrían catalogarse como indebidas; ya que a la hora de querer detener el avance de la violencia social, se hace notoria la necesidad de establecer estándares claros, nuevos cambios en la formación policial y principios que puedan guiar su comportamiento ante el dinamismo que representa nuestra sociedad actual.

Es en este punto, donde comienza a demostrar una relevancia notoria el papel de los organismos internacionales de derechos humanos. Donde observaremos algunas circunstancias que pueden ser consideradas como las más importantes a la hora de hablar sobre los derechos humanos desde una perspectiva policial; la Comisión Interamericana de Derechos Humanos (CIDH), la Corte Interamericana de Derechos Humanos (Corte IDH) y la Oficina del Alto Comisionado de las Naciones Unidas para los Derechos Humanos (ACNUDH). Estos organismos -tal como mencionamos- juegan un papel importante en la promoción y protección de los derechos humanos, visto desde el contexto policial.

Por su parte la CIDH, emite informes y recomendaciones sobre el uso de la fuerza por parte de la policía, mientras que la Corte IDH establece sentencias y estándares para su cumplimiento. Estas acciones son esenciales para sentar bases legales, y así orientar las prácticas policiales. Por otro lado, la ACNUDH brinda asistencia técnica, capacitación y monitoreo para asegurar que el uso de la fuerza por parte de la policía sea acorde con los derechos humanos.

Además de estos organismos esenciales, no podemos obviar el rol de la ONU en su postura y desarrollo como un estamento crucial para el aseguramiento de los DD.HH. Esto, a través de resoluciones y documentos relevantes, como lo son: los Principios Básicos sobre el Empleo de la Fuerza y de Armas de Fuego por los Funcionarios Encargados de Hacer Cumplir la Ley y la Convención contra la Tortura y Otros Tratos o Penas Crueles, Inhumanos o Degradantes, la ONU establece estándares y directrices internacionales que los Estados necesariamente deben seguir.

Junto con ello y con la intención de ejemplificar el rol de los Organismos ante los Derechos Humanos, desde una perspectiva policial en la que generaremos diversos ejemplos de acontecimientos; y donde dichos organismos han tenido una participación importante, lo que hace relevante acercarlos hacia una postura dual, para verificar las acciones, desde el punto de vista latinoamericano como europeo, donde evidenciaremos que las garantías de los derechos humanos, la fiscalización de las fuerzas policiales y de seguridad, ciertamente no tienen exclusividad para un tipo de continente, sino que más bien un dilema global, que deber ser visto con mucho cuidado y así de manera directa y formal, marcar precedentes que eviten su accionar.

Ahora, hemos de reflejar los acontecimientos que demarcan la actitud de los Estados, en solucionar dichas acciones fuera del marco legal internacional. De cierta manera, siguen existiendo desafíos pendientes, ya que la implementación total de estos estándares, la capacitación adecuada de los agentes de seguridad, la rendición de cuentas y la regulación como, por ejemplo; la tecnología utilizada en el contexto policiales, siguen siendo temas pendientes. Solo mediante esfuerzos continuos y colaborativos, (incluso entre Estados) lograremos observar avances significativos en la protección de los derechos humanos, en relación con el discernimiento del uso de la fuerza, desde el punto de vista policial; de manera local como global.

4.1. Organismos internacionales de derechos humanos

Luego de comprender el contexto relevante, que procede en nuestro relato; es necesario comprender que los organismos internacionales de derechos humanos juegan un rol fundamental a la hora de promoverlos y protegerlos. Es ahí donde en América, resulta primordial mencionar, al menos tres organizaciones clave, que nos darán una perspectiva holística en el aseguramiento de los derechos humanos, orientada al uso de la fuerza desde la perspectiva policial.

A continuación, procederemos a definirlos:

4.1.1 Comisión Interamericana de Derechos Humanos (CIDH):

La Comisión Interamericana de Derechos Humanos (CIDH), desempeña un papel fundamental en el discernimiento del uso de la fuerza, desde el punto de vista policial en el continente americano. Sus principales objetivos se centran en la promoción y protección de los derechos humanos, especialmente con el fin de supervisar el uso de la fuerza por parte de las fuerzas policiales.

Esta comisión (la CIDH), desde el punto de vista local, es un organismo autónomo de la Organización de los Estados Americanos (OEA), encargada de velar por el respeto y la protección de los derechos humanos en las Américas. Su rol principal es el de recibir, analizar y tramitar denuncias individuales y colectivas sobre violaciones de los derechos humanos. En relación con el uso de la fuerza policial, la CIDH emite informes, recomendaciones y medidas cautelares que puedan contribuir a establecer estándares, para garantizar el respeto a los derechos fundamentales, en situaciones de confrontación.

La postura de la CIDH se centra bajo la premisa que el uso de la fuerza -por parte de las fuerzas policiales- debe ser excepcional y estar sujeto a principios fundamentales, como la legalidad, la necesidad, la proporcionalidad y la rendición de cuentas. La CIDH considera que el uso de la fuerza debe estar orientado a proteger la vida y la integridad de las personas, evitando el uso excesivo o indiscriminado que pueda dar lugar a violaciones de dichos derechos.

Además, desde el punto de vista de su labor en la recepción y tramitación de denuncias, la CIDH también realiza visitas a los países miembros, emitiendo informes temáticos y realizando acciones de seguimiento en casos de violaciones graves a los derechos humanos. Bajo el mismo punto la CIDH, brinda un asesoramiento técnico y de capacitación a los Estados, en sus estructuras de seguridad pública, para así garantizar el correcto uso de la fuerza, respetando y asegurando el bienestar social.

Ahora bien, para ejemplificar el actuar de la CIDH, podemos abordar el caso "Atento vs México" el año 2018. Donde dicho organismo, se pronunció sobre abusos (incluido sexuales) cometidos por las fuerzas de seguridad mexicana, durante la Operación policial en San Salvador Atenco, México.

En este caso específico, la CIDH, determinó que las fuerzas de seguridad arbitrariamente realizaron torturas, tratos crueles, denigrantes e inhumanos durante el desarrollo de la dicha operación. Esto conllevó a que la CIDH emitiera recomendaciones urgentes y específicas hacia el Estado mexicano, poniendo énfasis en prevenir el uso indebido de la fuerza por parte de las autoridades policiales como también enfatizar la investigación adecuada de los abusos cometidos y garantizar la defensa de las víctimas junto con entregar reparación inmediata a las mismas.

Por lo que este caso, marca un precedente a la hora de supervisar el uso indiscriminado de la fuerza y su postura de poder, por parte de aquellas fuerzas que deben promover el respeto de la ley y la seguridad ciudadana.

Por lo tanto, observando la evidencia propuesta, la CIDH sin duda presenta elementos que indican una postura sustancial por sobre el uso de fuerza policial, entregando importantes elementos que identifican su rol, como; la promoción, protección y supervisión de los derechos humanos en el continente americano. A través de sus informes, recomendaciones y medidas cautelares, la CIDH busca establecer estándares y garantías que evitarían el uso abusivo de la fuerza, lo que claramente fomentaría un enfoque respetuoso de los derechos humanos en las actuaciones policiales.

4.1.2 Corte Interamericana de Derechos Humanos (Corte IDH):

La Corte Interamericana de Derechos Humanos (Corte IDH), se posiciona como un elemento crucial, a la hora de abordar el discernimiento del uso de la fuerza desde el punto de vista policial en nuestro continente americano. Dicha postura, se centra en la protección y promoción de los derechos humanos, incluyendo el establecimiento de estándares y la rendición de cuentas en relación con el uso de la fuerza por parte de las fuerzas policiales, cabe mencionar que dicha "rendición de cuentas" no tiene una postura económica, sino más bien una intención de controlar el actuar en diversas situaciones complejas donde las policías jueguen un rol esencial en el control de la población.

La Corte IDH, es un órgano judicial autónomo, que forma parte del sistema interamericano de protección de los derechos humanos. Su rol principal es conocer y resolver casos individuales y casos contenciosos (polémicos) presentados por los Estados miembros y la Comisión Interamericana de Derechos Humanos. En relación con el uso de la fuerza policial, la Corte IDH emite sentencias vinculantes que interpretan y aplican la Convención Americana sobre Derechos Humanos, estableciendo así estándares claros sobre el uso legítimo de la fuerza.

La postura de la Corte IDH, se basa en el principio de que el uso de la fuerza por parte de las fuerzas policiales debe ser excepcional y regido por principios fundamentales, como la legalidad, la necesidad, la proporcionalidad y la rendición de cuentas. La Corte IDH ha establecido que el uso de la fuerza debe estar orientado a la protección de la vida y la integridad de las personas, y, además, su utilización debe ser proporcionada respetando los derechos fundamentales de las personas involucradas.

Si lo observamos desde su labor en el ámbito judicial, la Corte IDH representa un importante rol en lo que respecta a la interpretación y desarrollo del derecho internacional de los DD.HH. Sus sentencias, buscan establecer precedentes junto con contribuir a la construcción de un marco normativo claro y coherente sobre el uso de la fuerza policial en cumplimiento del marco legal de los derechos humanos.

Observando un caso que pueda ejemplificar el actuar de la Corte IDH, nos encontramos con un relevante caso "Villagrán Morales y otros vs Guatemala" (denominado como "Niños de la calle") el año 1999. Este caso lleva a la Corte IDH a pronunciarse por sobre el uso excesivo de la fuerza por parte de las fuerzas de seguridad guatemaltecas durante una operación policial llevada a cabo en la aldea indígena de "Las Casetas".

Acá, la Corte IDH; logró establecer que se realizaron graves violaciones a los derechos humanos, incluyendo el derecho a la vida, la integridad personal y la protección judicial. Esto debido a que en ducha operación se registraron una cantidad innecesaria de muertes y lesiones hacia dicha aldea.

Esto conllevó a que la Corte IDH, marcase un precedente a la hora de establecer estándares y principios, los cuales llevaron al Estado guatemalteco a instaurar nuevas obligaciones a la hora de garantizar el uso de la fuerza por parte de las fuerzas de seguridad, asegurándose de ahí en adelante, que fuesen proporcionales y sujetas a escrutinio efectivo teniendo que garantizarse una rendición de cuentas por las violaciones a los derechos humanos cometidas. Lo que ciertamente contribuyó a establecer nuevas normativas de protección de los derechos humanos en la región.

Es por ello, y observando la importancia que demuestra la Corte IDH, podemos determinar que se posiciona como un firme estamento a la hora de garantizar el correcto uso de la fuerza por parte de las fuerzas policiales, demostrando que su rol principal, consiste en garantizar la protección y promoción de los derechos humanos en las américas. Esto sin duda, logra establecer sentencias vinculantes, que tengan como fin guiar la actuación de las fuerzas policiales, y así, promover el respeto de los derechos fundamentales en situaciones de confrontación social o dilemas internos de cada nación.

4.1.3 Oficina del Alto Comisionado de las Naciones Unidas para los Derechos Humanos (ACNUDH)

La Oficina del Alto Comisionado de las Naciones Unidas para los Derechos Humanos (ACNUDH), desempeña un papel esencial a la hora de observar el discernimiento del uso de la fuerza desde el punto de vista policial a nivel internacional. Su postura está centrada en la promoción, protección y supervisión de los derechos humanos, incluyendo la asistencia técnica, la capacitación y el monitoreo en relación con el uso de la fuerza policial, y la seguridad ciudadana, representando una diferencia específica sobre el rol de lo que representa el IDH, ya que se complementan en su rol, tal como veremos más adelante.

La ACNUDH, es el principal órgano de las Naciones Unidas encargado de promover y proteger los derechos humanos en todo el mundo. Su rol consiste en proporcionar asesoramiento y apoyo a los Estados miembros, para fortalecer sus capacidades en el uso de la fuerza policial, respetando los derechos humanos. Esto incluye, brindar asistencia técnica en el desarrollo de políticas y marcos legales, capacitando a las fuerzas de seguridad en prácticas que respeten los derechos humanos, como prácticas que ayuden a monitorear su cumplimiento.

La postura de la ACNUDH se basa en la premisa de que el uso de la fuerza por parte de las fuerzas policiales debe estar sujeto a los principios fundamentales expuestos por la Corte IDH, teniendo como fin abogar en que su enfoque del respeto a los derechos humanos, desde una perspectiva policial promueva la protección de la vida, la integridad y la dignidad de las personas.

Conforme, la ACNUDH realiza labores de asistencia técnica y capacitación, como el monitoreo en terreno, emite informes y establece diálogos con los Estados, y otros actores relevantes, para promover el respeto a los derechos humanos en el contexto del uso de la fuerza policial. También colabora con otros organismos de derechos humanos, como la Comisión Interamericana de Derechos Humanos (CIDH), y la Corte Interamericana de Derechos Humanos (Corte IDH), para fortalecer la protección de los derechos humanos en todo el continente americano, lo que justificaría su parecido en sus objetivos y también en su postura ante el respeto a los DD.HH.

En respuesta y bajo las premisas que sostienen su actuar, la ACNUDH tuvo una participación preponderante luego de ocurrida la crisis social de Chile en el año 2019, ya que, en respuesta a las denuncias recibidas por violación a los derechos humanos, es que se hace presente para investigar dichas denuncias, que implicarían el uso excesivo de las fuerzas policiales en el contexto de las protestas.

De su análisis, se presentaría el informe final de la misión llevada a cabo por la ACNUDH, la cual revela preocupaciones sobre el trato hacia los ciudadanos por parte de las fuerzas policiales y de seguridad, recomendando al Gobierno de Chile, a tomar medidas para abordar las posibles violaciones a los Derechos Humanos, y garantizar la rendición de cuentas por sobre los responsables promoviendo el diálogo político para abordar las soluciones a las demandas sociales. Además, ofreció apoyo con intenciones de fortalecer los mecanismos en las rendiciones de cuentas anteriormente mencionadas y también, promover reformas para que las fuerzas de seguridad pública actúen bajo el marco del respeto a los Derechos Humanos y los estándares internacionales promovidos por las Naciones Unidas.

Luego, de observar el panorama cercano al continente americano -tal como adelantamos- en Europa, también existen organismos internacionales que se posicionan en la estructura gubernamental, a la hora de abordar el respeto de los Derechos humanos, sobre los organismos internacionales desde el actuar policial, estas las podemos definir como:

4.1.4. Tribunal Europeo de Derechos Humanos (TEDH):

El Tribunal Europeo de Derechos Humanos (TEDH), juega un papel esencial a la hora de observar el discernimiento en el uso de la fuerza desde el contexto europeo. Su postura se basa en la proteger y salvaguardar los derechos humanos, estableciendo estándares y principios que estén en directa relación con el actuar de las fuerzas policiales.

El TEDH, se presenta como un órgano judicial independiente, encargado de interpretar y aplicar el Convenio Europeo de Derechos Humanos (CEDH). Su rol principal es conocer y resolver casos individuales y contenciosos presentados por individuos, grupos o Estados que alegasen violaciones de los derechos humanos protegidos por el CEDH. En relación con el uso de la fuerza policial, el TEDH emite sentencias que interpretan los derechos y principios contenidos en el CEDH, estableciendo así estándares claros sobre el uso legítimo de la fuerza.

Al observar la postura del TEDH, podemos afirmar que, bajo la premisa de cumplir el uso de la fuerza de la policía, debe estar en directa conexión, y por ende cumplir con los principios fundamentales del CEDH, como lo son: la legalidad, la necesidad y la proporcionalidad (la cual integra igualmente la "rendición de cuentas"). Por ende, el TEDH establece que el uso de la fuerza debe estar orientado a proteger la vida y la integridad de las personas, y que su utilización debe ser proporcionada bajo el marco del respeto a los derechos fundamentales de las personas involucradas respetando la seguridad humana.

Además de su función judicial, el TEDH desempeña un rol importante en la interpretación y desarrollo del derecho internacional de los derechos humanos en Europa. Sus sentencias establecen precedentes y contribuyen a la construcción de un marco normativo claro y coherente sobre el uso de la fuerza policial en cumplimiento de los derechos humanos.

Ahora, si extrapolamos su rol hacia un acontecimiento donde haya destacado su actuar, debemos mencionar el caso "Ibrahim and Others vs Reino Unido" en el año 2016, el cual se refiere al incidente ocurrido durante el desarrollo de la cumbre del G20 en Londres 2009, donde manifestantes pacíficos; fueron sometidos con un uso excesivo de la fuerza por parte de las fuerzas policiales.

Esto desembocó, en que el TEDH examinará cuidadosamente esta acción, concluyendo que existió una violación al artículo 3ro referente a "... prohibición de tratos inhumanos o degradantes" y el artículo 5to "...derecho a la libertad y seguridad personal" del "Convenio Europeo de Derechos Humanos".

Al establecerse que el uso de la fuerza policial fue desproporcionado, sometiéndose a los manifestantes a malos tratos, la TEDH decide establecer estándares claros por sobre el uso de la fuerza policial en Europa, enfatizando en la importancia de garantizar la proporcionalidad, afirmando su tribunal que, el "uso de la fuerza debe estar justificado y limitado a lo estrictamente necesario para lograr objetivos legítimos". Esto hace referencia al mantenimiento del orden público evitándose el tratamiento cruel, inhuman y denigrante.

Así, podemos determinar que el TEDH, presenta una postura firme sobre el uso de la fuerza policial y su rol garante ante la protección y promoción de los derechos humanos desde el panorama europeo. Esto ya que, a través de sentencias, logra establecer estándares y principios que guíen el actuar policial, promoviendo así el respeto a la ciudadanía garantizando sus derechos fundamentales en situaciones de confrontación. Su contribución es crucial para mantener un equilibrio entre la seguridad pública y la protección de los derechos humanos en Europa.

4.1.5 Comité Europeo para la Prevención de la Tortura y de las Penas o Tratos Inhumanos o Degradantes (CPT):

El Comité Europeo, para la Prevención de la Tortura y de las Penas o Tratos Inhumanos o Degradantes (CPT), desempeña un papel crucial en el discernimiento del uso de la fuerza desde el punto de vista policial en Europa. Su postura se centra en 3 puntos esenciales, que ciertamente adelanta su título; la prevención y erradicación de la tortura y los tratos inhumanos o degradantes. Dichas posturas incluyen la formulación de recomendaciones para prevenir el uso excesivo de la fuerza en los centros de detención.

Como Comité, el CPT es un órgano independiente, establecido por el Consejo de Europa y está encargado de visitar los establecimientos de privación de libertad en los Estados miembros (de la Unión Europea). Su rol principal es monitorear las condiciones de detención y el trato de las personas privadas de libertad, esto incluye a aquellas personas bajo custodia policial (o sea en proceso de detención). En relación con el uso de la fuerza policial, el CPT emite recomendaciones y directrices dirigidas a prevenir la violencia y el trato inadecuado en los centros de detención, esto incluye el control y discernimiento del uso de la fuerza asegurando la dignidad y el respeto.

Desde la postura del CPT, y de sus definiciones y conceptos, podemos inferir que el uso de la fuerza por parte de las fuerzas policiales debe estar sujeto a los principios fundamentales ya explorados, que son: la legalidad, la necesidad, la proporcionalidad y la rendición de cuentas.

Además de su labor de monitoreo, el CPT desempeña un rol importante, en la promoción de las buenas prácticas y la sensibilización en relación con el uso de la fuerza policial. De hecho, trabaja en estrecha colaboración con los Estados miembros y las autoridades responsables de los lugares de detención, para así mejorar las condiciones y el trato de las personas privadas de libertad.

Si bien este comité europeo, no tiene una incidencia sobre los conflictos fuera del sistema penitenciario, ha realizado acciones que han marcado una pauta u hoja de ruta por sobre el actuar en los centros de detención. Esto fue el Informe sobre las visitas en los centros de detención en España el año 2019, donde se habrían documentado casos de violencia y malos tratos.

En consecuencia, de ello, es que la CPT oficia una serie de recomendaciones dirigidas hacia el gobierno español, las cuales incluían "salvaguardias efectivas contra la violencia policial", buscando mejorar la formación de los agentes de seguridad en técnicas de control y manejo de situaciones conflictivas, implementando una cultura en la rendición de cuentas y la transparencia en el trato de los detenidos.

Recapitulando, podemos reflejar que el CTP, genera confianza en la estructura de seguridad europea, ya que adopta una postura firma por sobre el uso de la fuerza policial con énfasis en prevenir y erradicar las malas prácticas, torturas o tratos degradantes hacia detenidos y presos. Tal como observamos en el ejemplo de España, la PT busca garantizar que el discernimiento del uso de la fuerza sea primero, respetuoso de los derechos humanos y segundo evite la violencia y el trato inadecuado en los centros de detención. Lo anterior asegura que las personas privadas de libertad sean tratadas con dignidad y respeto en los países miembros de la Unión Europea.

4.2. Roles esenciales de las Naciones Unidas.

La Organización de las Naciones Unidas, se presenta como uno de los Organismos más importantes a la hora de hablar del aseguramiento de los Derechos Humanos. Esto debido a que es un Organismo creado con la necesidad primaria de primero prevenir y vigilar los conflictos que ocurran en el sistema internacional. Dentro de ellos está su rol de proteger, el cual se ver reflejado en su actuar posterior a los conflictos armados, donde su postura en el privilegio en las estructuras de seguridad, la cual ciertamente incluye la humana, es esencial a la hora de asegurar los derechos humanos, esto incluye a las fuerzas militares y también las fuerzas policiales, incluyendo el discernimiento del uso de la fuerza.

Por lo que, en vista a lo fundamental de nuestro enfoque, es que mencionaremos diversos roles, donde la ONU destaca; a la hora de abordar el discernimiento del uso de la fuerza policial; diferentes acontecimientos, estos son:

A. *Promoción y protección de los derechos humanos:*

Tal como se adelantó, la promoción y protección de los derechos humanos, es un pilar fundamental de la Organización de las Naciones Unidas (ONU) en el discernimiento del uso de la fuerza desde el punto de vista policial. La ONU como organismo, tiene un mandato amplio en la promoción y protección de los derechos humanos en todo el mundo, y su labor busca garantizar que los derechos fundamentales (humanos principalmente) sean respetados y protegidos.

En primer lugar, la promoción de los derechos humanos por parte de la ONU implica difundir y concientizar sobre la importancia de estos derechos y su aplicación universal. Además, esta organización trabaja para promover una cultura de respeto y reconocimiento de los derechos humanos, generando espacios de diálogo, educación y sensibilización en temas relativos a la dignidad humana, la igualdad y la no discriminación.

La protección de los derechos humanos es otro componente esencial de la labor de la ONU. Esto implica la adopción de medidas para prevenir violaciones de los derechos humanos, así como investigar y sancionar a aquellos que fueran responsables de dichas violaciones. También, como organismo, la ONU establece mecanismos y normas internacionales con el fin de asegurar que los Estados cumplan con sus obligaciones en materia de derechos humanos y existan salvaguardias efectivas para prevenir abusos.

En el contexto del discernimiento del uso de la fuerza policial, la ONU busca promover un enfoque basado en los derechos humanos. Esto, ciertamente implica que las fuerzas policiales deban actuar de manera proporcional junto con y respetar los derechos fundamentales de las personas. La ONU, bajo esta premisa principal, desarrolla normas y directrices, como él (ya definido) Código de Conducta para Funcionarios Encargados de Hacer Cumplir la Ley, que establecen estándares claros sobre el uso legítimo de la fuerza y promueven la rendición de cuentas de las fuerzas policiales en caso de registrarse abusos.

Además, la ONU; realiza monitoreo y rendición de cuentas, en relación con las violaciones de los derechos humanos, incluyendo las relacionadas con el uso de la fuerza policial.

A través de sus misiones de mantenimiento de la paz, y como un organismo experto en derechos humanos, la ONU realiza investigaciones imparciales (debe), monitorea la situación de los derechos humanos y también, promueve la justicia y la reparación a las víctimas en casos de violaciones. Todo esto visto siempre hacia el respeto a los DD.HH.

Por lo que, analizando lo anteriormente relatado, podemos resumir que las Naciones Unidas, desempeñan un papel esencial en la promoción y protección de los derechos humanos, visto desde el discernimiento del uso de la fuerza policial. Esto, ya que su enfoque abarca desde la promoción y difusión de los derechos humanos hasta el desarrollo de normas, el monitoreo y la rendición de cuentas. Por lo que busca, en las acciones ampliamente descritas, asegurar que la fuerza empleada por las fuerzas policiales se ajuste a los principios de proporcionalidad, legalidad y respeto a los Derechos Humanos, ciertamente contribuyendo a la formación de concientización y construir sociedades más informadas ante el respeto de sus derechos fundamentales.

B. Elaboración de normas y directrices:

Como Organismo, la ONU, en su ya establecido rol de promotor de los derechos humanos, despliega esfuerzos significativos a la hora de elaborar normas y directrices que guíen el discernimiento del uso de la fuerza por parte de las fuerzas policiales. Esto se centra en enfocar estándares claros y principios fundamentales que establezcan el actuar de las policías, salvaguardando los derechos humanos y, por ende, garantizar el ejercicio legítimo de la fuerza.

Por lo tanto, la ONU desarrolla normas y directrices a través de diversos instrumentos, uno de ellos y los más utilizados son los tratados internacionales, convenciones y resoluciones adoptadas por la Asamblea General y el Consejo de Derechos Humanos. Estos instrumentos tienen el objetivo de proporcionar un marco jurídico y ético que oriente a los Estados en la formulación de políticas y la implementación de prácticas policiales que se establecieren en línea con los derechos humanos.

La elaboración de estas normas y directrices se basa en principios fundamentales que se repiten en la mayoría de los organismos subsidiarios analizados, que son; la legalidad, la necesidad, la proporcionalidad y la rendición de cuentas. Estos principios, aunque suene algo obvio, establecen que el uso de la fuerza debe ser necesario y proporcionado, y que las fuerzas policiales deben actuar dentro del marco legal y rendir cuentas por sus acciones. Todo lo anterior promueve el respeto a los derechos fundamentales de las personas, incluyendo el derecho a la vida, la integridad física y la dignidad humana.

Pero si bien, nos hemos centrado el respeto a los derechos humanos, igualmente las normas y directrices elaboradas por la ONU, abordan temas específicos y bajo toda norma necesaria de mencionar, como son el uso de las armas de fuego, las tácticas de control de multitudes y el uso de la fuerza durante procedimientos de detenciones y arrestos. Estas directrices buscan proporcionar una orientación práctica a las fuerzas policiales y a sus estructuras de mando, fomentando que su actuar sea bajo el marco del respeto a los derechos humanos en situaciones que requieran el uso de la fuerza.

C. Monitoreo y rendición de cuentas:

La acción de monitoreo y rendición de cuentas desempeñada por la ONU, en el discernimiento del uso de la fuerza por parte de las fuerzas policiales; es una parte integral y fundamental en su papel como promotor de los derechos humanos.

El monitoreo abarca una supervisión continua y sistemática de la situación de los derechos humanos, en relación con el uso de la fuerza policial, mientras que la rendición de cuentas implica comprometer a quienes sean responsables de violaciones de derechos humanos buscando garantizar la justicia y reparación de las víctimas.

La ONU, realiza el monitoreo a través de diferentes mecanismos, como misiones de mantenimiento de la paz, expertos en derechos humanos y relatores especiales. Estos actores llevan a cabo investigaciones imparciales, recopilan información sobre incidentes de violencia policial y evalúan el cumplimiento de los estándares internacionales de derechos humanos. El monitoreo permite identificar y documentar abusos, así como patrones sistemáticos de violaciones de derechos humanos que guarden relación con el uso de la fuerza policial.

En cuanto a la rendición de cuentas, la ONU promueve la responsabilidad individual y colectiva de los responsables de violaciones de derechos humanos. Esto implica que aquellos que intenten cometer abusos, sean investigados, juzgados y, en caso de ser hallados culpables, sancionados bajo el marco de la ley. La ONU al ser un Organismo Internacional, trabajo en estrecha relación con sus Estados miembro, por lo que esta relación ciertamente ayuda a fortalecer sus sistemas de justicia con la intención de asegurar la imparcialidad e independencia de los procesos judiciales relacionados con el uso de la fuerza policial.

Además, la ONU busca asegurar que las víctimas de violaciones de derechos humanos tengan acceso a la justicia y a mecanismos de reparación. Esto puede incluir compensación económica, rehabilitación y medidas para evitar la repetición de abusos. La ONU aboga por la creación de mecanismos de justicia transicional y de protección de testigos para garantizar la seguridad y participación de las víctimas en los procesos legales.

D. Asistencia técnica y capacitación:

La asistencia técnica y capacitación desempeñada por la ONU, en el discernimiento del uso de la fuerza desde el punto de vista policial, establece un nexo esencial en su papel como promotor de los derechos humanos. Esta acción, como veremos, tiene como objetivo fortalecer las capacidades de los Estados miembros en el uso de la fuerza policial de manera respetuosa de los derechos humanos.

La ONU, proporciona asistencia técnica a los Estados, para el desarrollo e implementación de políticas y prácticas que promuevan un uso adecuado y legítimo de la fuerza por parte de las fuerzas policiales. Esto implica brindar orientación y apoyo en la elaboración de marcos legales y normativos, así como en la creación de mecanismos de supervisión y control que garanticen el respeto de los derechos humanos en el uso de la fuerza.

Además, la capacitación es un aspecto clave de la asistencia técnica proporcionada por la ONU. Se llevan a cabo programas de formación dirigidos a las fuerzas policiales, capacitando a las policías y agentes de seguridad, en el conocimiento de estándares internacionales de derechos humanos, mejores prácticas en el uso de la fuerza y tácticas de control de multitudes que minimicen el riesgo de incurrir en agresiones fuera del marco legal. Por ende, la capacitación, busca promover una cultura institucional que valore y respete los derechos humanos en todas las acciones policiales.

D. Cooperación internacional:

Ahora bien, si observamos la perspectiva de la ONU por sobre la cooperación Internacional desde el discernimiento del uso de la fuerza visto, desde la óptica policial. Podemos establecer que la ONU promueve la cooperación entre los Estados miembros en materia de seguridad y derechos humanos, reconociendo que las fuerzas policiales y su discernimiento, trascienden las fronteras nacionales y requieren un enfoque global.

Esto se explica ya que, a través del intercambio de información, buenas prácticas y experiencias entre los Estados, se facilita el diálogo y la colaboración en el desarrollo de políticas y estrategias que puedan promover el respeto de los derechos humanos a la hora de usar correctamente la fuerza. Esta cooperación, ciertamente permite abordar desafíos comunes, identificar soluciones efectivas y fortalecer las capacidades de los Estados en la aplicación de los estándares internacionales de derechos humanos, no olvidando la rendición de cuentas como un mecanismo esencial a la hora de cooperar sobre experiencias pasadas o recientes.

Además, la ONU promueve la cooperación técnica y financiera para apoyar a los Estados, en la implementación de medidas y reformas relacionadas con el discernimiento del uso de la fuerza policial. Proporciona asistencia técnica, capacitación y recursos para fortalecer las instituciones policiales, mejorar los marcos legales y normativos, y desarrollar capacidades en la protección y promoción de los derechos humanos.

4.3. Resoluciones y documentos relevantes:

Para sostener todo lo que hemos relatado anteriormente, se hace esencial, observar que tipo de resoluciones y documentos han sudo relevantes a la hora de abordar el aseguramiento de los derechos humanos, desde el punto de vista policial, más bien bajo el aseguramiento del uso de la fuerza.

Dentro de la basta cantidad de resoluciones y documentos realizados por los organismos internacionales, hemos decidido considerar aquellos que guarden directa relación con lo expuesto, entregando herramientas de análisis precisas que nos permitan comprender como actúan los organismos internacionales por sobre el discernimiento del uso de la fuerza desde el punto de vista policial y el aseguramiento de los derechos humanos. Algunos de ellos son:

A.   Resolución de la Asamblea General de las Naciones Unidas sobre Principios Básicos sobre el Empleo de la Fuerza y de Armas de Fuego por los funcionarios Encargados de Hacer Cumplir la Ley:

La Resolución de la Asamblea General de las Naciones Unidas, sobre Principios Básicos del Empleo de la Fuerza y de Armas de Fuego por los Funcionarios Encargados de Hacer Cumplir la Ley, adoptada en 1990, establece principios fundamentales para el uso de la fuerza policial. Su objetivo principal es proteger la vida, la integridad física y la dignidad humana, promoviendo el respeto y la protección de los derechos humanos.

Dicha resolución, enfatiza que el uso de la fuerza debe ser estrictamente necesario y proporcional a la gravedad del delito o la amenaza detentada. Subrayándose la importancia de emplear medios no violentos siempre que sea posible demostrando moderación y contención en el uso de la fuerza.

Así mismo, establece la obligación de investigar de manera pronta, imparcial y exhaustiva cualquier caso donde se registre un uso indebido de la fuerza, por parte de funcionarios encargados de hacer cumplir la ley. También, podemos destacar la importancia a la hora de rendir cuentas y asegurar procesos legales justos para los responsables de violaciones de derechos humanos.

Por lo que esta resolución, resalta la importancia de proporcionar una formación adecuada en derechos humanos, tácticas de control y uso de la fuerza en las policías, instando a los Estados a establecer políticas junto con procedimientos claros y transparentes que, de cierta forma, logren regular el uso de la fuerza.

B. Convención contra la Tortura y Otros Tratos o Penas Crueles, Inhumanos o Degradantes:

La Convención contra la Tortura y Otros Tratos o Penas Crueles, Inhumanos o Degradantes, adoptada por la Asamblea General de las Naciones Unidas en 1984, es un instrumento jurídico esencial en el discernimiento del uso de la fuerza desde el punto de vista policial. Su objetivo principal es prevenir y erradicar la tortura y otros tratos o penas crueles, inhumanas o degradantes en todas sus formas.

Esta convención, tiene como fin establecer que la tortura y cualquier otro acto, por el cual se inflija intencionalmente a una persona dolor o sufrimiento severo ya sea físico o mental, con el fin de obtener información, castigar, intimidar o coaccionar se penado con la máxima rigurosidad de la ley internacional. Estableciendo que la tortura, es una violación de los derechos humanos prohibiéndose explícitamente su práctica en cualquier circunstancia, sin excepciones.

La convención impone además a los Estados, la obligación de tomar medidas efectivas para prevenir y combatir la tortura, así como para investigar y sancionar a los responsables de actos de tortura. Junto con ello, establece la obligación de garantizar que las víctimas de tortura tengan acceso a la justicia, a la rehabilitación y a la reparación integral.

Por lo que, como podemos observar, en el contexto del discernimiento del uso de la fuerza policial, la Convención contra la Tortura es, no solo esencial sino mandataria, ya que prohíbe explícitamente el uso de la tortura y de tratos crueles, inhumanos o degradantes por parte de todo tipo de funcionario que esté encargados de hacer cumplir la ley. Esto implica que los Estados tienen la responsabilidad de garantizar que las fuerzas policiales actúen en conformidad con las normas y principios establecidos en esta convención, buscando evitar cualquier forma de trato cruel o inhumano.

C. Informe del Relator Especial de las Naciones Unidas sobre la tortura y otros tratos o penas crueles, inhumanas o degradantes:

El informe del Relator Especial de las Naciones Unidas sobre la tortura y otros tratos o penas crueles, inhumanas o degradantes es un documento no menos importante en comparación con el anteriormente expuesto, desde el punto de vista del uso de la fuerza policial. Ya que su objetivo principal es analizar y evaluar la situación de la tortura y los malos tratos, así como identificar violaciones de derechos humanos relacionadas con el uso de la fuerza, específicamente por parte de las fuerzas policiales.

El informe se basa en investigaciones exhaustivas, que incluyen visitas a países, entrevistas con diversas partes involucradas, y recopilación de información de primera fuente. Esto ciertamente proporciona una visión imparcial y basada en evidencias, generando una alta calidad de informes dirigidos a los Estados y la comunidad internacional, buscando prevenir y erradicar la tortura y los tratos inhumanos.

Dentro de su importancia, este informe destaca la -relevante- rendición de cuentas y la justicia en casos de violaciones relacionadas con el uso de la fuerza policial, instando a los Estados a realizar investigaciones imparciales y efectivas. También, establece como punto esencial, la necesidad de proporcionar reparaciones y rehabilitaciones a las víctimas de violaciones a los derechos humanos, así como adoptar medidas preventivas, para evitar futuros abusos.

Por lo que, en vista a su influencia como documento a la hora de prevenir y evitar abusos, el informe del Relator Especial desempeña un papel fundamental en la promoción de la rendición de cuentas, la justicia y la protección de los derechos humanos proporcionando evaluaciones expertas, recomendaciones y medidas preventivas hacia la perspectiva policial.

E. Informe del Grupo de Trabajo de las Naciones Unidas sobre la Detención Arbitraria:

Finalmente, no quisimos dejar de lado el Informe del Grupo de Trabajo de las Naciones Unidas sobre la Detención Arbitraria considerándose las salvaguardias contra la tortura y otros tratos o penas crueles, inhumanos o degradantes en el contexto de la detención policial, puede definirse como un documento relevante a la hora de observar el uso de la fuerza policial. Esto debido a que este Grupo de Trabajo, creado por la Comisión de Derechos Humanos de la ONU, tiene como objetivo examinar las detenciones arbitrarias y formular recomendaciones para prevenir y abordar las violaciones de derechos humanos en el contexto de la detención policial.

El informe del Grupo de Trabajo examina las medidas requeridas con el propósito de evitar la tortura y los malos tratos en el contexto de la detención policial, así como la importancia de poseer una legislación precisa y bien definida, que prohíba la tortura y establezca garantías. Además, analiza aspectos vinculados a las condiciones de detención, el acceso a atención médica, la comunicación con el exterior, el acceso a asistencia legal y la supervisión independiente de los centros de detención.

Este informe, además, hace hincapié en la importancia de la capacitación y la sensibilización de los funcionarios encargados de la detención policial, todo esto con el fin de prevenir la tortura y otros tratos inhumanos o degradantes. También se destaca la necesidad de establecer mecanismos de rendición de cuentas efectivos, y de proporcionar recursos adecuados para investigar y sancionar las violaciones de derechos humanos en la detención policial.

En resumen, el informe descrito por el Grupo de Trabajo es ciertamente un recurso valioso y relevante a la hora de abordar el rol de las fuerzas policiales en el discernimiento en el uso de la fuerza. Todo esto ya que proporciona diversas perspectivas de análisis y recomendaciones específicas buscando prevenir la tortura y los malos tratos en las detenciones estableciendo el respeto de los derechos humanos a las personas privadas de libertad.

4.4. Conclusión

Luego de recorrer ampliamente los organismos internacionales, y su rol por sobre los derechos humanos visto desde una perspectiva del uso de la fuerza policial, podemos establecer que:

Los organismos internacionales de derechos humanos, desempeñan un papel vital, ya que a través de su labor, han establecido estándares y principios que buscan promover y proteger los derechos humanos en el contexto de las acciones policiales, tal como hemos observado en cada uno de los ejemplo propuesto, donde no solo han demostrado supervisar y ser un órgano contralor a la hora de generar cambios y sugerencias a los Estados por sobre el actuar de sus fuerzas de seguridad, sino que también han ayudado a crear nuevas estructuras de seguridad en las naciones adscritas a dichos organismos con la intención de prevenir la ocurrencia de hechos que vayan en contra la seguridad humana y el correcto desarrollo del respeto a los derechos fundamentales de los ciudadanos.

Sin embargo, a pesar de los avances y cambios logrados, existen desafíos importantes que deben tener un especial cuidado al abordarse en el futuro.

Uno de los desafíos clave, radica en garantizar una plena implementación de los estándares y principios establecidos por los organismos internacionales. Aunque se han establecido marcos normativos sólidos, la traducción efectiva de estos principios a nivel nacional sigue siendo un desafío en muchos países tanto de América como de Europa. Es fundamental, que los Estados asuman su responsabilidad, en adoptar medidas concretas para alinear sus políticas y prácticas con los estándares internacionales de derechos humanos en relación con el uso de la fuerza policial, ya que si bien se encuentran normadas desde los años 90's muchas de ellas no han sido modernizadas o estandarizadas a los tiempos y desafíos sociales actuales.

Además, se requiere una atención renovada, en el fortalecimiento de la capacitación y la sensibilización de los funcionarios encargados de hacer cumplir la ley. Es esencial que los agentes de seguridad estén debidamente capacitados en derechos humanos, tácticas de control y manejo de situaciones de conflicto, y que tengan un conocimiento profundo de las normas y principios internacionales. Esto contribuirá a garantizar que las acciones policiales se realicen de manera proporcional, necesaria y en pleno respeto de los derechos humanos, garantizando así el bienestar social, la libre expresión social ordenada y mantenerse dentro del marco legal que apoye tanto a las fuerzas policiales como a los ciudadanos de igual forma.

Otro desafío importante, hace referencia a la necesidad de establecer mecanismos sólidos de rendición de cuentas y supervisión independiente. La impunidad frente a los abusos de la fuerza policial socava la confianza en las instituciones y perpetúa la violación de derechos humanos. Es esencial promover una cultura de responsabilidad y garantizar que los responsables de violaciones sean llevados ante la justicia de manera imparcial y efectiva. Esto implica la implementación de investigaciones adecuadas, el enjuiciamiento de los perpetradores y el acceso a la justicia y la reparación para las víctimas.

Además, no debemos dejar de lado la evolución tecnológica y el uso de nuevas herramientas y armas. Estas ciertamente plantean desafíos adicionales en el discernimiento del uso de la fuerza policial. Lo anterior deja expuesta la necesidad de garantizar, que el uso de estas tecnologías esté sujeto a una regulación adecuada, y que se realice en estricto cumplimiento de los principios de legalidad y proporcionalidad. El desarrollo de pautas y políticas claras sobre el uso de tecnologías emergentes, como la inteligencia artificial y los sistemas de vigilancia, se vuelve imperativo para salvaguardar los derechos humanos en el contexto policial.

Así, terminamos este viaje poco frecuente, en la exploración del rol de los organismos internacionales desde una perspectiva de respeto a los derechos humanos, ya que como observamos juegan y jugarán un papel esencial en el discernimiento del uso de la fuerza policial. Sin embargo, los desafíos expuestos persisten y requieren una atención continua. La implementación efectiva de los estándares internacionales, la capacitación adecuada, la rendición de cuentas y la regulación de la tecnología son aspectos que declaramos clave y que deben abordarse para garantizar una protección sólida de los derechos humanos en el contexto social y policial. Solo a través de esfuerzos sostenidos y colaborativos, tanto a nivel nacional como internacional, se podrá lograr un progreso significativo en este ámbito y podremos construir entornos más seguros, justos y gobiernos e instituciones que sean respetuosas del marco de la ley y los derechos humanos.

5 Probidad y transparencia en el ejercicio de la función de las policías. Marco jurídico. Abogada Mg. Carolina Landaeta Turra.

Al hablar de las policías, normalmente se tiende a suponer que su función solo dice relación con el uso de la fuerza, sin embargo, dicha acción es solo ocasional y excepcional, ya que normalmente se realizan otras labores operativas que, especialmente en Latinoamérica, comprende la prevención del delito, la investigación, el resguardo del orden público, la protección del Presidente de la República y personas importantes, la fiscalización de vigilancia privada, el prestar el auxilio de la fuerza pública a autoridades administrativas y judiciales, entre otras, como también se deben realizar labores administrativas que permiten desarrollar de mejor forma las labores, como la tramitación de documentación, administración de recursos fiscales, la distribución del personal, funciones protocolares, etc.

En esta mirada de multiplicidad de funciones que efectúan los encargados de hacer cumplir la ley, y a propósito de los casos ocurridos en Chile relacionados con el uso de los recursos públicos, como también los errores en procedimientos policiales que han sido muy mediáticos y que han causado conmoción en la opinión pública, los que han influido en el prestigio, credibilidad y confianza en de la institución, y que además tributa en la legitimidad no solo de las policías, sino que de las autoridades gubernamentales, resulta oportuno traer a colación la probidad y transparencia en el ejercicio de la función pública que las instituciones de orden y seguridad ejercen, deberes que se oponen a los actos de corrupción, que constituyen la desviación más grave de la ética y la probidad, que abarca tanto la comisión u omisión de un acto por parte del responsable, en el desempeño de sus funciones o con motivo de éstas, en virtud de dádivas, promesas o estímulos exigidos o aceptados, como la recepción indebida de éstos una vez realizado u omitido el acto[34].

El marco jurídico, en Chile está dado por la Constitución Política de la República de Chile[35], la cual señala en su artículo 1° inciso cuarto que "El Estado está al servicio de la persona humana y su finalidad es

---

[34]Comisión Nacional De Los Derechos Humanos. (2018). Código De Conducta Para Funcionarios Encargados De Hacer Cumplir La Ley. Primera Edición México, pp. 12.

[35] Disponible en https://bcn.cl/2ff4c

promover el bien común, para lo cual debe contribuir a crear las condiciones sociales que permitan a todos y a cada uno de los integrantes de la comunidad nacional su mayor realización espiritual y material posible, con pleno respeto a los derechos y garantías que esta Constitución establece".

Luego, en su artículo 8° dispone que "El ejercicio de las funciones públicas obliga a sus titulares a dar estricto cumplimiento al principio de probidad en todas sus actuaciones". A su vez contempla en su inciso segundo que son públicos los actos y resoluciones de los órganos del Estado, así como sus fundamentos y los procedimientos que utilicen". Lo anterior está en armonía con el artículo 3° inciso segundo de la ley 18.575 Orgánica Constitucional de Bases Generales de la Administración del Estado[36], que dispone el deber de observar, entre otros principios, el de probidad, transparencia y publicidad, como también lo hace el artículo 13° de la misma ley, deber que exige cumplimiento sin ambages, sin excepciones y con el objeto de satisfacer siempre el bien común[37].

A su vez, la ley N° 20.285 Sobre Acceso a la Información Pública[38], refuerza la publicidad y la transparencia, al reglar su acceso y control, destacándose en este aspecto especialmente la función que desempeña el Consejo de la Transparencia creada por esta ley, corporación autónoma de derecho público, con personalidad jurídica y patrimonio propio, que tiene por objeto promover la transparencia de la función pública, fiscalizar el cumplimiento de las normas sobre transparencia y publicidad de la información de los órganos de la Administración del Estado, y garantizar el derecho de acceso a la información (artículos 31 y 32 de la citada ley).

A su vez, el mismo artículo 8 de la Constitución, en sus incisos tercero y cuarto disponen a las autoridades y funcionarios públicos la obligación de declarar sus intereses y patrimonio en forma pública, lo cual se concreta conforme a lo normado en la ley orgánica constitucional N° 20.880, sobre Probidad en la Función Pública y Prevención de los Conflictos de Intereses[39], medida que intenta prevenir la corrupción y

---

[36] Disponible en https://bcn.cl/2f96v
[37] Gonzalo García Pino / Pablo Contreras V. Diccionario Constitucional Chileno, pp. 158.
[38] Disponible en https://bcn.cl/2f8ep
[39] Disponible en https://bcn.cl/2f96y

entrega una herramienta útil de prevención y de control externo del funcionario público.

En cuanto a las normas aplicables a la probidad también es dable destacar la contenida en la citada ley 18.575 Orgánica Constitucional, título III, donde en su artículo 52 se señala que esta "consiste en observar una conducta funcionaria intachable y un desempeño honesto y leal de la función o cargo, con preeminencia del interés general sobre el particular". En dicho título además se encuentran en su párrafo 2° las inhabilidades e incompatibilidades administrativas en las que puede incurrir el funcionario, medio que también permite prevenir incurrir en hechos de corrupción como también permite resguardar la integridad y un desempeño eficiente.

En materia Internacional, la Convención Interamericana contra la Corrupción[40], en su artículo 2, numeral 1, señala como objetivo, prevenir, detectar, sancionar y erradicar la corrupción, así como promover la cooperación entre los Estados para asegurar la eficacia de estas medidas. Por su parte, la Carta Democrática Interamericana, que actualiza la Carta de la OEA, en su artículo 4° señala que "Son componentes fundamentales del ejercicio de la democracia la transparencia de las actividades gubernamentales, la probidad, la responsabilidad de los gobiernos en la gestión pública, el respeto por los derechos sociales y la libertad de expresión y de prensa".

La Convención de las Naciones Unidas Contra la Corrupción[41], en el artículo 8, Códigos de Conducta para Funcionarios Públicos, señala en su numeral 1, que "Con objeto de combatir la corrupción, cada Estado Parte, de conformidad con los principios fundamentales de su ordenamiento jurídico, promoverá, entre otras cosas, la integridad, la honestidad y la responsabilidad entre sus funcionarios públicos".

A su vez, la Comisión Interamericana publicó la Resolución 1/17 sobre los Derechos Humanos y la Lucha contra la Impunidad y la Corrupción[42], en la que afirmó que: "La lucha contra la corrupción está indisolublemente ligada al ejercicio y disfrute de los derechos humanos…";

---

[40] Disponible en https://bcn.cl/2m9xy

[41] Disponible en https://bcn.cl/2fl7r

[42] Disponible en https://www.oas.org/es/cidh/decisiones/pdf/resolucion-1-17-es.pdf

y más tarde a través de la Resolución 1/18[43] señala que "la corrupción se caracteriza por el abuso o desviación del poder, que puede ser público o privado, que desplaza el interés público por un beneficio privado (personal o para un tercero), y que debilita las instituciones de control tanto administrativas como judiciales", con lo cual evidentemente se daña la institucionalidad democrática, el Estado de Derecho y afecta el acceso a los derechos humanos[44].

También, el Código de Conducta de los funcionarios que hacen cumplir la ley[45] dispone en su artículo 7 que estos "...no cometerán ningún acto de corrupción. También se opondrán rigurosamente a todos los actos de esa índole y los combatirán".

En el contexto de cuestionamientos al comportamiento ético de ciertas autoridades ocurridos en Gran Bretaña en la década de los noventa, se creó el Comité sobre Normas de Conducta en la Vida Pública de la Cámara de los Comunes, que publicó en el año 1995 el Informe Nolan[46] que, como recomendaciones de carácter general, entre otras, sugiere la autorregulación de cada organismo a través de códigos de conducta, redactados conforme a su propia realidad.

Además, destaca los siete principios de la vida pública, los que deben ser considerados en los códigos de conducta. Estos son:

• **Altruismo**: los que detentan puestos públicos deben tomar decisiones únicamente por el interés público. No deben hacerlo para obtener recompensa material o económica para ellos, su familia o terceras personas.

• **Integridad**: no deben ejercer actividades exteriores que puedan influir en su actuación como funcionario.

• **Objetividad**: en la realización de cualquier actividad pública, in-

---

[43] Disponible en https://www.oas.org/es/cidh/decisiones/pdf/resolucion-1-18-es.pdf

[44] Comisión Interamericana de Derechos Humanos. Corrupción y Derechos Humanos: Estándares Interamericanos (2019), pp.11.

[45] Disponible en https://www.ohchr.org/es/instruments-mechanisms/instruments/code-conduct-law-enforcement-officials

[46] Disponible en //bci.inap.es/alfresco_file/f352e309-0982-40c5-8192-0b1d7f2ad608

cluyendo nombramientos públicos, adjudicación de contratos, y transferencias de fondos, su decisión deberá estar basada en criterios objetivos.

• **Responsabilidad**: en sus acciones y decisiones públicas se deben someter a cualquier investigación que se realice en su departamento.

• **Transparencia**: en todas sus acciones y decisiones, en la medida de lo posible. Deberán justificar sus decisiones o restringir la información sólo cuando el interés público claramente lo requiera.

• **Honestidad**: deben declarar cualquier actividad privada que pueda interferir en su cargo público y resolver cualquier conflicto de forma que se proteja el interés general.

• **Liderazgo**: Deben promover y apoyar estos principios mediante el ejercicio del liderazgo y la ejemplaridad[47].

En este marco, en Chile tanto Carabineros como la Policía de Investigaciones mantienen códigos de conducta[48], en los cuales se pueden identificar los citados siete elementos en principios valores y deberes a seguir por parte del personal institucional, tanto en la realización de las funciones propias del cargo, como también en la vida privada de cada uno, resaltando los deberes para con la sociedad. además de destacar la historia de las instituciones.

En cuanto a la probidad y la transparencia, estos son recogidos en los citados códigos de conducta, como se aprecia en el caso de la Policía de Investigaciones, en su artículo 7, al hablar del Principio de Honestidad, señalando que "El personal de la Policía de Investigaciones de Chile actúa en su vida profesional y personal con honradez, rectitud, transparencia y probidad, rechazando y evitando todo acto que atente contra las leyes, reglamentos y valores contemplados en este Código. Comprende que el bien común y el interés institucional prevalecen siempre por sobre

---

[47] Normas de conducta para la vida pública: primer informe del Comité sobre Normas de Conducta en la Vida Pública: presidente, Lord Nolan. Madrid: Instituto Nacional de Administración Pública, (1996). pp 24.

[48] Dirección General de Carabineros. (2017) Orden General N° 2478 Manual de Doctrina y Código de Ética de Carabineros de Chile: Aprueba texto y deroga documento que indica.

Policía de Investigaciones. (2008). Código de Ética. Consolidando una Cultura de la Responsabilidad. Normativa Fundamental de Ética y Derechos Humanos para la Policía.

las aspiraciones particulares, desechando la utilización de su cargo y autoridad para obtener beneficios personales o de terceros. Además, denuncia oportunamente aquellas acciones u omisiones que conduzcan a una conducta corruptiva o que pongan en riesgo la misión, doctrina y prestigio institucional, así como la fe pública".

Por su parte, en Carabineros se relaciona con los valores de Honradez y Probidad, indicando al respecto el código de ética en su artículo 23: "Guardar transparencia y probidad en todos los actos institucionales, conforme a las leyes y reglamentos".

Sin lugar a duda, un avance en el Estado de Derecho ha sido la dictación de la ley 21.427, que Moderniza la Gestión Institucional y Fortalece la Probidad y la Transparencia en las Fuerzas de Orden y Seguridad Pública, publicada el 16 de febrero de 2022[49], por la cual se fortalece el control civil de las policías, disponiendo entre otras medidas, sistema de reclamos e investigación, de auditorías interna, declaraciones de patrimonio e intereses. Lo anterior no quiere decir que antes en Chile las policías no hayan adoptado medidas en el mismo sentido que las plasmadas en la citada normativa, pero no obstante con la dictación de la ley deja un gran precedente ya que "…se alejan los riesgos de corrupción cuando se implementan mecanismos destinados a transparentar su gestión operativa y financiera. En este orden de cosas, parece esencial entregar a la ciudadanía información accesible y veraz, así como disponer de mecanismos de rendición de cuentas institucionales tanto a nivel nacional, regional y local, permitiendo conocer y evaluar el cumplimiento de sus objetivos, planes y metas".

En cuanto a los principios en estudio, esta norma dispone un nuevo "Título III Probidad Funcionaria", en la ley 18.961, Orgánica Constitucional de Carabineros de Chile[50], reproduciendo en el artículo 44 bis, lo dispuesto por el citado artículo 52 de la ley 18.575 Orgánica Constitucional de Bases Generales de la Administración del Estado; sucediendo lo mismo con el decreto con fuerza de ley N° 1, de 1980, del Ministerio de Defensa Nacional, Estatuto del Personal de Policía de Investigaciones de Chile[51], en el actual artículo 136 bis.

A su vez, se agrega el artículo 44 ter que dispone que "Carabineros

---

[49] Disponible en https://bcn.cl/330wc
[50] Disponible en https://bcn.cl/2f7f5
[51] Disponible en https://bcn.cl/2k7zy

de Chile deberá elaborar e implementar un sistema de auditoría de las declaraciones de patrimonio e intereses que deban realizar quienes se encuentran obligados en virtud del numeral 5 del artículo 4º de la ley Nº 20.880, sobre probidad en la función pública y de prevención de los conflictos de intereses"., con lo cual se recalca la obligación de transparentar los bienes de los servidores públicos.

Respecto a la transparencia, la ley 21.427 incorpora la obligación del General Director de Carabineros y del Director General de la PDI, de rendir en junio de cada año, cuenta en audiencia pública de los resultados de su gestión, como también dispone la obligación de rendir cuenta anual a nivel regional y comunal, y los antecedentes que fundan estas cuentas, estarán publicados en el sitio electrónico institucional, "información que permita una adecuada evaluación del ejercicio de sus facultades y cumplimiento de sus objetivos de manera pública y transparente, a nivel nacional, regional y local" (artículo 4º bis de la ley 18.961 y 5º quinquies del decreto ley Nº 2.460, de 1979, Ley Orgánica de la Policía de Investigaciones de Chile).

Es destacable señalar que los artículos 84 quáter y quinquies disponen que Carabineros debe mantener un sistema de reclamos, y los resultados de los procedimientos disciplinarios seguidos al respecto, deberán ser comunicados al Ministerio del Interior y Seguridad Pública, a través de la Subsecretaría del Interior, comunicación que será mensual tratándose de procedimientos originados en reclamos, además de publicar y actualizar en su sitio electrónico, al menos trimestralmente, información estadística relativa a la tramitación, estado y resolución de los reclamos recibidos a través de este sistema (en el mismo sentido se refiere el actual artículo 7 bis de la ley Orgánica de la Policía de Investigaciones de Chile).

Otra medida relacionada con este principio está en el actual 4 ter, que dispone a Carabineros "producir y publicar trimestralmente, a través de su sitio electrónico institucional, estadísticas e información institucional territorialmente desagregada, que permitan identificar los aspectos indispensables para evaluar el ejercicio de sus facultades de manera pública y transparente, en la forma y modo que señale el reglamento", obligación que también es incorporada a través del actual artículo 5º sexies, a la Ley Orgánica de la Policía de Investigaciones de Chile.

La ley que Moderniza la Gestión Institucional y Fortalece la Probidad y la Transparencia en las Fuerzas de Orden y Seguridad Pública, a la fecha de término de redacción de este artículo, aún no han entrado en vigencia todos los reglamentos que por su intermedio se han debido publicar, pero no obstante las instituciones policiales chilenas ya mantenían en sus sitios web información estadística, pero anual y por regiones, por lo que mediante la implementación de estadística actualizada se espera ayudar a las comunas y a la población a mejorar la toma de decisiones desde el gobierno comunal y regional, encaminadas a adoptar medidas de protección y seguridad que se puedan implementar en las comunidades y consecuentemente validar la gestión de las policías en cada comuna.

En la misma línea de lo señalado precedentemente, la ley N°. 21.332, Implementa un Sistema Táctico de Operación Policial, publicada el 11 de junio de 2021[52], y el decreto N° 373, del Ministerio del Interior y Seguridad Pública; Subsecretaría de Prevención del Delito que aprueba su reglamento, publicado el 2 de junio de 2023[53], disponen a Carabineros de Chile la obligación de administrar un sistema, cuyo objetivo será transparentar y optimizar la gestión táctica policial orientada a la prevención de delitos, a través de un conjunto de acciones y estrategias, entre las que se comprenden el análisis de tendencias, volúmenes y cambios del comportamiento delictual, así como el seguimiento de las acciones que se implementen en el orden preventivo y de control del fenómeno delictual (artículo 1 ley N° 21.332). Por medio de este, se dispone que los participantes del sistema celebren sesiones al menos una vez al mes, tanto a nivel de jurisdicción de Comisarías como de Prefecturas, con el objeto de analizar la información entregada en función de lo dispuesto en el artículo 9 del reglamento, que se refiere al análisis criminal y la focalización operativa y preventiva de los delitos, infracciones e incivilidades registradas.

A su vez, se dispone dentro de los mecanismos para evaluar el sistema, que Carabineros de Chile deberá presentar en el mes de marzo de cada año un informe objetivo de evaluación de los resultados del Sistema a la Cámara de Diputadas y Diputados y el Senado (artículo 9 de la ley)como también, anualmente el Comisario o Prefecto que Carabineros determine, presentará el resultado del cumplimiento de los compromisos adoptados en el sistema, en audiencia pública, ante cada Consejo Comunal de Seguridad Pública, en virtud del cual las organizaciones participantes en dicha instancia, en conjunto con cada Consejo Comunal de Seguridad Pública, emitirán, dentro del plazo de treinta días, un informe

---

[52]Disponible en https://bcn.cl/2pxfr
[53] Disponible en https://bcn.cl/3efke

no vinculante que contenga la evaluación del cumplimiento de las metas, el que será derivado a Carabineros de Chile con copia al Ministerio del Interior y Seguridad Pública (artículo 37 del Reglamento).

También resulta relevante destacar especialmente para este estudio, el deber de Carabineros de mantener una plataforma de información estadística, a la cual se accede mediante una plataforma virtual y que, como lo explica le artículo 8 del citado Reglamento, contendrá al menos, datos a nivel de Comisarías y de sus cuadrantes respecto de la gestión policial, además, de toda otra información complementaria respecto de labores de control del orden público y fiscalización. Asimismo, incorporará información de las víctimas en relación a su sexo y grupo etario, su género; pertenencia a un pueblo indígena; ser una persona con discapacidad, migrante u otro factor que permita integrar mayor información, siempre que ésta se encuentre disponible. Asimismo, la plataforma contendrá las actas de las sesiones a nivel de jurisdicción de Comisarías y Prefecturas que se celebren, según lo dispuesto en el artículo 28 del reglamento, junto con la documentación acompañada por los participantes. La información contenida en la Plataforma de Información Estadística se encontrará permanentemente disponible para la ciudadanía, para su visualización y descarga de manera sistematizada en planillas de datos que aseguren su fidelidad, como también los informes, actas de las sesiones de los Consejos Comunales y Regionales de Seguridad Pública y todo documento que se ponga a disposición del sistema.

A modo de conclusión, la Comisión Interamericana, para efecto de desarrollar políticas públicas anticorrupción con una perspectiva de derechos humanos, ha establecido una serie de principios fundamentales [54]dentro de los cuales encontramos, el fortalecimiento del Estado de Derecho y de la institucionalidad democrática; la participación e inclusión social; mecanismos de reclamo y acceso a la justicia, la producción y acceso a la información; la transparencia y rendición de cuentas, entre otros. Tales principios son recogidos en la normativa desarrollada, especialmente en la ley N° 21.427, que Moderniza la Gestión Institucional y Fortalece la Probidad y la Transparencia en las Fuerzas de Orden y Seguridad Pública y en la ley N°. 21.332, Implementa un Sistema Táctico de Operación Policial, y su reglamento, normas que son de estos últimos dos años, y que demuestran un relevante avance en materia de anticorrupción

---

[54] Comisión Interamericana de Derechos Humanos. Corrupción y Derechos Humanos: Estándares Interamericanos (2019), pp.13.

en las policías.

A su vez, es importante resaltar que la ley N°. 21.332, Implementa un Sistema Táctico de Operación Policial y su reglamento permiten reforzar la probidad y la transparencia con énfasis en la gestión operativa de Carabineros, haciendo que tanto las autoridades involucrada en la seguridad como la misma comunidad, académicos o cualquier interesado en la materia tengan acceso a la información de la labor fundamental de Carabineros, como también da pie a poder controlar y contribuir a la seguridad local, circunstancia relevante para la institucionalidad democrática y que influye en la legitimidad y confianza de los encargados de hacer cumplir la ley, como también de las autoridades administrativas.

La transparencia y probidad son principios que han sido reconocidos por parte de las instituciones de orden y seguridad, existiendo una preocupación de estas en mantener en la actualidad códigos de conducta que los recogen, entre otros principios y valores, los que en su conjunto configuran el comportamiento moral al que deben aspirar sus integrantes. Así, es dable destacar que la Policía de Investigaciones declara en su página web que en "1995, se convierte en la primera policía civil, a nivel latinoamericano, en contar con un Código de Ética, reflejando la maduración institucional en el campo de la reflexión deontológica".[55], demostrando con ello el interés que ha mantenido Chile en estos últimos treinta años en la materia.

Por último, es esencial destacar a los códigos de conducta que mantiene las policías, los que desarrollan principios que apoyan a los funcionarios para el discernimiento del uso de la fuerza (DUF), además de ser relevante subrayar que mantienen como elemento esencial el respeto a la dignidad, principio que se debe manifestar en todas sus interacciones con las personas, debiendo en definitiva desarrollar su labor resguardando la integridad y derechos de todos los habitantes del país, como también emplear el debido cuidado de los bienes y recursos fiscales, constituyendo en definitiva los códigos de ética la expectativa de la conducta que se espera que sea cumplida por todos los encargados de hacer cumplir la ley.

Bibliografía

---

[55]Disponible en https://www.pdichile.cl/instituci%C3%B3n/nosotros/c%C3%B3digo-de-%C3%A9tica

DIRECCIÓN GENERAL DE CARABINEROS. (2017) Orden General N° 2478 Manual de Doctrina y Código de Ética de Carabineros de Chile: Aprueba texto y deroga documento que indica. Disponible en https://www.carabineros.cl/transparencia/og/pdf/OG_2478_24032017.pdf

CÓDIGO DE CONDUCTA PARA FUNCIONARIOS ENCARGADOS DE HACER CUMPLIR LA LEY, Adoptado por la Asamblea General en su resolución 34/169, de 17 de diciembre de 1979.

COMISIÓN INTERAMERICANA DE DERECHOS HUMANOS. CORRUPCIÓN Y DERECHOS HUMANOS: ESTÁNDARES INTERAMERICANOS (2019). Disponible en http://www.oas.org/es/cidh/informes/pdfs/CorrupcionDDHHES.pdf

GARCÍA GONZALO; CONTRERAS V PABLO. (2014). Diccionario Constitucional Chileno.

COMISIÓN NACIONAL DE LOS DERECHOS HUMANOS MÉXICO. (2018). Código de Conducta Para Funcionarios Encargados De Hacer Cumplir La Ley. Primera Edición. Disponible en https://www.cndh.org.mx/sites/default/files/documentos/2019-05/Codigo-Conducta-Funcionarios%5B1%5D.pdf

MARTÍNEZ MANUEL. (1996). Informe NOLAN (normas de conducta de la vida pública). Gestión Y Análisis De Políticas Públicas, (5-6), 209–214. Disponible en https://doi.org/10.24965/gapp.vi5-6.80.

NORMAS DE CONDUCTA PARA LA VIDA PÚBLICA: primer informe del Comité sobre Normas de Conducta en la Vida Pública: presidente, Lord Nolan. Madrid: Instituto Nacional de Administración Pública, (1996). -- 131 p. -- (Documentos INAP; 9). Disponible en //bci.inap.es/alfresco_file/f352e309-0982-40c5-8192-0b1d7f2ad608

POLICÍA DE INVESTIGACIONES. (2008). Código de Ética. Consolidando una Cultura de la Responsabilidad. Normativa Fundamental de Ética y Derechos Humanos para la Policía. Disponible en https://pdichile.cl/docs/default-source/default-document-library/codigo-de-%C3%A9tica-pdi.pdf?sfvrsn=31e26393_2

6 Evolución de la regulación chilena sobre el uso de la fuerza, en los términos del estándar internacional. El caso Alex Lemún: un antes y un después. Abogado Mg. Rodrigo Muñoz R.

Rodrigo Muñoz Ramírez[56]

Introducción:

Luego del fallecimiento del adolescente Alex Lemún Saavedra, quien perdiera la vida como consecuencia de un procedimiento policial ocurrido el año 2002, comienza formalmente en nuestro país la regulación del uso de la fuerza en los términos que establece el estándar internacional. Este acontecimiento fue determinante para incorporar en el ordenamiento jurídico dicho estándar, primero, a nivel interno, en Carabineros de Chile y, luego, de forma más general cuando el Estado cumple una de las recomendaciones formuladas por la Comisión Interamericana de Derechos Humanos[57].

En el caso de Carabineros de Chile, las primeras acciones se remontan al año 2011, en esa época, se crea un departamento especializado cuya misión genérica fue implementar el estándar internacional; para ese fin, se adecúa la normativa interna, se regulan las reglas sobre el uso de la fuerza y se ponen en marcha distintos procesos de capacitación. Ocho años después, el citado departamento se transforma en la actual Dirección de Derechos Humanos y Protección de la Familia y, en todas las regiones del país, comienza la implementación de las Sección de Derechos Humanos, cuya instalación definitiva se producirá el año 2020, las cuales se encargarán de promover el estándar internacional.

Sin duda, el caso del adolescente Alex Lemún marca un antes y un después en la regulación y empleo de la fuerza en las actuaciones policiales, por ello, el presente trabajo buscar exponer la evolución que tuvo

---

[56] Abogado, Magíster en Derecho Público; Diplomado en Derecho Internacional Público; Diplomado Formador de Formadores en Derechos Humanos; Diplomado en Función Pública y Derechos Humanos, una mirada a los DESCA; Instructor en Derechos Humanos Aplicables a la Función Policial.

[57] Comisión Interamericana de Derechos Humanos, caso 12.880.

esta materia y demostrar cómo la Institución, a partir de este lamentable suceso, generó cambios significativos para incorporar el estándar internacional. Para este fin, en primer lugar, se abordan los aspectos más relevantes del informe de fondo de la Comisión Interamericana de Derechos Humanos, con el objetivo de dejar en evidencia los fundamentos que sirvieron para configurar la responsabilidad del Estado, específicamente, los relativos al uso de la fuerza; en segundo lugar, se enuncian y desarrollan, brevemente, las acciones realizadas tanto por el Estado como por Carabineros de Chile, y; en tercer lugar, se presenta una breve conclusión.

I. El caso Alex Lemún Saavedra.

El año 2006, la Comisión Interamericana de Derechos Humanos (en adelante CIDH o la Comisión) recibió una denuncia por el fallecimiento del joven Alex Lemún Saavedra, hecho ocurrido el día 7 de noviembre del año 2002, en el contexto de un procedimiento policial adoptado por Carabineros de Chile. La denuncia será tramitada ante dicho organismo y concluirá con la declaración de responsabilidad del Estado.

A continuación, se reproducen, de forma extractada y, en términos muy generales, las posiciones iniciales que sostuvieron las partes ante la Comisión, con el objeto de contextualizar los hechos que dieron origen al presente caso[58].

- Según los denunciantes,

"los hechos ocurrieron al interior en un fundo ubicado en la comuna de Ercilla, en la IX región del país, donde se verificaba un proceso de recuperación y reivindicación de tierras ocupadas por empresas forestales. En ese lugar, el joven Alex Lemún Saavedra se encontraba con su hermano participando en la toma del predio cuando llegó un grupo de tres carabineros, dirigidos por el Mayor Marco Aurelio Treuer Heysen, con el objeto de verificar la existencia de la ocupación. En ese contexto, los Carabineros no intentaron persuadir a los manifestantes para entablar un diálogo, sino que utilizaron sus armas de fuego de manera desproporcionada a pesar de que los mapuches no estaban armados. Uno de los disparos impactó en la frente de Alex Lemún quién cayó gravemente herido, siendo trasladado por comuneros en una carreta de bueyes hasta el lugar donde llegó la ambulancia

---

[58] Estos antecedentes están contenidos en el Informe de Fondo 31/17, del 21 de marzo del año 2021, de la Comisión Interamericana de Derechos Humanos, específicamente en el en el apartado "III Posiciones de las Partes".

casi una hora después de que la familia informara a las autoridades y solicitara asistencia. Después de cinco días en la unidad de cuidados intensivos Alex Lemún falleció".[59]

- Por su parte, el Estado sostuvo que

"el Mayor Treuer tuvo que hacer uso de un arma de fuego para defenderse y defender a su personal, porque se habría disparado desde los comuneros mapuches. Por ello, la Prefectura de Malleco dispuso una investigación administrativa la que concluyó que la planificación y la táctica policial utilizada en el procedimiento no había respondido a instrucciones previas sobre la materia, por lo que el Mayor Treuer fue sancionado con un día de arresto".[60]

Estos antecedentes forman parte de los elementos que sirvieron a la CIDH para resolver el asunto, el detalle pormenorizado se encuentra detallado en el informe de fondo.

a). Los hechos probados en el informe de fondo:

En este punto, se exponen los hechos que la Comisión acreditó en el informe de fondo, cuyos principales aspectos se transcriben a continuación:

- [...] El 7 de noviembre de 2002, unos 40 mapuche entre hombres, mujeres, niños y ancianos entraron a la zona tomada del fundo a recoger leña para llevar a sus casas, hicieron fuego para cocinar y demostrar que estaban presentes al interior del terreno tomado, actividad que hacían a diario. [...] a las 5:30 pm llegaron a la zona [...] el Mayor Marco Aurelio Treuer Heysen, Miguel Castillo Díaz, Ariela Melian Sanhueza y el Cabo Segundo Domingo Gerardo Rozas Arias quien conducía la camioneta en la cual se desplazaba el grupo. Según declaraciones del Mayor Treuer, acudieron al lugar porque recibió una llamada telefónica del Prefecto Subrogante Comandante Galleguillos señalándole que al parecer había una ocupación en el fundo Santa Alicia sobre el cual existía una medida de protección emanada de la Fiscalía Local de Angol tras una ocupación anterior, por lo que le ordenó concurrir al lugar a efectos de verificación.[61]

- Debido a que un puente estaba destruido, el Mayor Treuer dejó

---

[59] Comisión Interamericana de Derechos Humanos, Informe de Fondo 31/17, aprobado el 21 de marzo del año 2017, numeral 11.

[60] Ídem, numeral 22.

[61] Numeral 31

el vehículo policial en un camino vecinal y avanzó con los Carabineros Castillo y Melian unos setecientos metros hasta el ingreso del predio [...] una vez traspasado el portón de ingreso y sobre un puente que estaba quemado y con rayados alusivos al conflicto mapuche, efectuó una observación rápida constatando que una gran cantidad de árboles de eucaliptos habían sido talados y que se encontraban entre 25 y 30 personas de "rasgos mapuches" junto a una hoguera.[62]

- [Según] el testimonio que el personal de Carabineros de Chile entregó ante la Fiscalía Militar de Angol:[63]

- Un "vigía" alertó de "[...] la presencia de los comuneros quienes habrían comenzado a insultarlos, amenazarlos, lanzar piedras con boleadoras y, algunos encapuchados y otros a rostro descubierto, habrían avanzado hacia donde se encontraban, por lo que el Mayor Treuer disparó varias bombas lacrimógenas "con el objeto de formar una cortina de humo entre los agresores y nosotros para poder salir del lugar"

- Luego, continuaron retrocediendo con el objeto de regresar al vehículo siendo perseguidos por aproximadamente 25 comuneros mapuche quienes continuaban lanzando piedras con boleadoras, por lo que el Carabinero Miguel Ángel Castillo Díaz lanzó gases lacrimógenos y el Mayor Treuer hizo uso de la escopeta antidisturbios disparando cartuchos calibre 12 con perdigones de goma.

- Mientras continuaban replegándose hacia el vehículo policial escucharon un disparo con arma de fuego proveniente de los comuneros mapuche por lo que el Mayor Treuer disparó la escopeta con *cartuchos de balines de plomo*[64] desde una distancia aproximada de 70 a 100 por lo que los comuneros no siguieron avanzando y los Carabineros lograron llegar al auto fiscal. En su declaración, el Mayor Treuer afirmó que al darse cuenta de la gravedad de la situación tomó la determinación de "efectuar la defensa" de su personal y la suya propia pues se encontraban *sin los chalecos antibalas* puestos.

- Luego de los hechos, ninguno de los funcionarios de Carabineros de Chile asistió a Alex Lemún, fue la madre quien al enterarse que su hijo estaba lesionado llamó al número de emergencia 133, pero le cortaron,

---

[62] Numeral 32
[63] Numeral 34
[64] La cursiva es para poner énfasis en el relato

por ello se comunicó con el Hospital desde donde enviaron una ambulancia que tardó 40 minutos en llegar. Mientras ello ocurría Alex Lemún fue trasladado, en una carreta de bueyes, desde el sitio del suceso hasta el lugar lo recibió la ambulancia, distancia de 100 metros.[65]

b) La regulación de la fuerza al momento de ocurrir el procedimiento.

La CIDH[66] analiza las reglas sobre uso de la fuerza al momento de ocurrir los hechos, para lo cual tiene a la vista una serie de documentos que son aportados por Carabineros, los cuales se reproducen a continuación[67]:

- Plan estratégico No. 1 del 13 de agosto de 1998 "para abordar el (sic) problemática étnica mapuche en la Prefectura de Carabineros Malleco No. 21 teniendo en consideración los conflictos que se están suscitando a nivel nacional". En los antecedentes de este plan estratégico se señala por ejemplo que "desde 1991 al interior del pueblo mapuche se inició por parte de algunas organizaciones, como el 'Consejo de Todas las Tierras', un clima de agitación destinado a iniciar una campaña de recuperación de tierras (tomas), exaltar la creencia de que se trata de un pueblo oprimido y discriminado por el Estado de Chile, lo que ha significado según ellos la pérdida de identidad". Más adelante se indica que "la problemática presentada por los mapuches en la actualidad es la misma que se ha originado a lo largo de la historia del país, en anteriores gobiernos y diferentes etapas políticas de la nación. Lo que se fundamenta según opinión de la etnia mapuche, en que el Estado y la sociedad han negado y proscrito política y culturalmente a los pueblos indígenas, impidiendo la recuperación de sus tierras, lo que les ha generado un problema socioeconómico y de carencia de recursos para poder satisfacer sus necesidades básicas". La instrucción señala que "se avecinan climas de tensión social permanente en las localidades antes referidas, lo que conllevará a una preocupación y una vigilancia constante por parte de Carabineros de Chile, con el objeto de garantizar el orden y la seguridad pública"[68].

---

[65] Numerales 36 a 39

[66] Este tema está tratado en el párrafo IV denominado "hechos probados", específicamente en la letra c), relacionado con la información contextual sobre el uso de la fuerza por parte de carabineros en el marco de la protesta del pueblo mapuche.

[67] Numeral 67

[68] Las cursivas son para poner énfasis en los temas.

- Providencia No. 4 del 5 de enero de 2001 remite el "Manual de operaciones para el cumplimiento de mandatos judiciales de protección de faenas forestales". Este manual detalla cómo debe operar Carabineros para proteger las faenas de las empresas forestales e indica, por ejemplo, que se deben asegurar "en forma permanente del control de las áreas externas, para detectar presencia de dirigentes de comunidades mapuches en conflicto" y que ante "la presencia de la prensa, prever posibles acciones por parte de los mapuches, como también, si no está determinado lo anterior, establecer el motivo de la concurrencia de los medios de comunicación e informar a la Superioridad".

- Instrucciones del General de Carabineros, Jefe de Zona Mauricio Catalán Devlahovich, a propósito del manual antes citado. El General señala: que se debe instruir a los subordinados de las corrientes ideológicas que participan en el conflicto mapuche; que se debe saber cuáles son los lugares y símbolos sagrados de la etnia y respetarlos en todo momento, evitando destruirlos ya que puede ser un detonante para un nuevo conflicto; que el personal bajo cualquier circunstancia debe propender a no cometer el delito de violencias innecesarias, los mandos deben ser inflexibles en no aceptarlo y sancionarlo drásticamente en caso que se produzca; *que se debe evitar el uso de las armas de fuego* por parte del personal que opera en el área, dado que cualquier herido o muerto por armas utilizadas por Carabineros sería el detonante que están esperando los dirigentes de las etnias en conflicto, para hacer de un problema local uno nacional con una violencia inusitada, "que no se sabrá cuando ni donde terminará"; y que el Oficial a Cargo deberá mostrar en todo momento su profesionalismo y disposición para solucionar problemas a las empresas forestales.

- Resolución No. 340 de 13 de diciembre de 2001 que indica textualmente: "ante notable crecimiento de problemática mapuche sector jurisdiccional, esta repartición. Dispónese sres. Comisarios *planificar* convenientemente los servicios policiales preventivos sectores mayor conflicto citados comuneros, sentido evitar alteración orden público y prevenir daños contra propiedad pública y privada (sic)".

- Mensaje No. 28 de enero de 2002 sobre procedimientos en comunidades mapuche, en el cual se indica que cada vez que personal concurra a comunidades mapuches o a proximidades de ellas deberán adoptar la máxima seguridad y contar con refuerzo personal y logístico suficiente.

Como es posible observar, ninguno de los documentos citados contiene una referencia expresa a reglas sobre uso de la fuerza ni al estándar internacional que rige esta materia. Esa falta de regulación, según la Comisión, incidió en el procedimiento adoptado el día 7 de noviembre del año 2002.

c) El uso de la fuerza en la decisión de la CIDH:

La CIDH concluye que hubo violación a una serie de derechos, los cuales agrupa de la siguiente forma: A. Derechos a la vida, integridad personal, derechos del niño e igualdad y no discriminación; B. Derechos a las garantías judiciales y protección judicial respecto de los procesos iniciados a nivel interno; y C. Derecho a la integridad personal e igualdad y no discriminación respecto de los familiares de Alex Lemún y la comunidad a la que pertenecía[69]. En este trabajo sólo se analizarán los derechos contemplados en la letra A, pues ahí es donde se aborda principalmente el uso de la fuerza.

Para determinar si el Estado transgredió o no el Derechos a la vida, integridad personal, derechos del niño e igualdad y no discriminación, la Comisión analiza las reglas sobre uso de la fuerza, la jurisprudencia interamericana relacionada con el derecho a la vida y los instrumentos internacionales que rigen la materia, específicamente, los Principios Básicos sobre el empleo de la fuerza y de armas de fuego por los funcionarios encargados de hacer cumplir la ley y del Código de conducta para funcionarios encargados de hacer cumplir la ley.

En cuanto a la metodología, sigue la utilizada por la Comisión y la Corte en casos sobre uso excesivo de la fuerza, en concreto analiza el uso de la fuerza tomando en cuenta tres momentos: 1) las acciones preventivas; 2) las acciones concomitantes a los hechos; y 3) las acciones posteriores,[70] cuyos razonamientos se reproducen a continuación:

1. Acciones preventivas:

En términos generales, para la Comisión las acciones preventivas se refieren a la existencia de un marco que regule el uso de la fuerza, al entrenamiento del personal encargado de hacer cumplir la ley y a la ade-

---

[69] Apartado V "Análisis de Derecho"
[70] Numeral 79

cuada planificación y ponderación de las acciones. Todo ello, se ve reflejado en los numerales que a continuación se reproducen:

- En el marco de operativos donde participen agentes policiales o militares, el derecho internacional impone una serie de requisitos que derivan de la protección de los derechos protegidos por la Convención, entre ellos, del derecho a la vida.

- Los Estados deben adoptar las medidas necesarias para crear un marco normativo adecuado que disuada cualquier amenaza a este derecho. La Comisión y la Corte Interamericana han señalado que existe un deber del Estado de adecuar su legislación nacional y de "vigilar que sus cuerpos de seguridad, a quienes les está atribuido el uso de la fuerza legítima, respeten el derecho a la vida de quienes se encuentren bajo su jurisdicción".[71]

- De este deber la Corte ha señalado que se desprenden las siguientes obligaciones[72]:

i) Que el Estado sea "claro al momento de demarcar las políticas internas tratándose del uso de la fuerza y buscar estrategias para implementar los Principios sobre empleo de la fuerza y Código de Conducta";

ii) Dotar a los agentes de distintos tipos de armas, municiones y equipos de protección que le permitan adecuar materialmente su reacción de forma proporcional a los hechos en que deban intervenir, restringiendo en la mayor medida el uso de armas letales que puedan ocasionar lesión o muerte, y

iii) Realizar capacitaciones a sus agentes con la finalidad de que conozcan las disposiciones legales que permiten el uso de las armas de fuego y que tengan el entrenamiento adecuado para que en el evento en que deban decidir acerca de su uso posean los elementos de juicio necesarios para hacerlo[73].

- Durante el desarrollo de un evento de despliegue de la autoridad, "los agentes estatales, en la medida de lo posible, deben realizar una evaluación de la situación y un plan de acción previo a su intervención".

---

[71] Numeral 80

[72] La separación del texto es nuestra y se realiza con el objeto de reforzar las obligaciones que ahí se exponen.

[73] Numeral 81

Sobre esta misma obligación, la Corte Europea ha destacado que la actuación de agentes del Estado de forma irregulada y arbitraria es incompatible con el efectivo respeto de los derechos humanos.[74]

El examen de los antecedentes permite a la Comisión concluir que el Estado no cumplió con las acciones que debía realizar en la etapa preliminar, básicamente porque al momento de ocurrir el procedimiento no existían reglas sobre uso de la fuerza, el personal no estaba entrenado en estas materias y la planificación de las acciones fueron deficientes, así queda de manifiesto en los siguientes argumentos:

- En el presente caso, no surge del expediente información sobre la existencia de una regulación y capacitación sobre el uso de la fuerza por parte de la policía militar denominada Carabineros conforme a los estándares internacionales para el 2002, año en que ocurrió la muerte del adolescente Alex Lemún[75].

- [...] el Estado chileno indicó que fue en 2011 que se creó el Departamento de Derechos Humanos de Carabineros para promover los derechos humanos dentro de la organización. Una de las finalidades de este departamento fue revisar los estándares sobre el uso de la fuerza, a fin de ajustarlos a los estándares internacionales. Esta información, sumada a la falta de documentación que acredite algo diferente, permite a la Comisión inferir que para el año 2002 no se habían adoptado medidas preventivas suficientes para asegurar que el uso de la fuerza por parte de Carabineros fuera conforme a los estándares descritos previamente en el presente informe[76].

- Esta situación resulta, en sí misma, incompatible con el artículo 4.1 de la Convención Americana en relación con las obligaciones garantía y de adoptar disposiciones de derecho interno establecidas en los artículos 1.1 y 2 del mismo instrumento[77].

2. Acciones concomitantes:

Para la Comisión, las acciones concomitantes comprenden el uso de la fuerza. al respecto, establece que el Estado debe proteger la vida y por ello sólo puede emplear la fuerza letal bajo los parámetros de los

---

[74] Numeral 82
[75] Numeral 83
[76] Numeral 84
[77] Numeral 85

principios consagrados en el estándar internacional (*legalidad, necesidad y proporcionalidad*); también, tiene el deber de brindar una explicación satisfactoria que justifique las acciones desarrolladas. Así queda de manifiesto en los puntos que se transcriben a continuación:

- La CIDH ha indicado que, si bien el Estado tiene el derecho y la obligación de brindar protección contra las amenazas y para ello puede utilizar la fuerza letal en ciertas situaciones, dicha facultad debe estar restringida a cuando sea estrictamente necesario y proporcionado. Si no responde a esos principios, el uso de la fuerza letal puede constituir una privación arbitraria de la vida o una ejecución sumaria. Ello equivale a decir que el uso de la fuerza letal tiene necesariamente que estar justificado por el derecho del Estado a proteger la seguridad de todos[78].

- Cuando se alega que se ha producido una muerte como consecuencia del uso de la fuerza, la Corte Interamericana ha establecido reglas claras sobre la carga de la prueba. En palabras del Tribunal: (…) en todo caso de uso de fuerza [*por parte de agentes estatales*] que haya producido la muerte o lesiones a una o más personas, corresponde al Estado la obligación de proveer una explicación *satisfactoria y convincente* de lo sucedido y *desvirtuar*[79] las alegaciones sobre su responsabilidad, mediante elementos probatorios adecuados[80].

- El Comité de Derechos Humanos de la ONU ha indicado que en los casos donde la clarificación de los hechos recaiga exclusivamente sobre el Estado, se pueden llegar a considerar las denuncias como probadas en la ausencia de evidencia o explicación satisfactoria que pueda refutar las pretensiones de los demandantes. Lo anterior se encuentra relacionado con lo indicado por la Corte Europea en el sentido de que, en casos de muerte como consecuencia del uso letal de la fuerza, es necesario aplicar el test más estricto sobre el carácter imperioso de dicho uso de la fuerza[81].

- Para que una explicación sobre el uso letal de la fuerza pueda ser considerada satisfactoria, es necesario que la misma sea el resultado de

---

[78] Numeral 86
[79] El énfasis es nuestro.
[80] Numeral 87
[81] Numeral 88

una investigación compatible con las garantías de _independencia, imparciali-dad_ y _debida diligencia_[82] y, además, se refiera a los elementos que conforme a la jurisprudencia interamericana deben concurrir para justificar dicho uso de la fuerza, a saber:

i. Finalidad legítima: el uso de la fuerza debe estar dirigido a lograr un objetivo legítimo. (...)

ii. Absoluta necesidad: es preciso verificar si existen otros medios disponibles menos lesivos para tutelar la vida e integridad de la persona o situación que se pretende proteger, de conformidad con las circunstancias del caso. (...)

iii. Proporcionalidad: el nivel de fuerza utilizado debe ser acorde con el nivel de resistencia ofrecido, lo cual implica un equilibrio entre la situación a la que se enfrenta el funcionario y su respuesta, considerando el daño potencial que podría ser ocasionado[83].

- La finalidad legítima, absoluta necesidad y proporcionalidad del uso de la fuerza deben ser demostradas por el Estado a la luz de las circunstancias particulares del caso concreto. Asimismo, como consecuencia de dichos principios, la Comisión recuerda que los agentes estatales que intervienen en operativos deben aplicar criterios de "_uso diferenciado y progresivo_ de la fuerza, determinando el grado de cooperación, resistencia o agresión por parte del sujeto al cual se pretende intervenir, y con ello, emplear tácticas de negociación, control o uso de la fuerza según corresponda[84]"

La Comisión resolvió que el Estado no cumplió con las acciones concomitantes, entre otras razones, porque no pudo otorgar una explicación satisfactoria que permitiera justificar que el uso de la fuerza letal fuera ejercido sobre la base de los principios de finalidad legítima, necesidad y proporcional, tal como se expone a continuación:

- A fin de determinar si el Estado proveyó una explicación satisfactoria sobre el uso letal de la fuerza a la luz de los elementos mencionados anteriormente, la Comisión observa que en el trámite interamericano Chile se ha limitado a indicar que el Mayor Treuer tuvo

---

[82] El énfasis es nuestro y se realiza con el objeto de destacar el criterio en materia de investigación.
[83] Numeral 89
[84] Numeral 90

que hacer uso de un arma de fuego para defenderse y defender a su personal, porque se habría disparado desde donde estaban los comuneros mapuches. [...] esta explicación [...] se basó en la información contenida en los partes elaborados por las propias autoridades involucradas[85].

- La explicación estatal basada en la propia versión de las personas involucradas y en los hallazgos de la justicia penal militar carente de independencia e imparcialidad, no constituye una explicación satisfactoria sobre el estricto cumplimiento de los principios de finalidad legítima, necesidad y proporcionalidad en el uso letal de la fuerza en un caso concreto [...][86]

- [...] La información disponible en el expediente confirma esta determinación[87]. En primer lugar, en cuanto a la manera en que se realizó el operativo, el Estado reconoció que la Prefectura de Malleco dispuso una investigación administrativa concluyendo que la planificación y táctica policial utilizada en el procedimiento, no había respondido a instrucciones previas sobre la materia [...] la Comisión considera que esta información permite afirmar que el mismo fue conducido de manera irregular[88]. En segundo lugar, la Comisión observa que las versiones de lo sucedido surgen de las declaraciones, por una parte, de los agentes carabineros y, por otra, de los comuneros mapuches que estaban en el lugar. Las declaraciones coinciden en que tres Carabineros llegaron al lugar donde estaba un grupo de aproximadamente 40 indígenas mapuche entre hombres, mujeres, ancianos y niños. Asimismo, coinciden en que los comuneros mapuches lanzaron piedras con boleadoras a la vez que los Carabineros lanzaron bombas lacrimógenas. También existe coincidencia en el hecho de que aproximadamente 20 jóvenes comuneros persiguieron a los Carabineros lanzándoles piedras y que cuando el adolescente Alex Lemún se agregó a dicha actividad recibió un disparo en la cabeza por arma de fuego de uno de los Carabineros aproximadamente a 100 metros de distancia [...][89].

- Además, [...] surge que los agentes [de] carabineros sabían de la presencia de jóvenes en el lugar, incluidos adolescentes, a pesar de lo cual

---

[85] Numeral 91
[86] Numeral 93
[87] Numeral 94
[88] Numeral 95
[89] Numeral 96

no respondieron de conformidad con el deber de *especial protección*[90] establecido en la Convención Americana, sino que, por el contrario, hicieron un uso de la fuerza letal incompatible con dicho instrumento[91].

[...] El uso de la fuerza letal en perjuicio del adolescente Alex Lemún no cumplió con los principios de finalidad legítima, necesidad y proporcionalidad. [...] Alex Lemún fue ejecutado extrajudicialmente y, por lo tanto, fue privado de su vida arbitrariamente [...][92].

3. Acciones posteriores:

En las acciones posteriores la Comisión evalúa la conducta del personal para determinar si prestó no auxilio al adolescente lesionado; sobre este punto razona y concluye lo siguiente:

- [...] El análisis de las acciones posteriores se relaciona con la respuesta de los agentes estatales frente a las mortales heridas que uno de ellos acababa de causarle a la víctima[93].

- [...] Los Principios sobre empleo de la fuerza establecen que los funcionarios que activen la fuerza "procederán de modo que se presten lo antes posible asistencia y servicios médicos a las personas heridas o afectadas[94].

- [...] la Comisión considera que el Estado chileno tenía el deber de brindar atención médica oportuna e inmediata a Alex Lemún, quien se encontraba con vida y herido producto del disparo realizado por un agente Carabinero. No existe controversia sobre el hecho de que los agentes estatales no prestaron auxilio alguno al adolescente herido. Por el contrario, los mismos agentes involucrados declararon que tras el disparo se replegaron para llamar refuerzos, lo que tuvo el objetivo de inspeccionar el lugar y no prestar ayuda a Alex Lemún. De hecho, fue recién en horas de la noche que los Carabineros dejaron constancia de que un mapuche había sido herido en el operativo. Esto causó que el auxilio tuviera que ser prestado por los comuneros que estaban en el lugar y por sus padres, quienes declararon incluso que pidieron ayuda a Carabineros

---

[90] El énfasis es para destacar el deber que impone la Convención Americana.
[91] Numeral 99
[92] Numeral 100
[93] Numeral 101
[94] Numeral 102

de manera telefónica pero que no les atendieron, lo que implicó una demora de 40 minutos mientras llegaba una ambulancia[95].

[…] El Estado incumplió su obligación de prestar auxilio para conseguir atención médica inmediata como consecuencia de heridas causadas tras el uso de la fuerza. Además […] el hecho de haber estado herido entre el disparo y el día de su muerte, el adolescente Alex Lemún padeció un sufrimiento físico extremo incompatible con su integridad personal, lo que resulta atribuible al Estado chileno[96].

d) Resolución del caso[97]:

En el informe de fondo N° 31/2017, la Comisión recomendó al Estado adoptar garantías de no repetición que incluyeran medidas legislativas, administrativas y de cualquier otra índole con la finalidad de prevenir el uso excesivo de la fuerza […] en el marco de las reivindicaciones territoriales de los pueblos indígenas, particularmente el pueblo mapuche, incluyendo medidas de capacitación, coordinación y supervisión, así como el establecimiento de mecanismos idóneos de rendición de cuentas[98].

El 9 de marzo del año 2018, el Estado reconoció responsabilidad internacional por la violación a los derechos humanos en perjuicio de Alex Lemún y su familia y se comprometió a adoptar las siguientes garantías de no repetición[99:]

a) Aprobar un Decreto Presidencial que contenga los lineamientos generales sobre el uso de la fuerza policial El Estado se compromete a aprobar antes del 11 de marzo de 2018 un Decreto Presidencial que establecerá los lineamientos sobre el uso de la fuerza en conformidad con los estándares internacionales sobre derechos humanos en esta materia.

---

[95] Numeral 103

[96] Numeral 104

[97] Informe de fondo N° 31/17, del año 2017.

[98] El informe recomendó la aplicación de dos garantías de no repetición. En este caso sólo se tomó en consideración la relativa al uso de la fuerza por ser el objetivo de este trabajo.

[99] El acuerdo de cumplimiento puede ser revisado en la página web del Ministerio de relaciones Exteriores de Chile, en la dirección https://www.minrel.gob.cl/acuerdos-de-solucion-amistosa-acuerdos-de-cumplimiento-de

b) [un] Programa de capacitación en terreno a funcionarios de carabineros asignados en la Araucanía.

II. Acciones ejecutadas como consecuencia del caso analizado.

En este apartado expondremos la forma como el Estado asumió los compromisos internacionales en materia de uso de la fuerza y también aquellas gestiones que Carabineros de Chile desarrolló para implementar el estándar internacional, luego de ocurrido los hechos.

a) Acciones ejecutadas por el Estado:

Para cumplir uno de los compromisos internacionales, el 4 de diciembre del año 2018, el Estado publicó en el diario oficial el Decreto N° 1364[100], por medio del cual estableció disposiciones relativas al uso de la fuerza en las intervenciones policiales para el mantenimiento del orden público. Este instrumento consta de tres artículos que en resumen consagran lo siguiente:

- El primero, contiene aspectos generales sobre el uso de la fuerza en intervenciones policiales para el mantenimiento del orden público. Ahí se declara que "Las Fuerzas de Orden y Seguridad Pública deberán observar los siguientes lineamientos generales relativos al uso de la fuerza en intervenciones policiales:

1) En sus actuaciones, las fuerzas policiales deberán velar por la protección de la seguridad pública y los derechos de las personas.

2) En sus actuaciones, las fuerzas policiales respetarán y cumplirán la ley en todo momento.

3) Los funcionarios policiales deberán evitar el uso intencional de armas letales, debiendo preferir el empleo de elementos o la adopción de medidas menos dañinas para lograr sus objetivos.

4) En caso de que sea necesario emplear un arma de fuego, y siempre que sea posible, adecuado y útil, el funcionario policial advertirá claramente su intención de utilizarla. Esta advertencia no será necesaria en aquellos casos que con ella se ponga en peligro al funcionario policial o

---

[100] https://www.bcn.cl/leychile/navegar?idNorma=1126341

119

se cree un riesgo grave a otras personas.

5) Los funcionarios policiales deberán asegurar el mantenimiento del orden público con el objeto de garantizar las reuniones autorizadas por la autoridad competente y de carácter pacífico.

6) En caso de reuniones no autorizadas por la autoridad competente y de carácter no violento, los funcionarios policiales evitarán el uso excesivo de la fuerza.

7) Los funcionarios policiales no podrán hacer uso de la fuerza en contra de personas detenidas, salvo cuando sea estrictamente necesario para concretar la detención, para mantener la seguridad y el orden en las unidades policiales o cuando esté en peligro la integridad física de alguna persona.

8) Las normas internas que regulen la intervención policial para el mantenimiento del orden público, deberán dar estricto cumplimiento a la legislación interna y a los tratados internacionales suscritos y ratificados por el Estado de Chile, en materia de derechos humanos.

- El segundo, impone la revisión y actualización periódica de los protocolos de actuación de Carabineros de Chile en intervenciones para la mantención del orden público; que los nuevos protocolos deben ser publicados tanto en el boletín oficial de la institución como en el Diario Oficial; que dichos instrumentos deben ser revisados con una periodicidad de 4 años, y; que tanto la revisión como la actualización deberá procurar el involucramiento de la sociedad civil y del Instituto Nacional de Derechos Humanos, y;

- El tercero, dispone que Carabineros de Chile debe presentar informes semestrales al Ministerio del Interior y Seguridad Pública, por medio de la Subsecretaría del Interior, que contengan información estadística relativa al uso de la fuerza y episodios violentos. Esta información deberá estar desagregada por región y provincia.

Luego del Decreto N° 1364, se han realizado una serie de iniciativas a nivel gubernamental sobre el uso de la fuerza, una de ellas, corresponde a la presentación de un proyecto que busca regular esta materia a nivel legal, el cual actualmente está en primer trámite constitucional[101].

b) Acciones ejecutadas por Carabineros de Chile:

Mucho antes que el Estado regulara el uso de la fuerza (año 2018), Carabineros desarrolló una serie de acciones que le permitieron implementar el estándar internacional. El detalle de estas acciones, cuyas normas están publicadas, mayoritariamente, en la página web de la Dirección de Derechos Humanos[102], se exponen a continuación:

- El año 2011, con la Orden General N° 2038[103], se creó el Departamento de Derechos Humanos cuyo objetivo fue promover los derechos humanos dentro de la organización. Una de las finalidades de este departamento fue revisar los estándares sobre el uso de la fuerza con el objeto de implementarlos.

- El año 2012, Carabineros celebró el primer memorándum de entendimiento con el Comité Internacional de la Cruz Roja (*en adelante CICR*). El objetivo de esta cooperación consistió en prestar apoyo técnico para consagrar y promover la integración del derecho internacional de los derechos humanos y los principios humanitarios aplicables a la función policial; por otra parte, el CICR se comprometió a formar instructores y ayudantes de instructores en derechos humanos aplicables a la función policial. Esta vinculación se ha mantenido en forma ininterrumpida y recientemente fue renovada[104].

- El año 2013, con la Circular N° 1756[105], se regula por primera vez, en forma interna, reglas sobre uso de la fuerza. Este texto recogió, entre otros temas, los principios de legalidad, necesidad y proporcionalidad consagrados en los instrumentos internacionales.

- El año 2014, con la Orden General N° 2287, se publican los primeros Protocolos para el Control del Orden Público.

- El año 2016, se publica el Manual de Técnicas de Intervención

---

[101]https://www.camara.cl/legislacion/ProyectosDeLey/tramitacion.aspx?prmID=16343&prmBOLETIN=15805-07

[102] https://derechoshumanos.carabineros.cl/fuerza.html

[103] Publicada en el Boletín Oficial de Carabineros de Chile N° 4406

[104]El memorándum del año 2022 puede ser visitado en la página web https://derechoshumanos.carabineros.cl/assets/renovacion_memorandum_2022.pdf

[105] Publicada en el Boletín Oficial de Carabineros de Chile N° 4479

Policial, Nivel 1[106]. La importancia de este instrumento es que contiene reglas de actuaciones de procedimientos policiales con enfoque de derechos humanos[107]. En este instrumento se tratan: los derechos humanos y la función policial; las instrucciones básicas para la protección del Carabinero; los elementos de protección básicos para el personal, y; las técnicas de intervención policial.

Luego de la publicación del Decreto N° 1364, que estableció disposiciones relativas al uso de la fuerza en las intervenciones policiales para el mantenimiento del orden público, la institución ajustó su normativa y dictó los siguientes instrumentos:

- *Desde el punto de vista orgánico*, el año 2019, con la Orden General N° 2640, el Departamento de Derechos Humanos fue elevado a Dirección. Esta misma norma crea las Secciones Regionales de Derechos Humanos cuya misión es promover en cada región la integración de los estándares de derechos humanos en los procesos institucionales y verificar su aplicación en las actuaciones policiales[108]. Según el artículo 1, de la citada Orden General "la Dirección de Derechos Humanos tendrá por misión diseñar, ejecutar, supervisar y/o hacer seguimiento, en coordinación con los estamentos pertinentes, la implementación institucional de las políticas, estrategias, planes, programas, normativa y otros instrumentos que establecen las obligaciones del Estado en materia de derechos humanos en la función policial, conforme se encuentran garantizados en la Constitución Política de la República, las leyes y los tratados internacionales ratificados por Chile y que se encuentren vigentes".

- *En materia de fuerza*, el año 2019, se dictó la Circular N° 1832[109], la cual actualizó y derogó las reglas que había instaurado la Circular N° 1756. Una de las innovaciones de produce en los principios, pues a los existentes (*legalidad, necesidad y proporcionalidad*), se agregó el de responsabilidad.

---

[106] Aprobado con la Orden General N° 2490, del 11.05.2017

[107] https://derechoshumanos.carabineros.cl/assets/manual_2020_opt.pdf

[108] https://www.carabineros.cl/transparencia/og/pdf/OG_2640_29032019.pdf

[109] https://derechoshumanos.carabineros.cl/assets/Circular_1832_uso_de_la_fuerza.pdf

- *En materia de control de orden público*, el año 2019, con la Orden General N° 2635[110], se implementan los nuevos Protocolos y se derogan los que estaban regulados en la Orden General N° 2287. Es preciso aclarar que este instrumento ha tenido dos grandes actualizaciones, la primera, corresponde a uso de la escopeta antidisturbios, la cual se materializó con la Orden General N° 2780[111], y la segunda, la Orden General N° 2870[112], con la cual ajustó el estándar internacional.

- *En materia de capacitación*, el año 2019, con la Orden General N° 2700[113], se publicó el Plan de Fortalecimiento en Derechos Humanos para Carabineros de Chile[114]. Según el numeral 1.1., del Capítulo I, el objetivo general de esta política institucional es "Promover y Garantizar la sensibilización, formación y capacitación en derechos humanos para desarrollar una cultura de derechos humanos que contribuya a la prevención de vulneraciones".

En resumen, las normas citadas dejan en evidencia algunas de las tantas acciones que realizó la institución luego del lamentable fallecimiento del joven Alex Lemún Saavedra. Estas medidas, cuya ejecución se materializaron mucho antes que el Estado asumiera responsabilidad, permitieron adecuar la normativa interna para incorporar en ella el estándar internacional que aplica en el uso de la fuerza, los principios que la rigen, los grupos vulnerables, la protección del personal policial, entre otros.

Por otra parte, en esa misma época se diseñaron los primeros procesos de capacitación en materia de derechos humanos y función policial, los cuales paulatinamente fueron siendo aplicados no sólo a los funcionarios que trabajaban en la zona donde ocurrieron los hechos sino también a todo el personal de la institución.

---

[110] https://derechoshumanos.carabineros.cl/assets/og_2635-protocolo_orden_publico.pdf

[111] https://derechoshumanos.carabineros.cl/assets/Nuevos_Protocolos_Orden_Publico_OG_2870.pdf

[112] https://derechoshumanos.carabineros.cl/assets/Nuevos_Protocolos_Orden_Publico_OG_2870.pdf

[113] Publicado en el Boletín Oficial N° 4845

[114] https://www.carabineros.cl/transparencia/og/pdf/OG_2700_30102019.pdf

III.- Conclusión:

La muerte del adolescente Alex Lemún Saavedra, quien perdió la vida como consecuencia de un procedimiento policial, marcó un antes y un después en la implementación del estándar internacional en nuestro país. Por ello, el informe de fondo de la Comisión Interamericana de Derechos Humanos en este caso debe ser considerado una fuente de consulta permanente, pues contiene antecedentes y razonamientos que son relevantes para la función policial.

Por otra parte, es necesario destacar que Carabineros de Chile luego de este lamentable suceso (2012), comenzó a ejecutar una serie de acciones para implementar el estándar internacional, entre ellas, creo una estructura orgánica, dictó un número importante de normas internas y comenzó un proceso de capacitación.

Las acciones realizadas van en la línea correcta, <u>primero</u>, porque la decisión de contar con una Dirección de Derechos Humanos dentro de la estructura orgánica, permite asegurar de mejor forma la ejecución de la política institucional, <u>segundo</u>, porque la existencia de las Secciones Regionales de Derechos Humanos, han asegurado que los planes y programas sean ejecutados en las distintas regiones del país; <u>tercero</u>, porque los instructores en derechos humanos, preparados y certificados por el Comité Internacional de la Cruz Roja, son verdaderos agentes de cambio, pues se han encargado de enseñar el estándar internacional y de poner en práctica la regulación que constantemente emite la institución.

Sin perjuicio de los importantes avances desarrollados en este trabajo, resulta indispensable continuar con los procesos de capacitación permanente, pues el entrenamiento constante es el único mecanismo que permitirá garantizar que en el futuro acciones como las que provocaron la muerte del joven Alex Lemún Saavedra no se vuelvan a repetir.

IV.- BIBLIOGRAFÍA:

Comisión Interamericana de Derechos Humanos, caso 12.880.

Decreto N° 1364, que estableció disposiciones relativas al uso de la fuerza en las intervenciones policiales para el mantenimiento del orden público.

Orden General N° 2038, del año 2011, creó el Departamento de Derechos Humanos de Carabineros de Chile.

Memorándum de entendimiento con el Comité Internacional de la Cruz Roja, última versión año 2022.

Circular N° 1756, del año 2013, establece reglas para el uso de la fuerza en Carabineros de Chile.

Orden General N° 2287, del año 2014, Protocolos para el mantenimiento del Control del Orden Público.

Orden General N° 2490, del año 2016, se publica el Manual de Técnicas de Intervención Policial, Nivel 1

Orden General N° 2640, del año 2019, eleva de categoría el Departamento de Derechos Humanos a Dirección.

Circular N° 1832, del año 2019, actualiza instrucciones sobre el uso de la fuerza.

Orden General N° 2635, el año 2019, nuevo texto de Protocolos para el mantenimiento del Control del Orden Público.

Orden General N° 2700, del año 2019, Plan de Fortalecimiento en Derechos Humanos para Carabineros de Chile.

7 Derechos humanos aplicados a la función policial

Los derechos humanos, aplicados a la función policial, son un aspecto específico, orientado al hacer, en general se compone de dos grandes dimensiones que son: La protección de la vida y la integridad del policía y por otro la intervención policial basada en el uso de la fuerza, la privación de libertad y la protección de grupos sujetos a vulnerabilidad:

Cuadro 10. Esquema DD.HH. en la función policial

Fuente: Carabineros de Chile

Dentro de la protección, existen documentos que buscan garantizar que el estado cumpla entregar los elementos necesarios y la capacitación, por ende, se reitera lo ya detallado en los PBFE de los FEHCL destacando el segundo de ellos:

"Los gobiernos y los organismos encargados de hacer cumplir la ley establecerán una serie de métodos lo más amplia posible y dotarán a los funcionarios correspondientes de distintos tipos de armas y municiones de modo que puedan hacer un uso diferenciado de la fuerza y de las armas de fuego. Entre estas armas deberían figurar armas incapacitantes no letales para emplearlas cuando fuera apropiado, con miras a restringir cada vez

127

más el empleo de medios que puedan ocasionar lesiones o muertes. Con el mismo objetivo, también debería permitirse que los funcionarios encargados de hacer cumplir la ley cuenten con equipo autoprotector, por ejemplo, escudos, cascos, chalecos a prueba de balas y medios de transporte a prueba de balas a fin de disminuir la necesidad de armas de cualquier tipo"[115]

En esta misma línea se detallan además los derechos humanos de los policías.

7.1 Los derechos humanos de los policías

"Todos los seres humanos, tienen derechos humanos; los y las policías son seres humanos, por ende, los y las policías tienen derechos humanos".

Silogismo del autor

En sintonía con el énfasis que se ha realizado en este libro, y lo estipula la propia declaración universal de derechos humanos, éstos pertenecen a todo ser humano por el solo hecho de serlo, de ahí que el autor entrega en sus capacitaciones este silogismo "Todos los seres humanos tienen derechos humanos, los y las y las policías son seres humanos, por ende, los policías tienen derechos humanos" con el afán de dejar muy en claro el tema, dado algunas dudas que tienen los policías sobre sus derechos humanos. Eventualmente, para una persona del mundo civil esto podría llamarle la atención o ser algo curioso, por decir lo menos, ya que parece algo de Perogrullo, pero todo tiene un porqué como veremos más adelante.

Las dudas, se dan principalmente debido a que los policías no pueden ejercer algunos derechos como, por ejemplo: pertenecer a partidos políticos y sindicatos como lo establecen el art. 23 de la DU numeral cuarto 4. **"Toda persona tiene derecho a fundar sindicatos y a sindicarse para la defensa de sus intereses"**

Dicha restricción o medida excepcional, tiene un fundamento que está en la Convención Americana de Derechos humanos más conocida como (Pacto de San José) del 11 de febrero de1978. Que en su artículo 16. Relativo a Libertad de Asociación expresa lo siguiente:

1. "Todas las personas tienen derecho a asociarse libremente con fines ideológicos, religiosos, políticos, económicos, laborales, sociales, culturales, deportivos o de cualquiera otra índole".

2. El ejercicio de tal derecho sólo puede estar sujeto a las restricciones

---

[115] Ibídem

previstas por la ley que sean necesarias en una sociedad democrática, en interés de la seguridad nacional, de la seguridad o del orden públicos o para proteger la salud o la moral públicas o los derechos y libertades de los demás.

3. Lo dispuesto en este artículo no impide la imposición de restricciones legales, y aun la privación del ejercicio del derecho de asociación, a los miembros de las fuerzas armadas y de la policía.

Además, en el C151 - Convenio sobre las relaciones de trabajo en la administración pública, de 1978, se estipula en el art. 1.3 que "La legislación nacional deberá determinar asimismo hasta qué punto las garantías previstas en el presente Convenio son aplicables a las fuerzas armadas y a la policía"[116].

De lo anterior, se desprende que legalmente sí se pueden restringir algunos derechos humanos en una sociedad democrática por el interés de la seguridad nacional, seguridad o del orden público entre otros.

¿De qué manera el Estado, puede vulnerar mis derechos humanos como policía?

Si bien no existe un catálogo, de lo revisado en la jurisprudencia internacional y nacional, se visualizan varios casos en que se ha incurrido en vulneración a los derechos de los policías. Para fines de este libro he querido destacar tres de estos, por ser mediáticamente conocidos, en los que se ha reconocido la responsabilidad del Estado en Chile:

1. **No entregar los elementos de protección necesarios.**

Para ejemplificar dicha vulneración se ha tomado el siguiente caso:

"CS confirma fallo y ordena al Fisco pagar indemnización a hijos de Carabinero muerto en manifestación el 11 de septiembre de 2007. El máximo Tribunal ratificó la responsabilidad de Carabineros por falta de servicio, al no proporcionar los elementos de seguridad y de resguardar de la integridad física del funcionario"[117].

Así título el diario constitucional de Chile la noticia que resumen el fallo unánime de la Corte Suprema en el cual se rechazó el recurso de casación y confirmó la sentencia que condenó al Estado de Chile a pagar a título de daño moral $95.000.000 a cada uno de los dos hijos de cabo

---

[116] C151 - Convenio sobre las relaciones de trabajo en la administración ..."
[117] Diario Constitucional, 2017, noticia disponible en https://www.diarioconstitucional.cl/2017/09/11/cs-confirma-fallo-y-ordena-al-fisco-pagar-indemnizacion-a-hijos-de-carabinero-muerto-en-manifestacion-el-11-de-septiembre-de-2007/

de Carabineros Cristián Alexis Vera Contreras, quien perdió la vida, producto de una herida de bala en la cabeza, prestando servicios de contención de manifestantes el 11 de septiembre de 2007, en la comuna de Pudahuel.

En esta sentencia se expone básicamente que:

> "la Ley N°18.961 Orgánica Constitucional de Carabineros entrega al General Director en su artículo 59 una serie de facultades relativas a la administración de la institución, en virtud de las cuales le corresponde la regulación, entre otras materias, de la disposición del armamento y elementos de seguridad que se proveen a sus funcionarios, actividad cuya importancia motivó, además, la dictación del Reglamento de Armamento y Municiones para Carabineros de Chile, N° 14 por parte del antiguo Ministerio de Defensa Nacional y que define en su artículo segundo a los elementos de protección como Aquellas especies destinadas a proteger la integridad física del personal, tales como escudos, cascos, esposas de seguridad, chalecos antibalas, y equipos de protección y desactivadores de bombas y explosivos".

Cabe agregar que en la resolución de la Corte Suprema se detalló que:

> "de tal normativa se desprende inequívocamente que, más allá del deber general de seguridad que la institución tiene con sus funcionarios en razón de la actividad riesgosa que ellos realizan, existen deberes específicos de entregar al personal los elementos necesarios para el resguardo de su integridad física, que no fueron cumplidos en este caso, generándose la consiguiente responsabilidad"[118].

2. Negligencia y malas condiciones laborales

Para ejemplificar lo anterior se ha tomado el siguiente caso:

"Corte Suprema ordena al fisco indemnizar a familiares de carabinera fallecida en operativo policial"[119]

> "VISTOS:
> Se reproduce el fallo en alzada y se tiene, además, presente:
> 1° Que esta Corte ha señalado reiteradamente que la falta de servicio "se presenta como una deficiencia o mal funcionamiento del Servicio en relación a la conducta normal que se espera de él, estimándose que ello concurre cuando aquel no funciona debiendo hacerlo y cuando funciona irregular o tardíamente, operando así como un factor de imputación que

---

[118] Ibídem.
[119] Sentencia disponible en http://www.jurischile.com/2020/02/corte-suprema-ordena-al-fisco.html

genera la consecuente responsabilidad indemnizatoria, conforme lo dispone expresamente el artículo 42 de la Ley N° 18.575" (Corte Suprema, Rol 95542012, 10 de junio de 2013, considerando undécimo). En este sentido, habrá de resaltarse que la omisión o abstención de un deber jurídico de la Administración generará responsabilidad para aquel si se trata del incumplimiento de un deber impuesto por el ordenamiento jurídico. En otras palabras, cuando se constate la ausencia de actividad del órgano del Estado debiendo aquella actividad haber existido, disponiendo de los medios para ello.

2° Que la falta de servicio que los demandantes imputan al Fisco de Chile radica, por un lado, en que el conductor del vehículo policial realizó una maniobra negligente y temeraria al detener su vehículo obstruyendo el paso al camión robado, el que colisionó a la patrulla policial en su parte trasera; por otro lado, señalan que la falta de servicio también consiste en que la puerta trasera izquierda del vehículo policial presentaba un desperfecto que impidió que se abriera, dejando a la Cabo 2° Paulina Aurora Gallardo Reyes atrapada en su interior.

3° Que aun cuando al contestar la acción deducida el Fisco controvirtió los hechos en que ésta se asienta, reconoció expresamente que la Cabo 2° Gallardo Reyes quedó atrapada en el interior del vehículo policial en el momento en que el conductor de este último detuvo el móvil fiscal con el objeto de bloquear el paso del camión robado.

4° Que, en este contexto, y conforme lo dio por establecido el fallo de primer grado, es posible concluir que, efectivamente, la actuación del personal dependiente de Carabineros en el caso en examen fue deficiente y negligente, configurándose de este modo la falta de servicio que sirve de sustento a la demanda intentada, toda vez que, por una parte, la cabo Gallardo no logró descender del móvil policial debido a que, al menos, una de las puertas traseras se encontraba en mal estado, circunstancia que supuso que quedara atrapada en su interior y recibiera toda la fuerza del impacto del camión que era objeto de la persecución; asimismo, y por otro lado, también se comprobó que el conductor del móvil policial actuó de manera negligente e insegura al detener el móvil en la pista por la que avanzaba el camión robado, sin adoptar las medidas de seguridad precisas para salvaguardar la vida e integridad física de las funcionarias que viajaban con él, verificando previamente que todas sus ocupantes pudieran descender del móvil, todo lo contrario, existen antecedentes respecto del mal estado del vehículo y respecto del cual no se había dispuesto su reparación.

En otras palabras, la actuación indolente y descuidada del personal de Carabineros que configura la falta de servicio alegada por los actores está constituida por la falta de reparación de los mecanismos que permitían abrir las puertas traseras de la patrulla policial RP-1847, pues, empleado dicho móvil en las tareas propias del servicio de esa institución, esto es, en labores peligrosas y expuestas a toda clase de eventos inesperados, dicho defecto impidió la oportuna salida del mismo de una funcionaria quien, al quedar atrapada en su interior, sufrió graves lesiones que, posteriormente, le causaron la muerte.

Dicho factor de atribución está configurado, además, por el proceder negligente y temerario del conductor del móvil fiscal, quien expuso de manera imprudente la seguridad de sus acompañantes al detener de manera intempestiva el automóvil en la línea de marcha de un vehículo de mucho mayor tamaño, sin adoptar las acciones de seguridad requeridas.

5° Que, además, ha quedado debidamente establecida la existencia de los daños cuyo resarcimiento exigen los demandantes.

En efecto, la documental y testimonial rendida resulta bastante para demostrar, como quedó asentado en primer grado, que los actores efectivamente padecieron el daño moral cuyo resarcimiento demandan y que él es consecuencia directa del proceder negligente y descuidado del personal dependiente de Carabineros.

6° Que en este sentido cabe subrayar la testimonial prestada por Ana Magdalena Azócar Ríos, María Teresa Barrera Sánchez y Lidia del Carmen Duarte Farías, de cuyas deposiciones se desprende que la familia integrada por los actores era muy unida, que Paulina Gallardo vivía junto a su padre y algunos de sus hermanos y que, debido a la muerte de Paulina, los demandantes sufrieron un cambio abrupto en su vida familiar; asimismo, añaden que uno de los hermanos que más ha sufrido es Felipe, a quien Paulina cuidaba y apoyaba, dado que es el menor; también subrayan que Carlos Gallardo, padre de la fallecida, ha requerido ayuda profesional, debiendo asistir a un psicólogo. Por último, subrayan el intenso dolor y la gran tristeza que han padecido los actores, considerando que se trata de una familia cercana y unida y la edad de Paulina al morir (de 27 años a esa fecha).

7° Que, en consecuencia, y resultando procedente condenar al demandado a indemnizar a los actores los daños padecidos por estos como consecuencia de la falta de servicio de que se trata, sólo resta examinar lo vinculado con el quantum de dicho resarcimiento.

En este sentido es preciso destacar que en la especie quedó demostrado que Paulina Aurora Gallardo Reyes, de sólo 27 años de edad, falleció mientras participaba en un acto de servicio como Cabo 2° de Carabineros, obedeciendo su muerte, al menos en parte, al mal estado de los mecanismos de apertura de las puertas traseras del vehículo policial en el que se desplazaba, pues, dada su inoperancia, se vio imposibilitada de escapar del móvil, resultando gravemente lesionada debido al impacto causado por un camión al que perseguía el personal de Carabineros.

Como se observa, el señalado defecto, que configura una de las dos hipótesis de falta de servicio alegadas por los actores, no corresponde a un problema de una gran entidad, sino que, por la inversa, se trata de un desperfecto menor que pudo ser fácilmente subsanado sometiendo al vehículo oportunamente a las mantenciones que fueran precisas y necesarias.

Empero, ello no ocurrió y, todavía más, se autorizó su empleo en esas condiciones sin advertir que la labor policial, por su propia naturaleza, está expuesta de manera constante a toda clase de peligros y eventos riesgosos que pueden derivar en la necesidad de utilizar todas y cada una de las características del vehículo a su máxima capacidad, sin que objeción alguna pueda justificar la falta de reparación de aquellos defectos que, como quedó demostrado en autos, eran conocidos por el personal encargado de estas materias en la unidad policial respectiva.

En consecuencia, al regular el monto de la indemnización que se otorgará se ha de considerar, especialmente, la grave negligencia que los hechos expuestos suponen, así como la circunstancia de que la víctima formaba parte de una familia muy unida, cuyos vínculos resultaban especialmente intensos dado que Paulina y su propia familia vivía con su padre y con varios de sus hermanos, a lo que se debe añadir que de los antecedentes no aparece que la madre de Paulina y cónyuge de Carlos Gallardo esté presente en el grupo familiar, ausencia que torna aún más dolorosa la pérdida de la citada hija y hermana para el resto de los actores.

8° Que dicho conjunto de antecedentes da cuenta de la complejidad de los eventos adversos a que se han visto enfrentados los demandantes y a los que continuarán expuestos por un largo tiempo, a la vez que refleja la profundidad del daño y del dolor que éstos les han provocado, condiciones que, en consecuencia, exigen la regulación de un monto indemnizatorio verdaderamente condigno, esto es, proporcionado y adecuado a la magnitud y gravedad de los perjuicios materia de autos.

Conforme a ese criterio rector y dado que los demandantes son el padre y los hermanos de Paulina Gallardo Reyes, forzoso es concluir que el único medio de alcanzar una determinación imparcial y equilibrada pasa por aumentar el quantum de las indemnizaciones otorgadas a cada uno de los demandantes, aunque manteniendo la distinción efectuada por la señora juez de primer grado entre la situación del padre y de los hermanos de Paulina, pues, como salta a la vista, el dolor y la aflicción padecidos por aquél no pueden ser igualados, y tampoco se acercan, a los que afectaron a los últimos.

9° Que por dichos motivos estos sentenciadores estiman prudencialmente que el perjuicio moral sufrido por el demandante Carlos Eduardo Gallardo Ruiz resulta resarcido con la cantidad de $50.000.000 (cincuenta millones de pesos), en tanto que el daño de esta clase padecido por los actores Margarita del Rosario, María Teresa, Carola Adriana, Carlos Eduardo, José Francisco y Felipe Ignacio, todos de apellidos Gallardo Reyes, sólo podrá ser reparado con la suma de $20.000.000 (veinte millones de pesos) para cada uno.

10° Que no existiendo mérito alguno para desechar la demanda intentada en autos y, por la inversa, concurriendo antecedentes bastantes para confirmar la sentencia de primer grado aumentando el monto de las indemnizaciones otorgadas a los actores, se desestima el recurso de apelación intentado por la defensa fiscal.

Y visto, además, lo dispuesto en el artículo 186 del Código de Procedimiento Civil, se confirma la sentencia apelada de veintisiete de septiembre de dos mil diecisiete, escrita a fojas 202, con declaración de que el monto que el Fisco de Chile deberá pagar al actor Carlos Eduardo

Gallardo Ruiz, por concepto de daño moral, se eleva a $50.000.000 (cincuenta millones de pesos), mientras que las sumas que deberá solucionar a los demandantes Margarita del Rosario, María Teresa, Carola Adriana, Carlos Eduardo, José

Francisco y Felipe Ignacio, todos de apellidos Gallardo

Reyes, por el mismo concepto, se incrementan a $20.000.000

(veinte millones de pesos) para cada uno.

Se confirma en lo demás apelado el fallo en alzada.
Regístrese y devuélvase con sus agregados."

3. Desvinculaciones arbitrarias por falta de garantías procesales.

Un claro ejemplo para ejemplificar lo anterior es la solución amistosa N° 163/10 del Estado de Chile con la CIDH por el CASO 12.195 Mario Alberto Jara Oñate y Otros.

I. RESUMEN DEL CASO

Víctima (s): Mario Alberto Jara Oñate, Julio César Cid Deik, Marcelino Esteban López Andrade, José Tobar Exequel Muñoz, Fernando Villa Molina, Ciro Elías Rodríguez Uribe, Mario Eduardo Araya Marchant y Sergio Iván González Bustamante, y todos los miembros de la policía uniformada Carabineros de Chile.

Peticionario (s): Centro por la Justicia y Derecho Internacional (CEJIL) y la Clínica de Interés Público de la Universidad Diego Portales.

Estado: Chile

Informe de Admisibilidad No.: 31/03 publicado en fecha 7 de marzo de 2003.

Informe de Acuerdo de Solución Amistosa No.: 163/10 publicado en fecha 1 de noviembre de 2010.

Relatoría vinculada: N/A

Temas: Derecho a un juicio justo/ Respeto a la honra y dignidad/ Protección de la familia/ Igualdad ante la ley/ Protección judicial

Hechos: los peticionarios alegaron que, como causa de las protestas que realizaron las esposas de los Carabineros de Chile por los bajos salarios de sus maridos, las presuntas víctimas habrían sido objeto de un proceso arbitrario de calificación realizado por las autoridades de Carabineros, que trajo como consecuencia su incorporación a la Lista de Eliminación de la institución y la violación de sus derechos fundamentales.

Derechos declarados admisibles: La Comisión concluyo que era competente para conocer el presente caso y que la petición era admisible la petición conforme a los artículos 2 (deber de adoptar disposiciones de derecho interno), 8 (garantías judiciales), 11 (protección de honra y de la dignidad), 17 (protección a la familia), 24 (igualdad ante la ley) y 25 (protección judicial), en relación con el artículo 1(1) de la Convención Americana.

II. ACTIVIDAD PROCESAL

1. El 20 de enero de 2010, las partes firmaron un acuerdo de solución amistosa.

2. El 1° de noviembre de 2010, la Comisión aprobó el acuerdo de solución amistosa, mediante el Informe No. 163/10.

III. ANÁLISIS DEL CUMPLIMIENTO DE LAS CLÁUSULAS DEL ACUERDO DE SOLUCIÓN AMISTOSA

Cláusula del Acuerdo. Estado de Cumplimiento (todas en estado total)

IV. RECONOCIMIENTO PÚBLICO DE RESPONSABILIDAD

Por medio de este acuerdo de solución amistosa, el Estado de Chile reconoce que, desde el punto de vista de los estándares internacionales, se produjo una vulneración de los derechos de los peticionarios. Cláusula declarativa

V. MEDIDAS DE NO REPETICIÓN

El Estado de Chile, se compromete a someter a revisión las disposiciones legales y reglamentarias aplicables a Carabineros en materia de calificaciones, lo anterior, con el objeto de verificar que la normativa relativa a la evaluación de desempeño de su personal cumpla con los principios de objetividad, contradictoriedad, e impugnabilidad, y, en general, que se resguarden debidamente los derechos funcionarios de éstos, acorde a los estándares internacionales en materia de derechos humanos.

De la misma forma, el Estado de Chile se compromete a informar a la C.I.D.H, en el plazo de un año, del resultado de este análisis, así como a dar a conocer el estado de avance de las medidas a que pueda haber lugar como consecuencia de dicha revisión.

VI. MEDIDAS DE REPARACIÓN PARTICULAR

El Estado de Chile, en el plazo de tres meses desde la firma del presente acuerdo, se obliga a proceder al retiro o limpieza de los antecedentes administrativos de las víctimas del caso, removiendo toda constancia referida a los hechos que motivaron las presentes denuncias.

El Estado de Chile, se compromete a publicar por una sola vez una versión resumida del presente acuerdo de solución amistosa en el Diario Oficial de la República de Chile, y por un período de seis meses, en las páginas web del Ministerio de Relaciones Exteriores, Ministerio de Defensa y de Carabineros de Chile.

El Estado de Chile, por medio de una carta enviada por la Subsecretaria de Carabineros, Sra. Javiera Blanco Suárez, a cada una de las víctimas de ambos casos, expresará las disculpas formales por los hechos denunciados y las consecuencias que éstos tuvieron en sus vidas e intimidad personal y familiar, y manifestarle al mismo tiempo las medidas dispuestas para remediar las consecuencias e inconvenientes de los mismos.

Los peticionarios, podrán acceder directamente a las prestaciones de salud que otorga tanto el Hospital de Carabineros del *General Humberto Arriagada Valdivieso"* como el Hospital de la Dirección de Previsión de Carabineros: *Hospital Teniente Hernán Merino Correa,* indistintamente, conforme a los niveles arancelarios de cada centro hospitalario y tarifas del sistema de salud de la mencionada entidad previsional, según corresponda, vigentes a la fecha de las respectivas prestaciones de salud conforme al sistema de salud previsional de que sean beneficiarios los interesados, FONASA o ISAPRE, según sea el caso. Al efecto se entienden autorizados por las respectivas autoridades de los mencionados centros hospitalarios, para no requerir de patrocinio de un imponente activo o pasivo de la Dirección de Previsión de Carabineros, que asuma la responsabilidad económica de las prestaciones médicas otorgadas.

Para efectos de materializar lo anterior, las instituciones responsables de los hospitales acanalados habilitarán en sus bases de datos a los peticionarios, quienes podrán atenderse en dichos centros con la sola exhibición de su cédula de identidad vigente. Lo anterior quedará operativo en el plazo de un mes contado desde la fecha del presente acuerdo.

VII. REPARACIONES

Se pagará a las víctimas, por concepto de reparación del daño material e inmaterial causado, la suma de US $ 17.000 para cada uno (Caso N° 12.195 - Mario Jara Oñate y otros) de los ex funcionarios de Carabineros individualizados en el presente documento y de US $ 3.000 para cada una de las peticionarias que no siendo funcionarias de Carabineros se encuentran individualizadas en el presente documento (Caso N° 12.281 Gilda Pizarro Jiménez y otros). Las sumas indicadas anteriormente se pagan en su equivalente en pesos al momento del pago.

El pago se realizará mediante un cheque nominativo a nombre de cada una de las víctimas, en el plazo de 3 meses a contar de la fecha del presente acuerdo, documentos que serán retirados por los peticionarios en la Dirección de Derechos Humanos del Ministerio de Relaciones Exteriores de Chile, previa exhibición de su cédula de identidad nacional.

VIII. COMISIÓN DE SEGUIMIENTO

A los efectos de dar seguimiento al cumplimiento de los compromisos asumidos en el presente acuerdo, las partes convienen en constituir una Comisión de seguimiento coordinada por la Dirección de Derechos Humanos del Ministerio de Relaciones Exteriores de Chile. Esta Comisión estará integrada por un representante de la Dirección de Derechos Humanos de la Cancillería Chilena, un representante de Carabineros de Chile, un representante del Ministerio de Defensa y un representante de los peticionarios. La metodología y frecuencia de las reuniones de la presente Comisión será consensuada por sus integrantes. La Comisión entregará periódicamente a la Secretarla Ejecutiva de la CIDH, un informe de avance de las obligaciones asumidas en el presente acuerdo.
Total

IV. NIVEL DE CUMPLIMIENTO DEL CASO

3. La Comisión declaró el cumplimiento total del asunto y el cese del seguimiento del acuerdo de solución amistosa en el Informe Anual de 2011.

V. RESULTADOS INDIVIDUALES Y ESTRUCTURALES DEL CASO

A. *Resultados individuales del caso:*

• El Estado envió una carta de disculpas públicas a cada uno de los peticionarios, y desde abril de 2010 ya estaba operando el sistema para que los peticionarios pudieron acceder a las prestaciones de salud.

• El Estado entregó la correspondiente indemnización por daño moral e inmaterial a cada una de las víctimas.

• El Estado eliminó los antecedentes de los peticionarios.

• El Estado otorgó prestaciones de salud a través del Hospital de Carabineros "DEL GENERAL HUMBERTO ARRIAGADA VALDIVIESO" como el Hospital de la Dirección de Previsión de Carabineros "HOSPITAL TENIENTE HERNÁN MERINO CORREA".

• El Estado publicó el texto del acuerdo de solución amistosa en el Diario Oficial con fecha 17 de marzo de 2010 y se publicó por 6 meses en las páginas Web del Ministerio de Relaciones Exteriores y de Carabineros de Chile, así como en la página de la Dirección de Derechos Humanos.

B. *Resultados estructurales del caso:*

• El Estado realizó una modificación al sistema educacional de Carabineros de Chile.

• Las partes constituyeron una Comisión de seguimiento de implementación del ASA coordinada por la Dirección de Derechos Humanos del Ministerio de relaciones Exteriores de Chile.

De este último caso se desprende la importancia del derecho al debido proceso, lo cual se debe garantizar, dado que de lo contrario un policía puede quedar en la indefensión.

De los tres casos en comento se desprende que existe jurisprudencia donde el Estado ha reconocido su responsabilidad en vulneraciones de derechos humanos, por ende, se deben tener presente para no volver a incurrir en ellas.

8 Uso de la fuerza

Desde un punto de vista general, tomando aspectos de la seguridad externa, es pertinente mencionar que, en el artículo 2.4 de la Carta de las Naciones Unidas, se estipula: "los miembros de la Organización, en sus relaciones internacionales, se abstendrán de recurrir a la amenaza o al uso de la fuerza contra la integridad territorial o la independencia política de cualquier Estado, o en cualquier otra forma incompatible con los propósitos de las Naciones Unidas". Lo que entrega un marco referencial para el correcto uso y sus límites conforme a lo recomendado por la ONU.

Ahora bien, es menester saber que el uso de la fuerza según Ceballos 2020: "es uno de los mecanismos utilizados por los funcionarios encargados de hacer cumplir la ley, para repeler acciones u omisiones que pudieren afectar la seguridad ciudadana o alterar el orden público"[120].

Es en sentido, que al ser un mecanismo para cumplir las obligaciones constitucionales propias de dar eficacia al derecho y mantener el orden público, se deban entregar claros lineamientos en la ley para establecer los límites, y así actuar conforme al estándar internacional de derechos humanos, sin dejar margen a ambigüedades.

Además, se destaca que la capacitación es clave, dado que se requiere sólidos conocimientos y entrenamiento constante para cumplir con éxito dichas misiones.

Pero lo anterior, se dificulta en la práctica dada la diversidad de actividades propias de las funciones, falta de dotaciones óptimas, lo que, sumado a la gran recarga por otras misiones ajenas a la seguridad pública, conlleva a la falta de entrenamiento ideal como el que tienen las unidades de elite. Donde la máxima es el entrenamiento continuo.

Si bien algunas policías en Latinoamérica cuentan con programas de capacitación en derechos humanos, no todos son estandarizados, sistemáticos y obligatorios para todos los funcionarios. Esto puede generar un clima propicio para el uso excesivo de la fuerza en la función policial,

---

[120] Cevallos Izquierdo, E. C. (2020). Uso progresivo de la fuerza policial: estudio de los lineamientos en Ecuador en perspectiva comparada con Perú y Colombia (Master's thesis, Quito: Universidad Andina Simón Bolívar). https://repositorio.uasb.edu.ec/bitstream/10644/7568/1/T3281-MDE-Cevallos-Uso.pdf

lo que a su vez puede aumentar los índices de letalidad. Dada su importancia, esto será abordado con más en detalle en el próximo capítulo.

Pero antes, y solo a modo de destacar positivamente, el trabajo que ha hecho Carabineros de Chile en esta materia y en sintonía con lo declarado en la acción 143 del Plan Nacional de Derechos Humanos de Chile[121] se detalla que para el periodo 2022-2025, dicha institución se ha comprometido a capacitar a lo menos el 50% del personal que nunca ha participado en el Programa Nacional de Capacitación en Derechos Humanos. Ahora bien, al revisar la página web de la Dirección de Derechos Humanos de Carabineros de Chile https://derechoshumanos.carabineros.cl/plan_ddhh.html se destaca que tienen en el histórico al año 2022 más de 53.000 capacitados, lo que es una buena cifra considerando que su programa tiene actualmente 48 horas pedagógicas, con contenidos del uso de la fuerza, grupos vulnerables, prohibición de tortura y técnicas de intervención policial, entren otras.

Sin duda es un gran esfuerzo, y ejemplo para otras policías, viendo que en prospectiva si continua los niveles de cumplimiento de los PNDH, lo más probable es que en un plazo corto, la capacitación en servicio de DD. HH, aplicada a la función policial; sería una obligación legal para garantizar este derecho humano en todas las policías y no quede al arbitrio o su ausencia por el argumento de falta de recursos.

En la sintonía de tener una institucionalidad para el resguardo de derechos de los policías he considerado pertinente revisar lo planteado por Pérez Hernández, quién ha sacado a colación la necesidad de incorporar un ombudsman para los policías. Dicho autor se aventuró en su tesis doctoral en la UNAM a hacer la siguiente propuesta de proyecto de incorporación en la ley mexicana:

> "La calidad de la seguridad pública constituye un imperativo social, que a su vez depende de la salvaguarda de la dignidad y protección de las prerrogativas fundamentales de las y los policías, por lo que debe prevenirse cualquier que afecte contra su integridad personal, familiar y patrimonial, otorgándoles la estabilidad socioeconómica y condiciones generales de trabajo, acordes con el alto grado de responsabilidad que les es delegada en la protección de todas las personas y el uso legítimo de la coacción pública contra actos ilegales, para ello se crea el Ombudsman Policial, órgano na-

---

[121] MINISTERIO DE JUSTICIA Y. DD.HH. PNDH 2022-2025. En línea. 2023. Disponible en: https://ddhh.minjusticia.gob.cl/media/2016/12/2do_PDDHH_2022_30ene2023.pdf. [consultado el 10/08/2023].

cional, autónomo e imparcial, con personalidad jurídica y patrimonio propio responsable de promover y salvaguardar la dignidad y los derechos humanos de las y los integrantes de la función policial"[122]

Esta propuesta, es evidentemente un avance relevante para poner en discusión la necesidad de un ente que vele por los derechos humanos de los policías, dada su prohibición legal de ejercer el derecho de asociación. No obstante, efectuada una revisión en los proyectos de ley en Chile no se visualizó nada al respecto sobre algo similar.

Sin perjuicio de lo anterior, se destaca que, en la ley de modernización de las policías en Chile, se ha considerado aspectos para mejorar la defensa legal de los funcionarios como bien se detalla en el artículo 4° quinquies numeral 9 que agregar el "Artículo 33 bis. que dice textual "El personal de Carabineros tendrá derecho a ser defendido y, además, a solicitar, previa autorización del Ministerio del Interior y Seguridad Pública, que la institución persiga la responsabilidad civil y criminal de las personas que atenten contra su vida o su integridad corporal, con motivo del desempeño de sus funciones"[123]. Lo que viene a complementar las regulaciones en materia de defensa jurídica, que ya estaban vigente internamente a nivel de reglamento.

8.1 Principios del Uso de La Fuerza

Si bien, los principios del uso de la fuerza se van actualizando conforme a las recomendaciones internacionales, se pude apreciar que estos tienen por esencia y finalidad un control efectivo de la fuerza y con ello evitar toda vulneración de derechos fundamentales.

En una primera versión, en el caso de Chile, a raíz del bien detallado caso de Alex Lemún, se recomendó la incorporación de tres principios relativos a *legalidad, necesidad, y proporcionalidad,* conocidos con el acrónimo **LENEPRO**; luego se agregó la *responsabilidad* y hoy vemos que además se recomienda la *racionalidad.* No obstante, el propio CICR, señala que los cuatro primeros son esenciales, y aprecia, además, que, conforme a la realidad de cada país, podemos encontrar más

---

[122] Pérez Hernández, Víctor Hugo. (2017). "El ombudsman policial: órgano defensor de los derechos humanos de las y los policías". (Tesis de Doctorado). Universidad Nacional Autónoma de México, México. Recuperado de https://repositorio.unam.mx/contenidos/81365

[123] Ley 21427 Moderniza la gestión institucional y fortalece la probidad y la transparencia en las Fuerzas de Orden y Seguridad Pública, disponible en https://www.bcn.cl/leychile/navegar?idNorma=1172697

principios; como el de *precaución* y *no discriminación*, entre otros.

Como se había incorporado en el 2019 un nuevo principio, y ya no funcionaba como LENEPRO, tuve la idea de hacer un nuevo acrónimo; el cual sonaba como un medicamento, la cual aproveché para agregarle una imagen como recurso pedagógico y nemotécnico, así entonces; se difundió como **REPROLEN**: "El remedio para evitar el forro"[124]. La primera vez que lo utilicé, fue cuando estuve como tutor experto en un programa destinado a 80 docentes, que realizaban las cátedras de derechos humanos. La aceptación fue inmediata y fue así como se comenzó a difundir dicho acrónimo, para recordar la importancia de la *responsabilidad, proporcionalidad, necesidad y legalidad.*

Ilustración 2 Acrónimo REPROLEN

Fuente: elaboración propia.

La ONU 2020[125], ha definido algunos principios generales del uso de la fuerza a considerar:

Legalidad:

"El uso de la fuerza se regirá por la legislación y las normas administrativas nacionales, de conformidad con el derecho internacional. El uso de la fuerza solo puede justificarse cuando se utiliza para lograr un objetivo legítimo de aplicación de la ley. Deberán adoptarse políticas nacionales sobre el uso de la fuerza por parte de las fuerzas del orden y su personal que se ajusten al derecho y las normas internacionales. La legislación nacional pertinente deberá ser lo suficientemente clara como para garantizar que sus consecuencias jurídicas sean previsibles, y ha de ser objeto de una amplia difusión para que resulte fácilmente accesible a todos. La fuerza nunca se

---

[124] En jerga policial el forro es considerado un problema ya sea legal o administrativo asociado a una mala decisión u omisión de los deberes establecidos

[125] ONU 2020, Orientaciones de las naciones unidas en materia de derechos humanos, sobre el empleo de armas menos letales en el mantenimiento del orden.

utilizará con carácter punitivo en las operaciones de mantenimiento del orden.

Las fuerzas del orden solo podrán desplegar, y su personal solo podrá utilizar, las armas y los sistemas de armas que hayan sido debidamente autorizados por las autoridades estatales competentes. La legislación y los reglamentos nacionales especificarán las condiciones para el empleo de armas menos letales y equipo conexo, e impondrán limitaciones a su uso a fin de reducir al mínimo el riesgo de lesiones".

Precaución:

"Las operaciones y actividades de mantenimiento del orden se planificarán y se llevarán a cabo tomando todas las precauciones necesarias para evitar o, al menos, minimizar el riesgo de que el personal de las fuerzas del orden y los particulares recurran a la fuerza, y para reducir al mínimo la gravedad de los daños que se puedan causar. El personal de las fuerzas del orden debe retrasar el contacto directo o la interacción con el público, haciendo probable la no necesidad de utilizar la fuerza o la posibilidad de que se produzcan resultados violentos, siempre que el retraso no suponga ningún peligro para la persona que representa la amenaza o para los demás. A fin de evitar daños innecesarios o excesivos, es esencial que el personal de las fuerzas del orden reciba capacitación, que se le proporcionen equipos de protección adecuados y una gama apropiada de armas menos letales, y que dicho personal esté disponible.

En las políticas, instrucciones y operaciones de mantenimiento del orden se debe prestar especial atención a quienes son particularmente vulnerables a las consecuencias perjudiciales del uso de la fuerza en general y a los efectos de determinadas armas menos letales en particular; entre esas personas figuran los niños y niñas, las mujeres embarazadas, las personas de edad, las personas con discapacidad, las personas con problemas de salud mental y las personas bajo la influencia de las drogas o el alcohol".

Necesidad:

"En el desempeño de sus funciones, el personal de las fuerzas del orden solo podrá usar la fuerza cuando sea estrictamente necesario y en la medida que lo requiera el desempeño de sus tareas. En otras palabras, dicho personal solo debería utilizar la fuerza en aquellas situaciones en las que esta sea estrictamente necesaria para lograr un objetivo lícito y legítimo de aplicación de la ley.

El principio de necesidad exige que, para lograr un objetivo legítimo de aplicación de la ley, no parezca existir en ese momento ninguna alternativa razonable que no sea el uso de la fuerza. En particular, el personal de las fuerzas del orden debe tratar de distender las situaciones, entre otras cosas procurando solucionar pacíficamente las situaciones peligrosas siempre que sea posible. Según las circunstancias, el uso innecesario o excesivo de la fuerza puede llegar a constituir tortura o maltrato. En las situaciones en las que el uso de la fuerza sea razonablemente necesario, solo se deberá utilizar la fuerza mínima necesaria para lograr ese objetivo. El uso de la fuerza debe cesar en cuanto esta deje de ser necesaria".

Proporcionalidad:

"El tipo y el grado de fuerza utilizada y el daño que razonablemente cabe esperar que provoque deberán ser proporcionales a la amenaza que represente una persona o un grupo de personas o al delito que una persona o un grupo esté cometiendo o vaya a cometer. La fuerza utilizada nunca debería ser excesiva en relación con el objetivo legítimo que se pretende alcanzar. Por ejemplo, no se puede utilizar una fuerza que probablemente provoque lesiones moderadas o graves —incluso si se ejerce con armas menos letales— con el único fin de exigir el cumplimiento de una orden a una persona que solo se resiste de forma pasiva. En todo momento, el personal de las fuerzas del orden debería considerar y reducir al mínimo las posibles repercusiones accidentales de su uso de la fuerza sobre los testigos, los transeúntes, el personal médico y los periodistas. Deberá abstenerse de usar la fuerza directa contra esas personas, y todo impacto accidental debe ser estrictamente proporcional al objetivo legítimo que se pretende alcanzar.

En el desempeño de sus funciones, el personal de las fuerzas del orden no deberá discriminar a ninguna persona por motivos de raza, etnia, color, sexo, orientación sexual, idioma, religión, opinión política o de otra índole, origen nacional o social, discapacidad, patrimonio, nacimiento u otros criterios similares. A fin de garantizar en la práctica la no discriminación y la igualdad de trato de las personas sometidas al uso de la fuerza, se deberá extremar la cautela y la precaución con respecto a las personas que sean o puedan ser especialmente vulnerables a los efectos de un arma determinada. El monitoreo del uso de la fuerza, incluso en lo que respecta a la facilitación de la información apropiada sobre las personas contra las que se utiliza la fuerza, es un elemento fundamental de los esfuerzos por garantizar que la fuerza no se utilice de manera discriminatoria".

Complementando los principios antes mencionados, cabe destacar que el CICR 2012 recomienda que "Cuando se recurra a la fuerza, ésta deberá emplearse en proporción a la gravedad del delito y al objetivo legítimo". Es por ello, por lo que para saber reconocer esa justa proporción, gravedad y el objetivo legítimo se requiere un pleno discernimiento del uso de la fuerza.

9 Discernimiento del uso de la fuerza (DUF)

Antecedentes del concepto:

Posterior a los hechos de violencia del 18 de octubre de 2019 en Chile, diferentes organismos internacionales y nacionales entre los que se destacan HRW, ACNUDH, CIDH, INDH y Defensoría de la Niñez, entregaron sus respectivos informes. De todos ellos fácilmente se podía identificar un factor común relativo recomendaciones sobre mejorar el uso de la fuerza para ajustarse a los estándares internacionales. Esto coincidía con el Examen Periódico Universal EPU en el tercer ciclo de 2019 en el cual el ACNUDH recordaba y recomendaba las obligaciones sobre el "excesivo uso de la fuerza".

Es en este contexto, en el que el autor de este libro consciente de dichas recomendaciones, de manera paralela, a lo que se estaba regulando mediante protocolos y normativas, desde un prisma académico y pedagógico comenzó a buscar una estrategia para complementar lo anterior.

Es así como fusionó algunos aprendizajes internalizados, en un curso de discernimiento ético que había realizado en la facultad de filosofía de la Universidad Católica, con otros que comenzó en ese periodo sobre gestor de riesgos de procesos.

El autor se preguntó: ¿Cuál es el principal riesgo en nuestro negocio? Y sin dudarlo dijo: Al tener el monopolio del uso de la fuerza, es hacer mal uso de la fuerza, lo que se asocia a deslegitimación, falta de confianza y violaciones de derechos humanos.

Fue así como de inmediato pensó en la universal señalética del "Disco Pare" o "STOP", en sintonía con una de las obligaciones del estado al vulnerar derechos humanos. Luego pensó, aquí falta saber discernir bien, como se enseña en las clases de discernimiento ético, pero esto no es entre un valor y "disvalor", aquí hay más procesos.

Entonces, luego de investigar y hacer diferentes ensayos previos pasó cada uno de los principios del uso de la fuerza a modo interrogativo, para luego ponerlos en un semáforo, y así graficar lo que se debe prevenir, antes de tomar la decisión en el sentido de parar o seguir.

Definiendo el concepto de DUF:

En general, por discernimiento existen diversas definiciones, que tienen como base el distinguir entre dos o más opciones. Se asocia también entre el bien y el mal, y su uso tradicional va desde el lado de la ética.

No obstante, al ser una palabra polisemántica tiene diversos usos, pero hasta ahora no se había efectuado una conexión con el ejercicio del uso de la fuerza. En este sentido, el autor basado su experiencia docente y policial, entrega esta propuesta que hasta el momento ha dado buenos resultados, en el mejoramiento de la cultura de derechos humanos.

El principio de este discernimiento: Uso de la fuerza, se basa en una semaforización que ayuda a efectuar de manera práctica la forma de diferenciar los principios del uso de fuerza ya mencionados. Lo didáctico y efectivo de esta imagen independiente del país donde uno esté es que todos conocen el significado de los colores del semáforo, en este sentido el amarillo es signo de precaución (hoy también considerado un principio recomendado por la ONU) pues bien, pondremos los principios en modo de pregunta. Si la respuesta es **SÍ** puedo seguir, color verde, de lo contrario si es **NO** debo parar, color rojo, inmediatamente la acción.

En concreto, se entiende por discernimiento del uso de la fuerza, a *la capacidad de evaluar una situación o procedimiento policial, para poder tomar la mejor decisión a la hora de hacer el uso de la fuerza o las armas de fuego, con irrestricto apego a los derechos humanos; considerando los principios que regulan la fuerza en cada país, la legítima defensa, además del contexto, nivel de conocimiento, entrenamiento, inteligencia emocional, entre otros.*

En definitiva, es saber cuándo es adecuado hacer uso de los elementos menos letales o letales, conforme al nivel de resistencia o agresión a la cual se vean enfrentados los funcionarios encargados de hacer cumplir la ley, en el cumplimiento de las funciones.

Se debe considerar entre otros factores, la amenaza percibida, la gravedad de los hechos, las alternativas disponibles antes de tomar la decisión. La finalidad es garantizar que la fuerza sea utilizada cuando sea estrictamente necesario y que se reduzcan tanto las lesiones o daños innecesarios.

Además, se podría comparar como un metaprincipio que engloba a todos los vigentes, en la normativa que regula cada país y estar plenamente consciente de los conocimientos y competencias para poder usar la fuerza (metagognición). Lo contrario a esto sería la metaignoriancia, entendida como el propio desconocimiento donde uno es ignorante en un tema determinado, lo cual puede llevar a consecuencias irreparables.

Me atrevo a asegurar, considerando lo expuesto en la jurisprudencia presentada en este libro que un policía que desconoce el discernimiento del uso de la fuerza (DUF), tiene mayores probabilidades de vulnerar los derechos humanos. Es como estar vendado e ir directo a un precipicio.

Ilustración 3. Ilustración policía vendado

Fuente: Elaboración propia tomando plantilla de Canva.

Debe existir, además una objetividad en la percepción de las capacidades que se tiene, evitando de esta manera el efecto Dunning-kruger, con una sobrevaloración que podría llevar a consecuencias no deseadas.

Esto está ligado con las acciones temerarias, como, por ejemplo, enfrentarse con un revolver a personas que están con fusil de guerra, evidenciando así que no existe una proporción.

9.1 Semáforo discernimiento del uso de la fuerza

Ilustración 3 Semáforo DUF

Fuente: Elaboración propia a partir de imagen universal de semáforo

148

Al interiorizar la lógica del semáforo, podemos reforzar entonces que antes de usar la fuerza; es necesario hacerse esas preguntas basadas en cada uno de los principios vigentes, conforme a las normativas de cada país.

En lo personal, esto es extensible a otras actividades de la vida diaria, ya que se pueden tener repercusiones negativas al no meditarlas prudentemente.

Recordemos que los funcionarios públicos, son sujetos de derechos y también sujetos de deberes, por lo que tienen una doble responsabilidad al estar sometidos a las exigencias de la probidad, ya descrita en el capítulo presentando por la abogada Mg. Carolina Landaeta, donde detalló que se refiere a "observar una conducta funcionaria intachable, un desempeño honesto y leal de la función o cargo, con preeminencia del interés general sobre el particular". De ahí que uno se pregunta diariamente ¿es necesario?

¡Cuánto dinero nos ahorraríamos, si antes de comprar algo fútil, solo motivado por el marketing nos hiciéramos esa pregunta! O despidos por haber hecho un comentario malicioso en redes sociales, en fin, cada uno ahora se estará preguntando qué cosas innecesarias he comprado que terminaron en la basura.

Finalmente, lo principal con el discernimiento del uso de la fuerza, es evitar alguna violación de derechos humanos. Ahora bien, "Por violación a los Derechos Humanos debe entenderse toda conducta positiva o negativa mediante la cual un agente directo o indirecto del Estado vulnera, en cualquier persona y en cualquier tiempo, uno de los derechos enunciados y reconocidos por los instrumentos que conforman el Derecho Internacional de los Derechos Humanos."[126]

Se entiende, a su vez; que es positiva cuando la comete un funcionario del estado de manera deliberada, mientras que en el aspecto negativo es cuando no hace (lassiez faire) pudiendo hacerlo. No se debe confundir con buscar una alternativa, como, por ejemplo, decide una estrategia más inteligente para lograr el mismo objetivo.

---

[126] Ecuador 2007 MANUAL DE DERECHOS HUMANOS, disponible en https://www.ministeriodegobierno.gob.ec/wp-content/uploads/downloads/2012/12/Manual-de-Derechos-Humanos.pdf

9.2 Cómo potenciar el DUF.

Uno de los autores emblemáticos en la teoría del constructivismo, en el contexto educativo es sin duda Vigostky, quien planteó la zona de desarrollo próximo; definida como aquella zona potencial de alcanzar.

Como ya hemos visto el discernimiento del uso de la fuerza al ser una capacidad también es perfectible. Si tuviéramos que ilustrar lo anterior sería de la siguiente manera:

Cuadro 11 Zona Perfectibilidad DUF

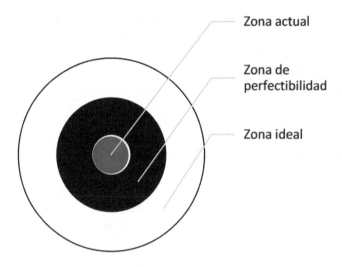

Fuente: Elaboración propia

En la **zona actual**, es la que tiene un policía con lo básico que ha incorporado en su formación.

En la **zona de perfectibilidad**, se encuentran todas aquellas instancias de mejora en diferentes áreas como: conocimiento de derechos humanos y normativas legales, entrenamiento de técnicas y tácticas policiales, condición física, inteligencia emocional, manejo del estrés, entre otros.

La **zona ideal**, es el panorama completo que tiene un policía al momento de hacer uso de la fuerza, con pleno discernimiento en la etapa concomitante, permitiendo un correcta y apropiada aplicación de los principios del uso de la fuerza. Además, está plenamente consciente de sus capacidades y eventuales daños que puede generar con su decisión, así como las consecuencias legales que eso conllevarán. Es en otras palabras, el poder visualizar un escenario futuro en prospectiva.

A modo de referencia puedo complementar que, de todos los casos que he estudiado y analizado sobre policías desvinculados por violaciones de derechos humanos y mal uso de la fuerza, se repite un factor común: ***ellos, no han tenido capacitaciones en materia de derechos humanos,*** salvo algunas excepciones.

Esto refuerza que a mayor conocimiento del discernimiento del uso de la fuerza son menores las posibilidades de cometer violaciones de derechos humanos.

En este mismo sentido, Terán E. 2019 ha señalado que: "La violación de derechos humanos a través del uso inadecuado de la fuerza, ha generado demandas internacionales; que han sido resueltas en tribunales internacionales"[127].

Es por lo anterior, que se debe fomentar la cultura del perfeccionamiento continuo, en materia de derechos humanos aplicados a la función policial, puesto que esto, abarca instancias de estudio y reflexión académica, análisis de casos, entrenamiento físico, para así poner todo el énfasis en capacitaciones sistemáticas, no solo por cumplir cifras, sino que realmente sean efectivas y de calidad.

Esto solo se logra, con tener una robusta institucionalidad de derechos humanos y personas idóneas en los cargos. No me imagino en el cargo de jefe de urgencia, en un hospital a alguien que no sea médico. Bueno, lo mismo pasa en un tema tan delicado como los derechos humanos, puesto que quien esté liderando esa área, debe ser especialista con reconocida trayectoria profesional y moral, para tener una validación en su equipo; de lo contrario es un riesgo y se les resta la debida importancia a los derechos humanos. Es como emular los requisitos del artículo 34° de los miembros de la CIDH donde se declara que "La Comisión Interamericana de Derechos Humanos se compondrá de siete miembros, que deberán ser personas de **alta autoridad moral y reconocida versación en materia de derechos humanos**".

---

[127] Terán, Emilio. (2019). El uso de la fuerza en la jurisprudencia de la CORTE IDH: retos para una garantía adecuada de los derechos humanos. Revista IIDH Ed. 69

9.3 El DUF y las RUF

Existe una íntima relación entre el DUF y las RUF que, dicho sea de paso, tienen por objeto entregar un marco legal de actuación para los FEHCL.

Se podría decir que el DUF es complementario en el sentido de entregar elementos que buscan el óptimo desarrollo de las RUF, haciéndose cargo de esos vacíos propios que dan margen a ambigüedades o interpretación.

Cabe destacar, que si bien hace algunos años atrás había una referencia a las RUF solo para temas ligados al derecho internacional humanitario y en el caso de Chile solo orientado a las FF. AA, desde un tiempo a esta parte, se ha extendido el término a los derechos humanos en la Función Policial, a mayor abundamiento, se precisa que en las vigentes RUF Chilenas para las FF. AA, se contemplada un total de 9 Reglas.

En el Decreto Nro. 8 publicado el 8 de febrero del año 2020 que *"Establece las reglas del uso de la fuerza para las Fuerzas Armadas en los Estados de excepción constitucional que indica"* se tuvo presente en los Vistos las siguientes normativas legales:

"Lo dispuesto en los artículos 1, 5, 19, 24, 32 N° 17, 39, 40, 41, 42, 43, 44 y 101 de la Constitución Política de la República de Chile, cuyo texto ha sido refundido, coordinado y sistematizado por el decreto supremo N° 100, de 2005, del Ministerio Secretaría General de la Presidencia; en la Declaración Universal de Derechos Humanos aprobada por la Asamblea General de las Naciones Unidas; en el Pacto Internacional de Derechos Civiles y Políticos, publicado en el Diario Oficial el 29 de abril de 1989; en la Convención Americana sobre Derechos Humanos, publicada en el Diario Oficial el 5 de enero de 1991; en la Convención contra la Tortura y Otros Tratos o Penas Crueles, Inhumanos o Degradantes, publicada en el Diario Oficial el 26 de noviembre de 1988; en la Convención sobre los Derechos del Niño, publicada en el Diario Oficial el 27 de septiembre de 1990; en la Convención sobre la Eliminación de todas las Formas de Discriminación contra la Mujer, publicada en el Diario Oficial el 9 de diciembre de 1989; en la Convención Interamericana para Prevenir, Sancionar y Erradicar la Violencia contra la Mujer, publicada en el Diario Oficial el 11 de noviembre de 1998; en la Convención Internacional para la Protección de Todas las Personas Contra las Desapariciones Forzadas, publicada en el Diario Oficial el 16 de abril de 2011; en la ley N° 18.415, Orgánica Constitucional de los Estados de Excepción; en el decreto con fuerza de ley 1-19.653, de 2000, del Ministerio Secretaría General de la Presidencia, que fija el texto refundido, coordinado y sistematizado de la ley N° 18.575, Orgánica Constitucional de Bases Generales de la Administración del Estado; en la ley N° 18.948, Orgánica Constitucional de las Fuerzas Armadas; en la ley N° 19.880, que Establece Bases de los Procedimientos Administrativos que rigen los Actos de los Órganos de la Administración del Estado; en el Código Penal; en el Código Procesal Penal; en el Código de Justicia Militar; en la ley N° 17.798, que Establece el Control de Armas; en los Principios Básicos sobre el Empleo de la Fuerza y de Armas de Fuego por los Funcionarios Encargados de Hacer Cumplir la ley, adoptados por el Octavo Congreso de las Naciones Unidas sobre la Prevención del Delito y Tratamiento del Delincuente; la resolución N° 7, de 2019, de la Contraloría General de la República"[128]

Con lo anterior, se visualiza que el legislador consideró gran parte de las normativas vinculantes y no vinculantes que regulan el uso de la fuerza en el estándar internacional, valorando que contempla los PBEF, no obstante, no se visualiza el CC, que es complementario y preciso en esta materia.

Ahora bien, en el Artículo 2° de estas RUF se sustentan los siguientes principios y deberes:

"a) Principio de legalidad: La acción que realice la fuerza militar debe efectuarse dentro del marco de la ley, debe estar previamente definida, efectuarse en conformidad al ordenamiento jurídico y atendiendo un objetivo legítimo.

b) Principio de necesidad: En el cumplimiento del deber de velar por el orden público y reparar o precaver el daño o peligro para la seguridad nacional, se puede utilizar la fuerza sólo cuando sea estrictamente necesaria para cumplir el objetivo de la consigna.

c) Principio de proporcionalidad: El tipo y nivel de fuerza empleada y el daño que puede razonablemente resultar, debe considerar la gravedad de la ofensa y ser proporcional al objetivo de la consigna.

d) Principio de gradualidad: Siempre que la situación operativa lo permita, se deben realizar todos los esfuerzos procedentes para resolver situaciones potenciales de confrontación, a través de la comunicación, persuasión, negociación, disuasión y empleo de medios disuasivos y, en última instancia, armas de fuego.

e) Principio de responsabilidad: El uso de la fuerza, fuera de los parámetros permitidos por la ley, no sólo conlleva las responsabilidades individuales por las acciones y omisiones incurridas, sino, cuando corresponda,

---

[128] Biblioteca del Congreso Nacional | Ley Chile. En línea. www.bcn.cl/leychile. 2018. Disponible en: https://www.bcn.cl/leychile/navegar?idNorma=1126341. [consultado el 12/08/2023].

también las demás establecidas en el ordenamiento jurídico.

f) Deber de advertencia: En el cumplimiento del deber de velar por el orden público y reparar o precaver el daño o peligro para la seguridad nacional, antes de recurrir al uso de la fuerza o empleo del arma de fuego, se deben tomar todas las medidas razonables para disuadir a toda persona o grupo de cometer una agresión que atente contra algún integrante de la fuerza, contra la fuerza en su totalidad, contra el objetivo de la consigna, o que altere el orden y seguridad pública, o que producto de ello afecte a otras personas o sus derechos.

g) Deber de evitar daño colateral: Cuando se recurra al uso de la fuerza, se deben tomar las medidas necesarias para evitar daños colaterales, en particular respecto de la vida e integridad física de las personas. Se procurará la debida asistencia de primeros auxilios a las personas afectadas.

h) Legítima defensa: Ninguna de las disposiciones del presente decreto limita el derecho al ejercicio de la legítima defensa por parte del personal de las Fuerzas Armadas, en los términos establecidos en el Código Penal y Código de Justicia Militar".

De los principios mencionados, se desprende que tienen una similitud con los que son aplicables a las policías, no obstante que, a los ya revisados en los capítulos anteriores con el acrónimo "REPROLEN" se agregan tres identificados como: los Deber de advertencia, Deber de evitar daño colateral y legítima defensa. No obstante, que estos están considerados en las normativas que regulan las policías y tienen estrecha relación con los PBEF.

Además, en el artículo 3 de este Decreto se detallan las 9 reglas (RUF), aplicables solo para las FF.AA.:

Regla N° 1. Empleo disuasivo de vehículos militares, porte de armas y despliegue de fuerzas.

Regla N° 2. Efectuar negociación, demostración visual, advertencias verbales.

Regla N° 3. Empleo disuasivo de fumígenos (granadas de humo, gas pimienta o lacrimógeno, entre otros), sistemas de sonido, luz o agua.

Regla N° 4. Empleo disuasivo de dispositivos o armamentos no letales: bastones, dispositivos eléctricos, proyectiles de pintura, de gas pimienta y lacrimógeno, y otros análogos.

Regla N° 5. Empleo de armamento antidisturbios, sin disparar a quemarropa ni apuntar directo al rostro.

Regla N° 6. Preparar el arma de fuego con clara intención de utilizarla.

Regla N° 7. Efectuar disparos de advertencia con el arma de fuego, sin apuntar a personas.

Regla N° 8. Usar armas de fuego en legítima defensa, de acuerdo a lo establecido en el Código Penal y el Código de Justicia Militar.

Regla N° 9. Usar armas de fuego como último recurso, cuando las medidas anteriormente señaladas resultaren insuficientes, conforme al artículo 5, numeral 5 de la ley N° 18.415, Orgánica Constitucional de los Estados de Excepción y al artículo 208 del Código de Justicia Militar, y sólo en el caso de enfrentamiento con personas que utilicen o se apresten a utilizar armas de fuego u otras armas letales, en los siguientes casos:

- En un ataque actual o inminente a un recinto militar.

- En la protección de las instalaciones, sistemas o componentes de empresas o servicios, cualquiera que sea su naturaleza, finalidad o función, que atiendan servicios de utilidad pública cuya perturbación en su funcionamiento o destrucción tendría un grave impacto sobre la población.

Las reglas anteriormente señaladas no obstan a la aplicación del Código Penal y del Código de Justicia Militar, entendiéndose que forman parte de la normativa aplicable.

Por su parte el INDH en su informe *Informe Sobre las Nuevas Reglas de Uso de la Fuerza*[129] *de fecha* 20 de abril de 2020, expresó que "el Instituto Nacional de Derechos Humanos no fue invitado a participar en este proceso ni tuvo conocimiento de los contenidos de esta nueva regulación hasta que fue publicada en el Diario Oficial el 22 de febrero de 2020".

Por otro lado, en el caso de Carabineros de Chile, se puede decir que esta institución, no puede omitir involucrar a dicho Instituto, en sus modificaciones de está índoles, ya tiene por mandato del Decreto supremo 1364 que *"Establece disposiciones relativas al uso de la fuerza en las intervenciones policiales para el mantenimiento del orden público"* de fecha 4 diciembre 2018 se consideró en el inciso final del artículo 2° que "Carabineros en el proceso de revisión y actualización de los

---

[129]Informe disponible en https://bibliotecadigital.indh.cl/bitstream/handle/123456789/1712/informe-ruf-estado-excepcion.pdf?sequence=1

citados protocolos deberá procurar el involucramiento de la sociedad civil y del Instituto Nacional de Derechos Humanos"[130].

Sobre esto, cabe destacar que actualmente existe una colaboración permanente entre el INDH y Carabineros que se traduce en un trabajo mancomunado por llevar a cabo capacitaciones, actualizaciones de las normativas, como también garantizar que los observadores tengan el pleno acceso a entrevistarse con personas privadas de libertad, en conformidad a los protocolos vigentes.

Finalmente, y en concreto, el DUF es un aspecto que se debe tener presente para hacer esa bajada práctica del uso de la fuerza, sobre todo en aquellos países en que se elaboran RUF sin considerar la revisión de las instituciones expertas como Defensorías del Pueblo (INDH en el caso de Chile) o la sociedad civil, lo que es clave para su legitimación y transparencia.

---

[130] Biblioteca del Congreso Nacional | Ley Chile. En línea. www.bcn.cl/leychile. 2018. Disponible en: https://www.bcn.cl/leychile/navegar?idNorma=1126341. [consultado el 12/08/2023].

10 Situación actual del uso de la fuerza en la realidad regional (datos preocupantes).

Según datos de la ONU, citado en el medio de prensa CNN 2022, "América es el continente con más asesinatos, puesto que se registran 160.800 de los 436.900 fallecidos en 2020; en el mundo por homicidio, que la UNODC define como matar a alguien intencionalmente, sin incluir los suicidios ni las muertes ocurridas en las guerras"[131].

Es obvio, que son cifras muy preocupantes que impactan en la sensación de seguridad de cada ciudadano/a. Ahora bien, he tratado de buscar algún estudio para asociar la estadística ya mencionada, con el índice de letalidad de las policías. Al respecto me pareció pertinente y como uno de los más confiables para estos efectos, y solo con fines de ilustrar en parte esta realidad, considerar el estudio denominado *"Monitor of Use of Lethal Force in Latin America and the Caribbean. A Comparative Study of Brazil, Chile, Colombia, El Salvador, Jamaica, Mexico, Trinidad and Tobago and Venezuela (2022)"* del Centro de Estudios en Seguridad Ciudadana del Instituto de Asuntos Públicos Universidad de Chile, realizado el año 2022 por Alejandra Mohor, Iván Olivares, Nicolás Bravo, Carolina B. Díaz y Diego Piñol, quienes develaron datos, preocupantes, por decir lo menos.

---

[131] CNN Chile, disponible en https://cnnespanol.cnn.com/2022/05/18/paises-tasas-homicidios-altas-mundo-salvador-encabezan-la-lista-orix/

Tabla 3. Comparación de Fuentes oficiales y medios de prensa en relación Número de civiles asesinados y oficiales de seguridad asesinados en la región años 2018 y 2019

Table 1. Comparison of Sources

Country	Year	Number of Civilians Killed (I-1)		% of Media over Official Source	Public Security Officers Killed (I-6)		% of Media over Official Source
		Official source	Media Source		Official source	Media Source	
Brazil	2018	5,251	183	3,5%	76	29	38,2%
	2019	5,350	-	-	47	-	-
Chile	2018	-	18	-	0	1	-
	2019	-	21	-	0	0	-
Colombia	2018	239	42	17,6%	133	55	41,4%
	2019	220	55	25%	121	59	48,8%
El Salvador	2018	213	62	29,1%	6	3	-
	2019	195	53	27,2%	5	0	-
Jamaica	2018	137	33	24,1%	0	0	-
	2019	86	7	8,1%	1	0	-
México	2018	490	487	99,4%	210	283	134,8%
	2019	389	412	105,9%	199	258	129,6%
Trinidad y Tobago	2018	48	44	91,7%	8	8	-
	2019	43	39	90,7%	4	4	-
Venezuela	2018	5,287	1932	36,5%	-	57	-
	2019	-	3042	-	-	76	-

Fuente: CENTRO DE ESTUDIOS EN SEGURIDAD CIUDADANA DEL INSTITUTO DE ASUNTOS PÚBLICOS UNIVERSIDAD DE CHILE. Monitor of Use of Lethal Force in Latin America and the Caribbean. En línea. Universidad de Chile. 2022. Disponible en: https://www.monitorfuerzaletal.com/docs/MonitorFuerzaLetal_2022_Chile.pdf. [consultado el 07/08/2023].

En esta tabla se evidencia que Brasil, es dentro de los países en estudio, el país con mayor cantidad de civiles asesinados por agentes del Estado, según fuentes oficiales con 5.350 el año 2019, seguido de Venezuela con 5.287 del año 2017. Chile por su parte no tiene datos oficiales que atribuyan muerte a policías en los dos años en comento, no obstante, los medios de prensa atribuyen 18 muertes el 2018 y 21 el año 2019.

Por otro lado, México es el país con mayor número de policías asesinados con 210 el 2018 y 199 el año 2019, Chile por su parte no registra policías asesinados el año 2018 y el año 2019 existe un caso tomado de una fuente de prensa.

La cifra anterior, coincide con el gráfico del medio de prensa nacional Biobío, quien cita como fuente a Carabineros de Chile en el que se aprecia que el año 2018 hubo un Carabinero asesinado y el 2019 no hay policías asesinados en Chile.

Gráfico 2 Carabineros fallecidos desde el año 2017 al 28. 3. 2023

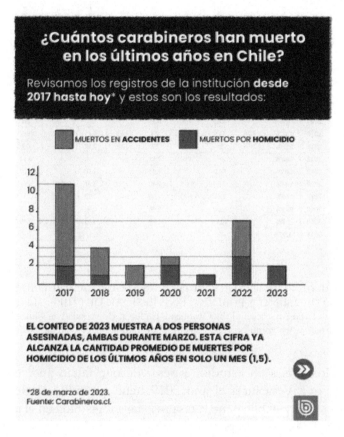

Nueves días después de la fecha de confección de ese gráfico fallece asesinado el Cabo 1 Daniel Palma Yáñez quien fue ascendido póstumamente a grado de Suboficial Mayor de Carabineros de Chile.

Tabla 4. Indicadores de abuso por país, año y fuente.

Table 3. Abuse Indicators by Country, Year and Source

Country	Year	A-1 % of homicides due to the intervention of public agents		A-2 Ratio between CK and AK		A-3 Lethality Index for civilians		A-4 Lethality Ratio		A-5 Average number of civilians killed per incident	
		Official Source	Media Source	Official Source	Media Source	Official Source	Media Source	Official Source	Media Source	Official Source	Media Source
Brazil	2018	9.10%	-	69.40	-	-	-	-	-	-	-
	2019	11.20%	-	114.10	-	-	-	-	-	-	-
Chile	2018	-	2.00%	-	18.00	-	0.72	-	10.50	-	1.20
	2019	-	2.40%	-	-	-	0.24	-	-		1.00
Colombia	2018	2%	0%	1.80	0.8	0.18	1.7	0.1	1.4	0.2	0.6
	2019	2%	0%	1.80	0.9	0.25	2.1	0.1	2.3	0.2	0.7
El Salvador	2018	6.40%	1.90%	35.5	20.67	2.3	2.67	5.85	103.33	0.8	0.22
	2019	8.10%	2.20%	39	-	2.6	2.79	7.18	-	0.7	0.2
Jamaica	2018	9.60%	-	-	-	1.63	-	-	-	0.12	-
	2019	6.03%	-	86.0	-	1.03	-	3.10	-	0.07	-
México	2018	1.34%	1.33%	2.64	1.72	2.40	2.50	3.87	3.00	-	1.40
	2019	1.08%	1.14%	2.67	1.60	2.30	1.90	2.72	2.57	-	1.30
Trinidad y Tobago	2018	9.29%	-	6.00	-	1.30	-	0.98	-	0.76	-
	2019	7.99%	-	10.75	-	1.59	-	3.18	-	0.75	-
Venezuela	2018	33.30%	15.40%	-	34.00	-	56.80	-	43.70	-	1.50
	2019	-	31.20%	-	40.00	-	59.70	-	19.60	-	1.50

Fuente: CENTRO DE ESTUDIOS EN SEGURIDAD CIUDADANA DEL INSTITUTO DE ASUNTOS PÚBLICOS UNIVERSIDAD DE CHILE. Monitor of Use of Lethal Force in Latin America and the Caribbean. En línea. Universidad de Chile. 2022. Disponible en: https://www.monitorfuerzaletal.com/docs/MonitorFuerzaLetal_2022_Chile.pdf. [consultado el 07/08/2023].

De los países en estudio, a pesar de que faltan antecedentes, se desprende que Venezuela el año 2019 tiene un índice de letalidad de 59.79, por su parte Chile tiene la tasa más baja registrada en el mismo año (2019) con 0.24 lo que lo posiciona como uno de los países más bajo en la región en esta medición.

Ahora bien, para distinguir a quien se atribuye por parte de los medios de prensa las muertes de civiles en los años 2018 y 2019 en Chile, se cita los datos recopilados por el Centro de Estudios en Seguridad Ciudadana del Instituto de Asuntos Públicos Universidad de Chile, denominado *Monitor of Use of Lethal Force in Latin America and the Caribbean. En línea. Universidad de Chile. 2022,* conforme a la siguiente tabla.

Tabla 5 Caracterización de eventos con resultados de civiles muertos según institución policial

Tabla 6. Caracterización de eventos con resultado de civiles muertos
según institución policial

| | | 2018 | | 2019 | | |
		Carabineros	PDI	Carabineros	PDI	FFAA
Totales	Eventos	9	6	14	4	3
	Civiles muertos	9	9	14	4	3
Tipo procedimiento asociado evento arma letal	Delito flagrante	6	4	10	2	2*
	Operativo programado	1	2	1	0	0
	Otros procedimientos	2	0	0	1	0
	Control policial	0	0	3	1	0
	Manifestación social	0	0	0	0	1
Distribución territorial eventos con arma letal	RM centro-norte	0	2	3	1	0
	RM este	1	0	0	0	0
	RM oeste	2	1	1	1	0
	RM sur	3	1	1	2	0
	Regiones norte	0	1	2	0	3
	Regiones centro	0	1	5	0	0
	Regiones sur	3	0	2	0	0

* En ambos casos el delito flagrante asociado corresponde a 'saqueos' (robo en tiendas y comercios) que se producen en el marco de manifestación social.
** Distribución territorial corresponde a: RM centro-norte: Recoleta, Quinta Normal, Conchalí, Estación Central, Huechuraba, Independencia, Providencia, Quilicura, Renca, Colina, Lampa, Til-Til; RM este: Vitacura, La Reina, Las Condes, Lo Barnechea, Macul, Ñuñoa; RM oeste: Cerrillos, Maipú, Cerro Navia, Lo Prado, Pudahuel; RM sur: Puente Alto, San José de Maipo, Pirque, Talagante, San Bernardo, Calera de Tango, Buin, Paine, San Miguel, San Joaquín, San Ramón, El Bosque, La Cisterna, La Florida, La Granja, La Pintana, Lo Espejo, Pedro Aguirre Cerda, Alhué, Curacaví, María Pinto, Melipilla, San Pedro; Regiones norte: Atacama, Arica y Parinacota, Tarapacá, Antofagasta, Coquimbo; Regiones centro: Valparaíso, Libertador Bernardo O'Higgins, Maule; Regiones sur: Ñuble, Bío-Bío, Araucanía, Los ríos, Los Lagos, Aysén, Magallanes.

Fuente: CENTRO DE ESTUDIOS EN SEGURIDAD CIUDADANA DEL INSTITUTO DE ASUNTOS PÚBLICOS UNIVERSIDAD DE CHILE. Monitor of Use of Lethal Force in Latin America and the Caribbean. En línea. Universidad de Chile. 2022. Disponible en: https://www.monitorfuerzaletal.com/docs/MonitorFuerzaLetal_2022_Chile.pdf. [consultado el 07/08/2023].

Datos que tienen por finalidad hacer la respectiva radiografía interna, dejando en claro que son bajo la interpretación de la prensa y no de fuentes oficiales como señala el propio estudio. En este cuadro se visualiza que aparte de las personas que se atribuye a Carabineros y PDI, 3 personas fallecidas según dicho estudio serían por parte de las FF. AA de las cuales 2 son por delito flagrante y 1 en contexto de manifestación social. Como se aprecia las Policías (Carabineros y PDI) no tienen muertes atribuidas a manifestación social entre los años 2018 y 2019, siendo en su gran mayoría en contexto de delitos flagrante. Cabe destacar que desde el 2019 las FF.AA. comenzaron a tener un mayor despliegue en estados de excepción constitucional, lo que los ha llevado a requerir capacitaciones de derechos humanos por parte de Carabineros de Chile para actualizarse en estas temáticas.

Si bien existen varios factores que motivan a un infractor de ley (delincuente), a provocar daño a un policía, en el siguiente apartado se plantea, que una de las tesis se da por la cultura del odio; la cual se inicia con pequeñas acciones de mofa que van creciendo paulatinamente, hasta llegar a un nivel donde se deshumaniza a quienes ejercen las funciones de policía.

10.1 Escalada de acciones antipolicías

Cuadro 12. Escalada de acciones antipolicías

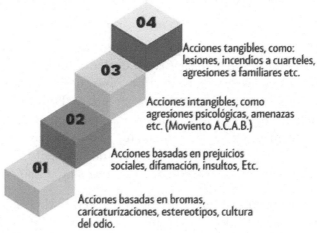

Fuente: Elaboración propia

Es evidente, que la Escalada de acciones antipolicías es aplicable a la realidad de cualquier cuerpo de policía del mundo, en el que no exista una cultura de respeto por la dignidad humana.

En el primer peldaño de esta escalada, se aprecian esas acciones que parecen jocosas y que habitualmente hacen los humoristas para sus fines económicos, y así conseguir fama. Claramente, la policía como entidad es una muestra representativa de la sociedad. Es así como hay algunos con mayor nivel académico que otras. De todas las entidades de policías que he tenido la posibilidad de conocer en terreno en los más de 10 países que he visitado, tanto en América como Europa, sin duda destaco a la Policía Nacional de España, por ser una de las que, bajo mi experiencia, tiene uno de los más altos niveles académicos. El año 2019, conocí en terreno a dicha policía; y me impresionó que entre sus alumnos habían 6 con grado de doctor y 400 con grados de magíster, lo que obliga de cierta manera que tanto la plana directiva como docentes tengan también un nivel alto académico. Bueno, el que trabajen 37.5 horas a la semana y las buenas remuneraciones son incentivo suficiente para cautivar a profesionales de diversas profesiones, lo que va en directo beneficio a entregar un servicio profesional a la comunidad.

En el análisis del segundo nivel, sobre los prejuicios, lo más común es que sean por desconocimiento, no obstante, existen otros que lo hacen con la evidente intención de difamar, utilizando en algunos casos medios de comunicación, generando con ello un gran detrimento, dado que sus fines particulares priman sobre los generales e incluso sobre las líneas editoriales.

No se pude negar que los medios de comunicación han jugado un rol importante en la mala imagen que en algún momento se hizo a Carabineros con las denominadas *Fake News* (noticias falsas). Fueron muy difundidos los casos de "tortura en metro Baquedano" "Violación de estudiante en la 51 Com." entre otros, que finalmente fueron descartados penalmente, pero el daño nunca fue resarcido. Es esa percepción colectiva fue sin duda, uno de los factores que aumentó el odio y sirvió como iniciativa para motivar a otros a expresar su repudio contra Carabineros.

El promover una causa legítima a costa de hacer daño a otros, no debería ser avalado, es más, en el artículo 20 del PIDCP inciso 2 se estipula: "Toda apología del odio nacional, racial o religioso que constituya incitación a la discriminación, la hostilidad o la violencia estará prohibida por la ley", entonces, ¿por qué se permite y tolera?

En el tercer peldaño, encontramos las discriminaciones sistemáticas de las que son víctimas los policías, como caricaturizaciones en libros y panfletos pegados en las calles.

En un breve recorrido por las calles de Santiago de Chile, el autor recopiló algunas fotografías, para ilustrar cómo aún a más de 3 años de los hechos de violencia del 2019, todavía se mantienen en los muros de espacios públicos y privados, frases de odio hacia los policías.

Fotografía 1 Acrónimo ACAB, tomada 18 abril 2023

Fuente: Fotografía tomada por el autor en las calles de Santiago de Chile

Esta sigla es el acrónimo A.C.A.B. en inglés: "*All Cops are Bastards*" que en español significa: "todos los policías son bastardos". Dicho movimiento nace en la década del 70 en Estados Unidos, y ya se ha extendido en gran parte del mundo, con claras manifestaciones de odio a los policías que se están haciendo cada más unificadas, por lo que no sería extraño en un futuro próximo que se comience a hablar de "ACABISMO" y se defina como: "Movimiento social que promueve el odio a los policías solo por el hecho de serlo".

Además, se conoce popularmente dicha sigla con los números "1312" por la asociación de números con relación al abecedario (1-A, 3-C, 1-A, 2-B), e incluso se instauró como fecha conmemorativa el **13 de diciembre** (13/12).

Fotografía 2 Acrónimo ACAB y 1312 tomada 18 abril 2023

Fuente: Fotografía tomada por el autor en las calles de Santiago de Chile

Fotografía 3, Rayado a frente plaza Baquedano, tomada 18 abril 2023

Fuente: Fotografía tomada por el autor en las calles de Santiago de Chile

Fotografía 4, Rayado Iglesia San Francisco, tomada 18 abril 2023

Fuente: Fotografía tomada por el autor. Frase escrita por infractor de ley en iglesia San Francisco, Santiago de Chile

En el cuarto peldaño, ya nos encontramos con hechos concretos que se pueden expresar en datos estadísticos.

Captura de pantalla 1 Noticia diario La Tercera Carabineros heridos en cuatro años

Fuente: Imagen extraída de https://www.latercera.com/la-tercera-pm/noticia/mas-de-24-mil-carabineros-han-sido-heridos-en-cuatro-anos/4BCLVKEK5ZDQNDRE6BLT743GXA/

Debo reconocer, que soy parte de esa cifra al haber recibido el **13 de diciembre** de 2019 (ya podrán haber notado que la fecha no fue el azar) el impacto de un fuego artificial en mi casco; mientras estaba de servicio en las inmediaciones de plaza Baquedano, por el concierto de los Bunkers, en mi calidad de instructor de derechos humanos, lo que me dejó con trauma auditivo, y me obligó ir ese día al hospital de Carabineros, donde pude observar a varios policías por el mismo motivo, y a otros con lesiones mucho más graves.

Por otro lado, recorriendo las calles de Santiago, es común observar y ya se ha hecho parte del paisaje, los tipos de rayados con apologías al odio sobre todo de los grupos anarquistas, como bien se graficó con las imágenes tomadas el 18 de abril de 2023. Esto me recuerda a lo estudiado en criminología sobre la teoría de las ventanas rotas, expuesta por los científicos sociales James Q. Wilson y George L. Kelling y que fue popularizada en la década de 1990 por el comisario de la policía de la ciudad de Nueva York William Bratton y el alcalde Rudy Giuliani.

En resumen dicha teoría, plantea que "los signos visibles de la delincuencia, el comportamiento antisocial y los disturbios civiles crean un entorno urbano, que fomenta la delincuencia y el desorden, incluidos los delitos graves...", además, la teoría sugiere que los métodos policiales que se centran en atacar los delitos menores, como el vandalismo, la vagancia, el consumo de alcohol en público, el cruce incorrecto de peatones y la evasión de tarifas, ayudan a crear una atmósfera de orden y legalidad.

Como expone Eskibel 2011, en lo relativo al plan tolerancia cero del alcalde Giuliani es básicamente que:

> "No se trata de linchar al delincuente, ni de la prepotencia de la policía. De hecho, debe también aplicarse la tolerancia cero respecto de los abusos de autoridad. No es tolerancia cero frente a la persona que comete el delito, sino tolerancia cero frente al delito mismo. Se trata de crear comunidades limpias, ordenadas, respetuosas de la ley y de los códigos básicos de la convivencia social humana, como la que no tenemos ahora"[132].

En resumen, se puede expresar que esta teoría criminológica sostiene que el desorden y la falta de mantenimiento en un entorno físico pueden conducir a un aumento de la delincuencia.

Es por ello, por lo que existe una clara relación entre los siguientes

---

[132] Eskibel, D. (2011). La teoría de las ventanas rotas, el delito es mayor en las zonas descuidadas, sucias y maltratadas. Foro de Seguridad, 50-54

factores:

(Delincuencia X Odio a la Policía) + Ambigüedad legal = Mayor inseguridad pública.

(D X OP) + AL= MIP

Es preciso destacar que la seguridad pública, en palabras de García citado en Martínez 2010, es "una cualidad de los espacios públicos y privados, que se caracteriza por la inexistencia de amenazas, que socaven o supriman los bienes y derechos de las personas y en la que existen condiciones propicias para la convivencia pacífica y el desarrollo individual colectivo de la sociedad"[133].

Por otro lado, Pérez Hernández, expone que "la seguridad pública en los sistemas garantistas propio de los estados democráticos de derecho es un derecho humano, y una garantía que, de ajustarse a los principios de legalidad, objetividad, eficiencia, profesionalismo, honradez y respeto a los derechos humanos, reduce la violencia y amplia las libertades"[134].

Ahora bien, las últimas encuestas han ido mostrando una mayor sensación de inseguridad en la ciudadanía. Por otro lado, aún no se ha actualizado el estudio internacional sobre el ranking de policías mejores valoradas del mundo desde el año 2016. No obstante, se destacan en este libro para ver en qué lugar estaba Chile en dicho año.

Datos WISPI 2016

En el estudio realizado el año 2016, por el *World Internal Security & Police Index*, WISPI[135], que, dicho sea de paso, es uno de los estudios más confiables y objetivos en materia de desempeño de las policías, se evidenció que Chile ocupa el cuarto lugar en América y Segundo en Latinoamérica bajo Uruguay, a nivel mundial está 43, lo que es un dato palmario, pero un poco desconocido por la ciudadanía chilena de los índices internacionales que obtienen sus policías.

---

[133] Martínez G. 2010 Derecho de policía, policiología y seguridad pública
[134] Pérez Hernández, V 2017 El ombudsman policial órgano defensor de los derechos humanos de las y los policías, disponible en http://132.248.9.195/ptd2017/junio/0760695/0760695.pdf
[135] IPSA, 2016 World Internal Security & Police Index, en línea, disponible en http://ipsa-police.org/Images/uploaded/Pdf%20file/WISPI%20Report.pdf

Ahora bien, el WISPI mide cuatro factores como son:

Capacidad: mide el número de agentes (policías)

Efectividad: mide cuán bien se usa la policía y la capacidad de la justicia. Bajo este índice se valoran aspectos como la corrupción.

Legitimidad: mide la percepción de si la policía actúa en el mejor interés del país y sus ciudadanos. El uso de la fuerza por parte de los agentes de seguridad contra los ciudadanos es uno de los elementos que se tienen en cuenta en la medición.

Resultados: mide el tamaño de las amenazas existentes a la seguridad interna: número de crímenes, homicidios, entre, otros.

A modo de completo, se mencionada además qué según el Centro Estratégico Latinoamericano de Geopolítica (CELAG) "No hay una correlación entre mayor número de efectivos y una mayor seguridad. Al respecto hay dos variables (según los expertos) claves: la confianza que se le tenga a las instituciones policiales (descrédito compartido en la región) y la claridad de competencias y lógicas organizacionales del sistema de seguridad pública".

En este sentido, es pertinente conocer cuál es la cantidad de policías por cada 100.000 habitantes en la región.

Tabla 3. Cantidad de Policías por 100.000 habitantes en la región (Celag 2020)

País	Cantidad de efectivos policiales (todos los niveles, 2020 aprox.).	Policías cada 100.000 habitantes
Argentina	341.627	614
Colombia	167.623	315
Chile	49.450	278
Ecuador	43.593	274
Perú	125.000	339
México	397.000	316
Paraguay	16.578	252
Bolivia	40.000 (est)	345

Fuente: Los cuerpos de policía en América Latina — CELAG. En línea. CELAG. 2021. Disponible en: https://www.celag.org/los-cuerpos-de-policia-en-america-latina/. [consultado el 07/08/2023].

Según este mismo centro de estudios el salario promedio de cada una de estas policías conforme a datos del año 2020 son los siguientes: "Argentina (600), Colombia (600), Chile (1140), Ecuador (950), Perú (909), México (870), Paraguay (340) y Bolivia (330)"

Sin duda, son datos que reflejan una realidad regional y local que permiten visualizar antecedentes que entregan una radiografía general del panorama en la región.

Si bien, como se expresó no hay una relación estrecha entre seguridad y pública policías y cantidad de habitantes, entonces cómo se explica que Chile teniendo uno de los porcentajes más bajo a nivel regional de policías por cada 100.000 habitantes logre posicionarse con índices de seguridad mayor a los otros y los menores índices de letalidad. La respuesta está en la disciplina y doctrina que tiene en Carabineros de Chile, que, dicho sea de paso, lo posicionan como referente en la región, no por algo, cada año llegan a estudiar policías de diversas partes del mundo en cada uno de los niveles de formación y especialización.

Pero esta disciplina y doctrina no ha sido fruto del azar, el ejercicio del mando es clave para lograr trasmitir los principios y valores institucionales, por lo que merece una detallada revisión, destacando puntualmente, lo que es hoy en día el ejercicio del mando con pleno respeto a los derechos humanos.

11 Mando policial apegado a los DD. HH en el siglo XXI.

"Lo que el oficial y el soldado deben comprender es que colaboran en común, jerárquicamente, pero en un pie de igual dignidad cívica, en un mismo deber nacional".
André Gavet, 1899[136].

Una primera aproximación del significado del verbo mandar, lo podemos encontrar en la Real Academia de la Lengua Española: "Dicho del superior: Ordenar al súbdito", destacando en esta frase que se trata de una acción que expresa alguien que tiene una posición elevada sobre otra.

Uno de los autores que ha sentado las bases del mando militar, es sin duda, André Gavet, en su célebre libro *El Arte de Mandar* a fines del siglo XIX, quien recopiló una serie de conceptos que han sido transmitido por generaciones de militares y sentado las bases teóricas y doctrinarias en diversos planteles educacionales, que han perdurado hasta nuestros tiempos, es por ello, que en este apartado se ahondará en su visión de mando, no obstante, es preciso contextualizar que a más de 200 años se debe extrapolar algunos aspectos dado la evolución propia de la sociedad.

Dicho autor, en comentario, nos dice que el oficial, "es aquel que ha hecho profesión de mandar, si no sabe mandar, no es más que un simulacro de Oficial, "una porta galones". La ineptitud del mando es para el vicio prohibitivo absoluto, que le excluye precisamente de la función"[137]. En esta cita se aprecia que solo menciona al oficial y dejando al margen a quien no tiene dicha condición, aspecto que hoy es totalmente diferente dado que los suboficiales también ejercen el mando conforme a su grado y funciones.

Existe en el libro *El Arte de mandar* una visión limitada de los suboficiales que se refleja en esta siguiente cita:

---

[136] Gavet. 1899. El Arte de Mandar, disponible en https://jeffersonamericas.org/wp-content/uploads/2020/08/EL-ARTE-DE-MANDAR.pdf
[137] Ibídem.

"Nuestros Suboficiales y Clases no han tenido, en lo general, antes de su entrada al Ejército ni el tiempo ni los medios de adquirir los elementos fundamentales de esta fuerte constitución moral; son sin duda capaces de la mayor abnegación y dignos de ser estimados; pero tienen necesidad de reglas expresas y de la dirección constante del Oficial para encaminar debidamente sus actos".

Actualmente, esto ha cambiado rotundamente, dado que la sociedad no es la misma del siglo XIX. En la práctica no existe una mayor diferencia en la formación entre oficiales y suboficiales, más que la dada por limitaciones propias; donde cada vez en menor caso, por la falta de oportunidades. Se puede encontrar habitualmente suboficiales con mayores conocimientos, que los oficiales y títulos profesionales de diversas áreas, en el caso puntual de Carabineros de Chile existen en servicio activo suboficiales de diversas profesiones, destacando entre otras: abogado, ingeniero, psicólogo, profesor, etc., muchos con post grados y títulos técnicos de diferentes áreas.

Ahondando más en el término "portagalones", y en la cita: "puede, aún sin conciencia de ello, desorganizar todo en la unidad que se le ha confiado; destruir la disciplina, detener la instrucción, esparcir en su derredor con las ideas más falsas, el descontento general, hacer detestar el servicio, y, en fin, desmoralizar a su tropa" lo podríamos asociar a lo que hoy se conoce como metaignorancia, que es cuando una persona no se da cuenta que es ignorante lo que está íntimamente relacionado con el efecto *Dunnig y Kruger*.

Ahora bien, a grandes rasgos Gavet nos plantea los tres elementos del mando, como son: **inteligencia, carácter y abnegación.** Pasemos a revisar cada uno de ellos en palabras de Gavet.

Inteligencia: El jefe que carece realmente de inteligencia está sujeto naturalmente a una cantidad de errores que sería fastidioso enumerar.

El jefe atacado de esta enfermedad moral exige informes, partes, notas, estados, resúmenes, etc.; solo ve las cosas militares a través de este aparato dudoso y a veces hasta la caligrafía representa para el algo más que un medio de expresión: tiene su valor intrínseco; y el servicio consiste en recibir y en suministrar papeles, irreprochables en su forma y en su estructura.

En suma, el jefe sin inteligencia tiene, por decirlo así, en lo moral, vista demasiada corta. En lugar de los principios, demasiado lejanos para él, no percibe sino las reglas rutinarias que de ellos se derivan; si mira hacia el objetivo, no ve nada más allá de los resultados inmediatos, intermediarios, que no son, en definitiva, sino medios.

Carácter: El carácter es un elemento esencial de la aptitud para el mando. Solo tiene un valor dudoso cuando falta la consagración al bien público. El constituye una fuerza de acción, bienhechora o perjudicial, según la dirección en que se oriente

Abnegación: La abnegación falta a menudo, siendo, sin embargo, tan indispensable para poner los dos primeros elementos, la inteligencia y el carácter, al servicio del deber profesional; es decir, para dar a estas cualidades una utilidad militar.

Desde un aspecto legal, el mando consiste, invocando el artículo 50 de la Nro. 18.961 Orgánica Constitucional de Carabineros de Chile, en lo siguiente:

> "Mando es el ejercicio de la autoridad que la ley y los reglamentos otorgan a los oficiales y demás personal de Carabineros y a los llamados al servicio, sobre sus subalternos o subordinados por razón de destino, comisión, grado jerárquico o antigüedad"[138].
> "El mando policial en Carabineros corresponde por naturaleza al Oficial de Orden y Seguridad, y al de otro escalafón por excepción, sobre el personal que le está subordinado debido al cargo que desempeña, o de comisión asignada y que tiende directamente a la consecución de la misión encomendada a Carabineros de Chile. Es total, se ejerce en todo momento y circunstancias y no tiene más restricciones que las establecidas expresamente en las leyes y reglamentos".

En el Manual de Doctrina de Carabineros de Chile[139], se destaca el libro: *"El Oficial de Carabineros y su Misión"* del año 1946, elaborado por el Coronel Querubín Muñoz Sepúlveda, quien señalaba que "en el Oficial de Carabineros, la característica principal de su misión es el mando, la que puede dividirse en cuatro funciones:

a) Instruir a los subalternos
b) Reprimir las faltas conforme al reglamento
c) Ordenar y ejecutar los servicios respectivos, y
d) Atender al público en lo relacionado con el servicio.

---

[138] Ley, 18.961 Orgánica Constitucional Carabineros de Chile. Art. 50
[139] Carabineros de Chile, 2017, Manual de Doctrina

Se destacan de estas algunas citas como: "La misión del Oficial tiene que ser esencialmente educativa, cultural, en todo el sentido de este concepto. Las órdenes mismas en Carabineros afectan un carácter de instrucción en la mayoría de las veces", enfatizaba. "Se necesita educar, instruirlo en todos sus deberes y obligaciones, cambiar sus defectos en cualidades, transformar su mentalidad y formarle un criterio profesional. Hacer del funcionario un hombre honrado, veraz, sereno ante el peligro, resuelto ante el deber, disciplinado y digno en toda circunstancia".

Al mismo tiempo, el autor reflexionaba respecto de la responsabilidad que supone la facultad de mandar, que "debe ejecutarse por el superior en forma digna y a veces generosa", y que "impone a quien la practica severas reglas para consigo mismo y deberes para con los subalternos".

También señalaba que se exigía del Oficial una amplia capacidad, basada en "el valer personal, el sentido de responsabilidad y la disposición ejemplificadora". Y aunque fue publicado apenas quince años después de la formación de Carabineros de Chile, señaló visionariamente que "**No son estos los tiempos de mandar a gritos**, de imponer la disciplina con golpes de autoridad, de tratar de **obtener una obediencia reflexiva con la aplicación de sanciones severas**, impuestas al capricho, apegadas a la razón del superior y no en la razón de la justicia".

En esta línea es pertinente citar al Mayor de Carabineros en ® Walter Luzio Vieyra[140], quien en su libro *Ensayos Culturales y Profesionales* expresa que las cualidades del mando se pueden resumir en:

"Debe ser ecuánime, justo, trabajador, capaz, debe sentir respeto y cariño por el subalterno. Debe comprender las debilidades humanas, ser estricto en el cumplimiento de sus propios deberes…"

Dicho oficial hace además una descripción de los atributos que conforma la eficiencia del jefe(a) destacando las siguientes:

Quien "está destinado mandar, a dirigir a otros tendrá mayor ascendente sobre sus subordinados, mientras más elevado sea su sentimiento de honor, es decir, viva más de acuerdo con la moral ambiente.

---

[140] Luzio W, 1977 Ensayos Culturales y Profesionales, Tomo III Carabineros de Chile, pp1955-1959

En sentido general podemos decir que la honradez deviene del sentimiento del honor, y consiste en la rectitud de la conducta, en la inexistencia de malicia en el proceder, y en la integridad de las ideas y costumbres".

EL AMOR AL ESFUERZO es una cualidad moral que pronto abandonará quien desea una vida fácil, a sin sacrificios, sin grandes trabajos; pero el afán de vida fácil arrastra insensible al olvido del sentimiento del honor.

EL VALOR es el resultado de la seguridad en los propios esfuerzos y él permite a un hombre[141] a situaciones difíciles, porque tiene confianza en sí mismo. Cuando esta cualidad del jefe es conocida por los subalternos, su ascendiente de mando se hace fácil y natural.

CUALIDADES INTELECTUALES comprenden no solamente el amor al estudio de los problemas institucionales, sino todo lo que atañe a la vida del hombre[142] a sus adelantos científicos, filosóficos, económicos y artísticos, pues mientras más se comprenda la inmensa actividad de que es capaz la especie humana, y se conozca la compleja organización de la sicología individual y social, más fácil será comprender el panorama de la sociedad en la cual desarrolla sus actividades y las reacciones conductuales de los hombres a los cuales dirige.

CRITERIO es el producto natural del estudio y la comprensión y la aplicación de normas adecuadas para conseguir un fin benéfico a la generalidad. El aprovechamiento de las fuerzas espirituales del hombre para encauzarlo por vías racionales y de beneficio de la colectividad, sin causar resquemores, y procediendo de acuerdo con la ley, con normas aceptables por la sociedad, es lo que constituye el criterio.

RAZONAMIENTO es la facultad de saber pensar conforme a las reglas claras de la lógica, para obtener el conocimiento de la verdad, mediante juicios basados en verdades conocidas para ir, poco a poco, al conocimiento de las variedades por conocer.

La RESOLUCIÓN: se toma después de conocer la verdad, de acuerdo con ella y en vista a conseguir un fin que beneficie tanto al individuo como a la sociedad.

---

[141] Entiéndase hoy hombre y mujer
[142] Ibídem

COMPETENCIA. De poco valdrán las cualidades morales, intelectuales etc. Si no posee los conocimientos necesarios para guiar a los subordinados con plena conciencia de las materias profesionales que le incumben.

DETERMINACIÓN. Además de todas las cualidades descritas anteriormente, el Jefe debe ser un hombre[143] de acción. Por ello, se su deber es abocarse al estudio de cualquier problema, y preocuparse de comprenderlo, para darle una solución de acuerdo con lo que considere más justo.

Es imperdonable la negligencia, el olvido, la vaguedad en el estudio de problemas que importan al personal subalterno.

PRESENTACIÓN. El aspecto físico de la presentación del Jefe de importancia capital.

Tanto su rostro, como su conducta en general, deben demostrar una tranquila seriedad, que dé garantía de respeto por todos los derechos ajenos, ya que es esto, precisamente, lo que en el fondo constituyen el fundamento filosófico de la función policial.

La SALUD, debe ser compatible con las mayores exigencias que el servicio requiera, para estar en condiciones de dar el ejemplo de fuerza física y espiritual, cada vez que se requiera de algún esfuerzo.

El VESTUARIO del Jefe debe ser siempre impecable, para demostrar pulcritud tanto en la vida civil como uniformada.

Estas reflexiones del citado autor tienen aún mucha vigencia, no obstante que se hacen las respectivas salvedades en temas que hoy podrían considerarse discriminatorios como "el aspecto físico" y relativas a la falta de lenguaje inclusivo, que no era usado en el siglo pasado. Resaltando su ilustrado aporte en lo relativo al "ejercicio del mando", que se ha incorporado la Doctrina Institucional de Carabineros de Chile, relacionando directamente la "responsabilidad del mando" con el "rol educador del Oficial".

Lo anterior, sentó las bases para lo que hoy conocemos como liderazgo policial, en el cual se agregan otros elementos de nuevas teorías del

---

[143] Ibídem

conocimiento.

11.1 Liderazgo

En relación con el liderazgo existe una gran cantidad de autores que han definido el concepto desde diferentes perspectivas, no obstante, para fines de este capítulo se abordarán algunos que permiten contextualizarlo desde un primas general y estandarizado.

Según Gómez "El liderazgo es la capacidad de influir en un grupo para que se logren las metas"[144]en esta definición queda de manifiesto que es una capacidad que se relaciona con el poder influir sobre otros y agrega que tiene una finalidad clara como es que logren sus metas.

Esto está en estrecha relación con lo que dice el conferencista Simon Sinek, en el sentido que "un buen líder es aquel que inspira a otros a ser mejores de lo que son". lo que está ligado con la esencia propia de la función policial, en el sentido que se busca el pleno desarrollo para potenciar positivamente al otro, lo cual va a ser un aspecto clave en el logro de los objetivos. Se destaca además el proceso de influenciar al otro.

Uno de los clásicos en esta temática es sin duda, Daniel Goleman quien ha destacado la importancia de la inteligencia emocional en el liderazgo con la frase "los líderes más efectivos son aquellos que tienen una alta inteligencia emocional", y complementa que "los líderes siempre han necesitado empatía para formar y retener a las personas valiosas, pero hoy es mucho más lo que está en juego. Cuando las buenas personas se marchan, se llevan con ellas el conocimiento de la empresa"[145]. Lo que implica tener la capacidad de reconocer y gestionar las emociones propias y ajenas, lo que puede ser fundamental para establecer relaciones interpersonales saludables y efectivas.

Por su parte, para Santos "el liderazgo se define como el proceso de influir sobre un grupo para obtener un resultado. Esto dependerá también del tipo de carácter que posea cada persona. En los diferentes tipos de carácter se tienen a aquellos que pueden ser líderes todo depende de cómo los tres componentes de la estructura del carácter: la emotividad,

---

[144] Gómez, C. (2002). Liderazgo: conceptos, teorías y hallazgos relevantes. Cuadernos hispanoamericanos de psicología, 2(2), pp. 61-77. Recuperado de http://www.uelbosque.edu.co/sites/default/files/publicaciones/revistas/cuadernos_hispanoamericanos_psicologia/volumen2_numero2/articulo_5.pdf

[145] Goleman D. 1998 ¿Qué hace a un líder? revista Harvard Business Review

la actividad, y la resonancia"[146].

Castro expresa que en 1978 aparece una nueva definición de liderazgo introducida por Burns, el Liderazgo Transformacional, que describe el proceso por el cual los líderes realizan un cambio radical en la visión y la conducta de los subordinados. Es Bass (1985), quien propone la Teoría del Liderazgo Transformacional, que se centra en cómo el líder incrementa la motivación y compromiso de los seguidores, de manera que puedan trascender sus propios objetivos en pos de la organización, destacando que el compromiso obtenido por el líder logra cohesión en el grupo y permite enfrentar grandes desafíos. Considera dos estilos de liderazgo predominante: Transformacional y Transaccional y un liderazgo Laissez Faire que es una no intervención en la conducta de los seguidores.

Este tipo de liderazgo transformacional es caracterizado por cuatro atributos y conductas específicas: carisma, estimulación intelectual, consideración e inspiración que se detallan a continuación: (Bass & Avolio, 1993)[147]

• CARISMA: "Consiste en influir en los demás mediante la creación de una visión o proyecto que sustituya las metas individuales de los seguidores por las del líder. Implica dar una visión y un sentido de una misión, infundir orgullo, ganarse el respeto y la confianza".

• INSPIRACIÓN: Transmitir a los seguidores su visión de futuro con el objetivo de involucrarlos en el proyecto de cambio. Implica comunicar esperanzas elevadas, usar símbolos, expresar propósitos de manera sencilla.

• ESTIMULACIÓN INTELECTUAL: Llevar a pensar nuevas soluciones o nuevas maneras de solucionar problemas habituales. Implica promover la inteligencia, la racionalidad. Es un componente fundamental del liderazgo en situaciones críticas.

• CONSIDERACIÓN INDIVIDUALIZADA: Ocuparse de cada uno de los miembros de su equipo y de su bienestar. Implica proveer

---

[146] Santos, J. 2004 La Ruta: un mapa para construir futuros. El Salvador: Editorial de la Universidad de El Salvador

[147] Bass, B. M., & Avolio B. J. (1993). Transformational leadership A response to critiques.

protección y cuidado de los demás.

La definición conceptual del liderazgo transformacional señala que "es aquél que promueve el cambio y/o la innovación en la organización motivando a los seguidores para que trasciendan sus objetivos personales para llegar a niveles de producción que superen lo esperable". Actúa básicamente por medio del carisma sintetizando la información del medio y promoviendo la cohesión del grupo.

Por otra parte, el liderazgo transaccional (Burns, 1978 & Bass, 1985), es caracterizado por el intercambio de una cosa de valor por otra, entre líder y subordinado. Los líderes transaccionales recompensan a un seguidor si éste cumplió con los objetivos que debía cumplir (refuerzo contingente) y la intervención de éste en el proceso de la organización se efectúa por medio del control y de la corrección de los errores (administración por excepción).

Este estilo de liderazgo se basa en un intercambio de promesas y favores entre líder y seguidor. Son líderes que negocian (transacciones) para conseguir los objetivos de la organización y se define por los siguientes elementos:

• RECOMPENSA CONTINGENTE: Se recompensa a un seguidor si este cumplió con los objetivos que habían acordado.

• DIRECCIÓN POR EXCEPCIÓN: Tiene dos formas: la activa y la pasiva. ("Cuestionarios Liderazgo Celid Camin Conlid Ponlid - Documents and E-books") En la forma activa, los líderes transaccionales controlan en forma constante que la actividad se mantenga dentro de los procedimientos y reglamentaciones. En la forma pasiva, los líderes transaccionales actúan reforzando o castigando cuando el error o el acierto ya ocurrieron.

Por último, se encuentra el liderazgo Laissez Faire que es por definición la ausencia de liderazgo, es el estilo más ineficaz y más inactivo para todo tipo de grupo.

Rome, encontró un efecto paliativo entre los agentes del liderazgo y las reacciones a estresores laborales y burnout. El liderazgo transaccional y particularmente el transformacional disminuyeron significativamente las reacciones al estrés (físico, emocional y psicológico) entre subordinados.

El líder es un transformador, Fischman dice que: "…es el maestro de esta historia, debe recordar permanente a sus seguidores que vean permanentemente el amplio panorama del servicio a los demás desde la cima de la montaña"[148].

11.2 Tipos de liderazgo en la función policial.

El liderazgo es esa cualidad que un subalterno reconocer en su superior que va más allá del poder del cual se encuentra investido (mando) tal como dice Armendáriz 2008 "Se es líder no por aquello que se tiene, sino por lo que se es"[149].

En general un buen líder en el ámbito policial se reconoce por inspirar a los otros, respetar los derechos humanos, es quien forma equipos y sabe reconocer el trabajo que cada uno hace por el bien del equipo y de la institución.

Por otro lado, los mandos o jefes que actúan como gerente están más basado en la productividad, poco le interesa el bien estar de las personas, son más distantes, no respetan a cabalidad los tiempos de descanso, son hábiles para hacer creer que les importan sus subalternos, pero en el fondo les importa su propio reconocimiento. En general solo cumplen a cabalidad las misiones que se les encomiendan con poca reflexión.

En el último caso y cada vez con menor presencia, están los que ejercen el mando de manera déspota, quienes son aquellos, que por lo general no respetan los derechos humanos, tienen causas de acoso laboral, poseen una personalidad ególatra y doble careta con sus superiores y otra con los subalternos. Rara vez saludan y casi nunca dan la mano, creyéndose superiores a los demás.

11.2.1 Características que se esperan del liderazgo policial en el siglo XXI.

Si bien, existen diversas formas de clasificación del liderazgo (autoritario, democrático y lassiez faire), por mencionar uno tradicional, en el ámbito policial no existe una categoría estandarizada, por lo que se

---

[148] Fischman, D. (2005). El Líder Transformador.
[149] Armendáriz Lasso, Enrique 2008, Gerente vs Líder Revista Ciencia Unemi, vol. 1, núm. 1, pp. 46-47 Universidad Estatal de Milagro
adoramus te domine

aborda desde las características que la sociedad espera basado en los principios de probidad y profesionalismo propios de la función policial.

Algunas de estas características son:

Habilidades blandas: se entiende por éstas a esas habilidades sociales y emocionales que permiten interactuar efectivamente con los demás. Incluyen la comunicación efectiva, el trabajo en equipo, la resolución de conflictos, la empatía y la adaptabilidad, entre otras. Las habilidades blandas son importantes tanto en el ámbito personal como profesional, ya que ayudan a tener éxito en sus relaciones interpersonales y en ejercer óptimamente la función pública y deberes que encomienda la ley.

Liderazgo: entendida como la capacidad para dirigir y motivar a los miembros del equipo.

Toma de decisiones: lo que es la esencia de un mando y se relaciona con la habilidad para tomar decisiones rápidas y efectivas en situaciones de alta presión.

Comunicación: entendida como la capacidad para comunicarse de manera efectiva con el equipo y con la ciudadanía.

Conocimiento técnico: es básicamente el conocimiento profundo de la ley y de las técnicas y procedimientos policiales.

Responsabilidad: centrada en el compromiso con la seguridad pública y con la integridad del equipo a su cargo.

Capacitación continua: es en concreto la disposición para aprender y actualizarse en cuanto a las nuevas técnicas y tecnologías policiales. (Mejora continua).

En contra partida se destacan algunas acciones que no son tolerables y que son debidamente condenadas, como:

Abuso de poder y autoridad.

Discriminación racial o de género.

Uso excesivo de la fuerza.

Corrupción y soborno.

Negligencia o falta de responsabilidad.

Con lo anterior, se podría hacer una símil entre el clásico estilos de clasificación de liderazgo con las características de ejercer el liderazgo policial en el siglo XXI, lo que se podría ilustrar de la siguiente manera.

Cuadro 13. Características del liderazgo policial del siglo XXI

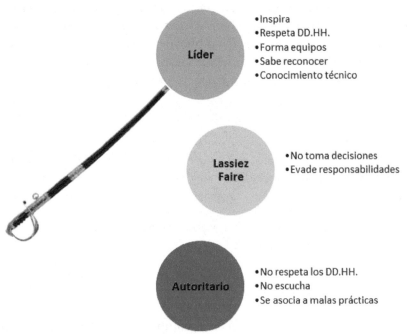

Líder
• Inspira
• Respeta DD.HH.
• Forma equipos
• Sabe reconocer
• Conocimiento técnico

Lassiez Faire
• No toma decisiones
• Evade responsabilidades

Autoritario
• No respeta los DD.HH.
• No escucha
• Se asocia a malas prácticas

Fuente: elaboración propia.

Es un ideal apuntar a ser un líder, en lo relativo al ejercicio del mando policial; ya que es lo óptimo para lograr mejores resultados apegados a los derechos humanos, lo que impactará en un mejor servicio a la comunidad.

Cabe destacar que hoy existe una preocupación en las instituciones policiales, por erradicar las prácticas de los mandos con acciones déspotas, y por ello se han creado canales de denuncias anónimas y protocolos de denuncia segura.

En definitiva, lo que ya nos planteaba el Coronel Querubín en el año 46 aún está vigente en varios de sus postulados relativos al mando, evitando caer en conductas que hoy atentan contra la dignidad y respeto a los derechos humanos.

11.3 S.O.M. José Vera Muñoz: El poder del ejemplo y recomendaciones del "Método Giraldi" (preservación de la vida)

En cada disciplina existen personas que se destacan por ser expertos en el área, ya sea por su nivel de conocimiento o experiencia acumulada, convirtiéndose así en referentes para las nuevas generaciones. En el ámbito policial también existen esos referentes que más allá del poder que les otorga el grado que ostentan, tienen una autoridad profesional fruto de su trabajo, dedicación y compromiso, generando una muy significativa influencia hacia los demás.

En este capítulo, he querido destacar a uno de los Instructores de Derechos Humanos Aplicables a la Función Policial más importantes en Carabineros de Chile, quien reúne todos esos requisitos antes mencionados, agregando a su acervo el haber ha sido el profesor-instructor en más 15 promociones de instructores de derechos humanos. Además, que tiene la especialidad institucional de Instructor y es el único funcionario certificado en Carabineros de Chile con el *Método de Tiro Defensivo de Preservación de la Vida*, más conocido por el *Método Giraldi*, en honor a su creador el Coronel Nilson Giraldi de la Policial de Brasil hoy en retiro y que en la actualidad su metodología que se sigue impartiendo por la policía de dicho país.

Con la finalidad de conocer un poco más de este método, el autor entrevistó a quien fue su instructor en el curso de derechos humanos el año 2015, por lo que de primera fuente se ha recopilado la siguiente información:

En el año 2013, el SOM José Vera realizó el curso en comento en las instalaciones de la Escuela de Formación de la Policía de Tambillo EFPT Ecuador, el que fue impartido por la Policía del Distrito Federal de Brasil.

Para el Suboficial Mayor José Vera Muñoz, el Método Giraldi consiste en un conjunto de técnicas y normas creadas por el Coronel Nilson Giraldi, utilizado por la policía del Estado de Sao Paulo Brasil desde el año 1998 y avalado por las Organizaciones de las Naciones Unidas (ONU). Este método reúne ciertas características, unas de las principales hablan de la preservación de la vida, de inocentes, incluida de la policía, evitando de hacer uso de la fuerza y arma de fuego. O sea, la principal herramienta del policía en todo momento será la verbalización y el uso de la fuerza y de las armas de fuego siempre será su último recurso. El propósito fundamental del El "Método Giraldi" es servir y proteger a la sociedad y a sí mismo, debiendo tratar en todo momento resolver los procedimientos sin el uso de la fuerza, sin disparar. A su vez, no hacer ingresos a lugares cerrados, no importa cuanto sea tiempo que demore en resolver el procedimiento, lo principal es no poner en peligro la vida y la integridad física de personas inocentes.

El Método Giraldi, es un curso donde el policía entre otras cosas aprende a disparar en diferentes escenarios, situaciones, dificultades, posiciones y distancias. Para su aplicación existe una pista básica utilizando cartón tipo blanco con características "PM - L - 74" cuyo centro es de color gris y sin valoración en su entorno. Otra pista es la de instrucción policial (PPI), la que simula situaciones de realidad con objetivos de cartón, móviles y abatibles, debidamente caracterizados como seres humanos, víctimas, neutrales y agresores, donde el alumno es guiado por el instructor. De esta forma aprende a usar su arma y a actuar de manera individual y en equipo en todo tipo de enfrentamientos armados, ya sea que necesiten o no disparar.

La instrucción se lleva a cabo en pistas adaptadas o naturales, que representan todo tipo de procedimientos que la policía puede encontrar en la vida real. Posteriormente, los objetivos de cartón son reemplazados por personas reales y, usando simulaciones de armas de fuego pintadas de amarillo o azul. Esta instrucción se da en forma de "teatro", con la policía como actores. Este ejercicio, está destinado a preparar a los agentes de policía para realizar servicios especiales, o en lugares especiales, tales como: acciones tácticas; por ejemplo: recuperación de áreas y sitios tomados por partes de infractores de ley u otros escenarios.

En lo relativo a este libro en particular, es muy relevante destacar que el Método Giraldi, guarda importante relación con el discernimiento del uso de la fuerza, principalmente, porque el policía deberá evaluar si es necesario su utilización y en especial el arma de fuego, debiendo distinguir si es necesario hacer uso de otros elementos que le entrega el Estado para su buena ejecución. Por eso se hace necesario que los funcionarios encargados de hacer cumplir la ley (FEHCL), estén en constante capacitación y entrenamiento donde el fundamento de fondo será no generar la posibilidad de vulnerar los derechos humanos y el irrestricto cumplimiento a los derechos humanos y respeto de la dignidad de las personas. Es importante dejar en claro que el "Método Giraldi" tendrá como propósito fundamental servir y proteger a la sociedad y a sí mismo, debiendo en todo momento resolver los procedimientos sin el uso de la fuerza y las armas de fuego siempre y cuando la situación así lo amerite.

Adicionalmente, es importante señalar que este método, es perfectamente compatible con la aplicación diferentes técnicas de defensa personal, ya que desde el punto de los derechos humanos y la preservación de la vida, para la buena ejecución del procedimiento, se deben aplicar técnicas de reducción y conducción, cuyas acciones son legítimas y están conformes a manuales existentes y protocolos asignados para cada procedimiento según estándares internacionales de derechos humanos aplicados a la función policial.

Un elemento muy característico de este método es la llamada Posición Sur o Guardia Baja Plegada, (representada en la portada de este libro), que no es una técnica de posición de tiro, sino más bien corresponde a una posición de control del arma, que utilizan policías aplicables en situaciones de riesgo y alerta; que presentan los funcionarios encargados de hacer cumplir la ley (FEHCL). Para su uso, el policía deberá tener en cuenta ¿cuándo?, ¿dónde?, ¿cómo? y ¿por qué? se debe utilizar esta técnica.

En ese sentido, la posición del arma en todo momento debe ir dirigida con el cañón del arma, conjuntamente con los aparatos de puntería dirigidos hacia el suelo, en cuarenta y cinco grados, dirigida hacia los costados y puede ser cubierta o no con la palma de la otra mano sobre el arma. Esta posición, además de generar una visualización poco agresiva para quien va a ser controlado, tiene como uno de sus objetivos minimizar el riesgo de lesión accidental por disparo no deseado.

Esta posición, nos señala el Suboficial Mayor Vera, es utilizada en situaciones de alerta y riesgo que presentan los funcionarios encargados de hacer cumplir la ley (FEHCL), permitiendo mantener el arma corta empuñada y controlada por el policía e incluso protegida en eventos en los cuales no sea propicio y seguro enfundarla. Esta técnica o Posición Sur, el arma no se debe mantener separada del cuerpo, aunque sea apuntando al suelo. Insistió que no es una posición de tiro, sino una técnica por medio de la cual el arma estará disponible al instante si es requerida. Además, esta técnica para los policías es cómoda y de descanso tanto para los brazos, hombros y torso; y a su vez genera protección para el arma ya que se presenta en todo momento apoyada al cuerpo. Con esta posición se evita que si se "escapa" un disparo ya sea por mala manipulación o errores aplicados por los policías, éste se dirija al suelo y en un punto o zona segura evitando que se afecte la integridad personas o policías. Se hace necesario señalar que los disparos no se "escapan" por si solos. Para poder evitar esta acción el dedo en todo momento va fuera del arco guardamonte y fuera del disparador.

Un aspecto importante que recalca dicho experto es que; aunque no queramos y no nos demos cuenta como policía, existe un grado de alteración del estado mental y físico del FEHCL, lo cual implica un potencial riesgo de accidente por pérdida de capacidad cognitiva y física. También existen otras circunstancias en que se aplica la Posición SUL, siendo esta ideal para la intervención en equipos tácticos tanto en lugares abiertos y cerrados, de ese modo, el arma a utilizar nunca debe ir en dirección a la espalda del policía que antecede o de aquel que se sitúa inmediatamente adelante.

Finalmente, desde su experiencia, el referente en comento reflexiona y entrega consejos o recomendaciones a las nuevas generaciones de policías, en relación a lo que la sociedad presenta en grandes cambios, exigencias, requerimiento y atención hacia la ciudadanía, por lo que insta aquellos jóvenes policías que conforman las instituciones policiales para ser más profesionales en sus áreas, que participen constante en capacitaciones, y certificaciones en el área del uso de la fuerza , armas de fuego, y sobre todo en derechos humanos. Como policía somos fieles representante del Estado y de su institución policial, debiendo para ello velar por el irrestricto cumplimiento de las leyes y el respeto a los derechos humanos, logrando un potencial en los conocimientos que permitan un constante perfeccionamiento en las actuaciones policiales en su país.

"Ustedes son los garantes de la seguridad y protectores de todas las personas. Ustedes son los responsables de que las personas crean en ustedes y de su institución policial. Por lo tanto, su misión es servir y protegerlos siempre[150]".

---

[150] S.O.M. José Vera Muñoz. Entrevista escrita, recibida el 3 de julio de 2023.

11.4 Acciones para mejorar la cultura de derechos humanos que impactan en la seguridad pública.

Se podría decir que hoy, en esta era digital es cada vez más difícil ejercer la labor policial, dado que la sociedad es cada vez es más compleja, y quien no se capacita, perfecciona y está en constante actualización queda rápidamente obsoleto.

Es mucho lo que la sociedad espera de las policías, y si bien existe un esfuerzo por satisfacer esas necesidades, no se puede negar que la falta de una dotación ideal en países latinoamericanos conlleva a grandes sacrificios personales y familiares que van en contra de los propios derechos humanos de los policías, lo que es avalado legalmente en beneficio de la seguridad de la nación y bien general. No obstante, en materia comparada de la realidad Europea, ya se visualiza un mayor resguardo de los tiempos de descanso, para garantizar un óptimo desempeño, en la lógica que un policial en malas condiciones es un riesgo para todos.

Una labor tan delicada, en la que está en juego derechos tan fundamentales como la vida, libertad y seguridad de las personas, deben ser ejercidas por profesionales altamente capacitados en diferentes áreas del conocimiento.

Si bien, los oficiales en Chile tienen una formación inicial de cuatro años, ésta se va complementando en servicio, ocurriendo lo mismo en el caso de suboficiales que después de los dos años de formación, continúan con el perfeccionamiento, especialización y capacitación sistemática.

El comprometerse mediante acciones concretas en las políticas públicas, ya sea en los planes de derechos humanos que tributan al EPU, o las que cada Estado estime pertinente conforme a su realidad, genera un involucramiento para cambiar la cultura desde el interior y de esta manera se logra un mayor compromiso, que no podría darse con convicción si se entregara como una mera imposición.

Es por esto, que, al hacer la bajada mediante planes de fortalecimiento, existe una plena conciencia de lo que se desea lograr. Lo que además, se puede evidenciar y mediar tangiblemente. He sido testigo de cómo en tan poco tiempo Carabineros de Chile, logró una robusta institucionalidad de derechos humanos, con una Dirección a cargo de una

Oficial de Grado General, de la cual dependen tres departamentos que velan por temas específicos en materia de grupos de especial protección, derechos humanos aplicados la función policial y ley 21.057 que Regula Entrevistas Grabadas en Video y, Otras Medidas de Resguardo a Menores de Edad, Víctimas de Delitos Sexuales.

Sumado a que tiene 15 secciones regionales que están bajo su dependen técnica, con profesionales de profesión abogados e instructores de derechos humanos, aplicados a la función policial que están permanentemente capacitando y fiscalizando, para que las unidades se adecuen al estándar internacional de derechos humanos, los mandos respeten los tiempos de descanso y se respete a cabalidad los derechos de personas privadas de libertad, para así cumplir los protocoles vigentes.

Esto es un ejemplo para la región, destacando en este sentido, que permanentemente concurren delegaciones de diversas policías del mundo, a ver el funcionamiento de dicha dirección especializada en derechos humanos, en la que se destacan buenas prácticas que apuntan a que todos aporten en derechos humanos.

11.5 Todos aportamos en derechos humanos

"Dímelo y lo olvido, enséñame y lo re-
cuerdo, involúcrame y lo aprendo"
Benjamín Franklin

La experiencia en todos estos años como estudiante, docente, instructor y trabajo diario en temáticas de derechos humanos me han generado la convicción que no basta con solo dar una capacitación, por cumplir metas y transformarlas a números con bellas estadísticas. Comparto plenamente la máxima que se atribuye a Benjamín Franklin: *"Dímelo y lo olvido, enséñame y lo recuerdo, involúcrame y lo aprendo".* Esto ha sido uno de mis principales aportes, tratar de cambiar el tradicional paradigma donde solo el más antiguo o el "experto" es quien instruye. Estudiando pedagogía me quedó muy claro que el aprendizaje debe ser significativo y se debe construir, no imponer como se evidencia en el modelo conductista.

Es por ello, que una de las iniciativas que, si generan aprendizajes duraderos, es cuando el policía se involucra al investigar un caso policial. Preparar una presentación y luego exponerla a sus pares, para finalmente en un acta guiada estampar sus reflexiones y asociar lo realizado con el estándar internacional, nacional e interno; en materia de derechos humanos. Con esto logramos que todos aporten, es un ganar o ganar.

Actualmente Carabineros de Chile, lo ha tomado y declarado en PNDH 2022-2025, y tiene como meta lograr que el 80% de sus integrantes de orden y seguridad, realicen a lo menos una vez un estudio de caso.

El eslogan: "todos aportamos en derechos humanos", es prácticamente una filosofía de vida, que parte con pequeñas acciones como saludar al otro, querer ayudar a los demás como un acto desinteresado de filantropía, no es necesario solo dar recursos económicos, quien entrega su tiempo a la defensa y promoción de derechos humanos es algo que vale mucho más. De ahí, que este aporte lo puede hacer cualquiera que tenga el interés de mejorar.

Como docente reconozco que siempre he aprendido algo de mis alumnos, nadie lo sabe todo, no siquiera las nuevas tecnologías con IA son ajenas al error, se ha demostrado que igual se equivocan.

Pero, en definitiva, ¿cómo puedo aportar en derechos humanos?

Si tuviera que entregar un listado resumido en 7 puntos, tomando todas aquellas buenas prácticas, sin duda pondría las siguientes:

- *Decir siempre la verdad.* El peor enemigo de toda institución es la mentira y en las policiales al ser una muestra representativa de las sociedades no son la excepción. Esto crea desconfianza y deslegitimación, es cosa de recordar los difundidos casos; huracán, Catrillanca o fraude cuyos daños son incalculables.
- *Estudio permanente.* Es vital en estos tiempos estar actualizado en el conocimiento, alguien que solo se queda con lo aprendido en su formación inicial difícilmente puede entregar una orientación de calidad.
- *Entrenamiento constante.* Repasar las técnicas y tácticas policiales es clave para que no se oxiden, no esperar que alguien venga a enseñarnos, uno puede formar equipos, o incluso ver los tutoriales que están disponibles en cada policía.
- *Aportar ideas.* La creatividad no tiene límites, siempre es positivo proponer ideas.
- *Análisis Foda.* Ser crítico tiene su lado bueno, por ello, el analizar permanente las fortalezas, oportunidades, amenazas y debilidades sirven para enmendar el rumbo y también valorar lo que cada uno ha logrado.
- *Denunciar a los que vulneren los derechos humanos.* Si bien es una obligación legal, debe ser una obligación moral dado los principios y valores que rigen a cada una de las instituciones policiales.
- *Empatía.* Ponerse en el lugar del otro es lo que marca la diferencia, sin duda, es poner la inteligencia emocional en acción en beneficio de los derechos humanos.

Lo anterior, está en estrecha relación con lo que el CICR 2012 recomienda en torno a los 8 aspectos principales en la *Guía para la Conducta y el Comportamiento de la Policía "derecho internacional de los derechos humanos y principios humanitarios para el ejercicio profesional de la función policial"*, donde detalla:

- Cumplir siempre los deberes que impone la ley, sirviendo a la comunidad y protegiendo a todas las personas contra los actos ilícitos.

- Respetar y proteger la dignidad humana, así como mantener y defender los derechos humanos de todas las personas.
- Usar la fuerza sólo cuando sea estrictamente necesario y en la medida necesaria.
- Mantener en secreto las cuestiones de carácter confidencial, salvo que el cumplimiento del deber o las necesidades de la justicia exijan lo contrario.
- Nunca torturar o infligir tratos crueles, inhumanos o degradantes.
- Garantizar la plena protección de la salud de todas las personas bajo su custodia.
- No cometer acto de corrupción alguno.
- Respetar la ley y el presente código de conducta, así como prevenir y oponerse a toda violación de éstos.

Existe un gran vacío, en la falta de textos sobre derechos humanos, aplicados a la función policial, dado que solo hay manuales, por ende; recomiendo plenamente investigar y escribir sobre esta temática, estoy plenamente seguro de que cada policía es un gran libro de nivel enciclopédico por todas las experiencias que vive a diario. Solo en el caso de Carabineros de Chile que tiene más de 250 funciones conlleva a conocer de todo un poco, como, por ejemplo; conocimientos básicos de primeros auxilios que permiten poder asistir con diligencia a un parto de mujeres que no alcanzan a llegar a un hospital, técnicas de rescate de nado que permiten salvar a personas que se están ahogando, entre muchas otras, donde este liderazgo se ejerce por convicción.

Estas acciones evidencian, el día a día del policía del siglo XXI, quien ha interiorizado que está al servicio de la comunidad, efectuando las intervenciones con un irrestricto apego a los derechos, privilegiando el diálogo como un elemento clave antes de toda acción de fuerza física o uso de medios menos letales o letales.

12 La interacción con la ciudadanía en contextos complejos: el enfoque del Agente de Diálogo en Carabineros de Chile. Sergio Vivanco Z., sociólogo

El conflicto social, forma parte de las sociedades democráticas modernas. El sistema democrático despliega diversos recursos para canalizarlo y evitar que se transforme en un peligro real para su estabilidad. Precisamente el conflicto está en el centro de las preocupaciones y problemáticas actuales de múltiples gobiernos en diversas zonas del mundo, siendo Latinoamérica un escenario frecuente donde este fenómeno tiene lugar.

Los motivos son multicausales, aunque existe cierto consenso que las sociedades de esta región del planeta enfrentan serios desafíos en materia de gobernanza, donde el Estado y sus instituciones se esfuerzan por administrar lo que se ha dado en denominar como una crisis que tiene aristas políticas, económicas, culturales y sociales entre las cuales la seguridad pública destaca como una de las principales demandas ciudadanas.

En la actualidad, cada vez es más complejo para los Estados mantener las condiciones para garantizar el desenvolvimiento de las múltiples actividades de la vida en sociedad y para los gobiernos, no solo implica llevar adelante la difícil tarea de gobernar, sino también las formas en que el aparato estatal se desenvuelve ante los ciudadanos. Las maneras en que interactúa con las personas y el tipo de relación que establece con los individuos, son desafíos que hoy forman parte de las prioridades en la gestión pública.

En poblaciones con mayores índices de educación superior, con ciudadanos más exigentes de sus derechos, en medio de una desconfianza generalizada hacia las instituciones, el recelo hacia el Estado y sus organismos, demandas ciudadanas no del todo satisfechas y en sociedades donde suelen prevalecer posturas críticas y desafectadas con respecto al accionar estatal, la gobernanza se vuelve una tarea primordial para evitar una ruptura y alejamiento mayores con las personas.

En este contexto crítico, surge una cuestión central que se relaciona con armonizar el legítimo ejercicio de los derechos de todas las personas que habitan el territorio con la función que el Estado y la sociedad le han encargado a los cuerpos policiales como instituciones encargadas de hacer cumplir la ley. Estas juegan un rol determinante en la mantención de las condiciones que permiten el normal funcionamiento de las actividades y el orden público del entorno, resguardando el estado de derecho, entendido como un "postulado que presenta una expectativa de normalidad, cuyo contenido puede quedar reducido a la afirmación de que el Estado debe buscar la conformación de un equilibrio que evite la excepción como estado de cosas totalmente político" (Marshall, P. 2010:186). Esta expectativa de normalidad es uno de los pilares fundamentales de la convivencia democrática.

Por otra parte, en la actualidad la convivencia entre los ciudadanos y los organismos del Estado se ha vuelto crítica. Los efectos del desarrollo han producido distancias importantes entre las personas y las instituciones. La masificación de la educación en vastos sectores de la población ha elevado su capacidad de crítica y ha aumentado la desconfianza hacia las organizaciones estatales, la política, las organizaciones privadas y los medios de comunicación, entre otros, poniendo en jaque al organigrama democrático. Las nuevas pautas de socialización a las que han sido expuestas las nuevas generaciones han modificado el tipo de relación con las figuras de autoridad, estableciendo un nuevo trato con los padres, profesores y otros agentes socializadores.

La autoridad, ya no se sustenta por sí misma o por el cargo que ostenta, o solo porque la ley lo mandata. Hoy la obtención de la legitimidad implica una exigencia que abarca múltiples planos, descartando todo acto de imposición unilateral. Por otra parte, los movimientos de reivindicación social, en su legítimo actuar, han conseguido logros para las personas en el fortalecimiento de sus derechos, pero a su vez, estos avances han tenido como efecto no esperado el debilitamiento de la noción de responsabilidad ciudadana con respecto a su entorno y los efectos que la propia conducta puede producir en terceros.

La sociedad chilena, ha cambiado de manera drástica en los últimos 30 años. (Brunner, J.J.,2005). La consolidación del sistema democrático comienza a dejar atrás una concepción autoritaria de la sociedad, acentuada durante los 17 años de régimen militar, e impulsa hacia la instalación de modelos de convivencia más horizontales y nuevas demandas ciudadanas que, sin duda, traen tensiones para el colectivo en general.

Por otra parte, en los últimos años, independientemente de la administración política de turno, se ha instalado una constante inquietud a nivel social la que ha tenido diversos tipos de expresiones en las calles, en los medios de comunicación y en redes sociales (Cordero, R; Marín, C., 2005), lo que derivó en octubre de 2019 en una de las explosiones de violencia callejera más graves desde la recuperación de la democracia, poniendo al país en una delicada crisis institucional (Ramírez, C; Yáñez, C; Salinas; 2019).

Este clima sociocultural, se constituye en un importante desafío para las instituciones, entre las cuales se encuentran las Fuerzas Armadas y de Orden Público, que basan su esencia en la reproducción del orden y se fundan sobre la base de la reproducción de la estabilidad y del cumplimiento de la ley. En este sentido, uno de los principales desafíos actuales para la policía es la eficaz adaptación a este cambiante marco social, la apertura a las redefiniciones acerca de sus objetivos y roles en este nuevo escenario y fortalecer un fluido diálogo con la sociedad.

Uno de los particulares rasgos que la contingencia social ha dejado a la luz, es la constatación de un cambio significativo experimentado por quienes se manifiestan en la calle, especialmente los grupos de jóvenes que utilizan la violencia y se enfrentan directamente a las fuerzas de orden y seguridad. La osadía y alta intensidad de la agresividad exhibida, la actitud desafiante ante la autoridad, la determinación para acometer un enfrentamiento directo contra los funcionarios del orden, el grado de coordinación de su accionar, sus técnicas de evasión y la voluntad de destrucción, entre otros, son nuevos rasgos de un insólito despliegue en la calle que también es posible observar en distintas latitudes.

Estas nuevas realidades, han significado a los cuerpos policiales ajustar procedimientos y prácticas relativas al control del orden público, que muestran ser ineficaces ante estas nuevas dinámicas y complejidades.

Por otra parte, los manifestantes que concurren de manera legítima a ejercer su derecho a expresión pacífica en el espacio público exhiben rasgos propios de un ciudadano empoderado, educado, hiperinformado y crítico frente a las figuras de autoridad, entre las que se cuentan a la policía.

Este conjunto de atributos mencionados, son parte de un fenómeno globalizado, y no solo responden a cuestiones de la realidad local, por lo cual diversas policías en el mundo han debido repensar las estrategias de intervención en el contexto de manifestaciones públicas. En Chile, esta transición cultural está siendo objeto de estudio por parte de la institución de Carabineros, lo que ha devenido en el análisis y diseño de nuevos despliegues para los servicios policiales en contexto de manifestaciones, acompañado de prácticas que sean funcionales y eficaces para enfrentar el nuevo contexto con un enfoque de respeto a los derechos humanos, evitando la deshumanización de quienes se manifiestan de manera legítima y pacífica, reconociéndolos en su calidad de sujetos de derechos y enfrentando de manera profesional los brotes de violencia que suelen surgir de manera aislada pero con gran visibilidad mediática.

Estas nuevas perspectivas en la institución policial son fruto de años de elaboración y asimilación de los conceptos que en la actualidad rigen a toda policía moderna y que se ajustan a la doctrina de los derechos humanos aplicados a las funciones policiales. Dicha tendencia se proyecta en la mayoría de las instituciones policiales, que se rigen bajo los parámetros del sistema democrático, lo que implica hacerse cargo y someterse a las obligaciones internacionales en materia de derechos humanos, como también la convicción de que el accionar de la policía, como agente estatal, se rige bajo los compromisos contraídos con la comunidad internacional en esta materia que se expresan en la suscripción de acuerdos y la firma de convenciones vinculantes. Es por lo anterior que la creación en Carabineros de Chile del Departamento de Derechos Humanos en el año 2012 y la posterior creación de la Dirección de Derechos Humanos en 2019, revelan la importancia que le otorga la institución a este enfoque, particularmente en razón de la complejidad de los nuevos escenarios en que debe actuar y el escrutinio ciudadano permanente al cual se somete.

Los desafíos de la figura del Agente de Diálogo

La comunicación, interacción y diálogo entre Carabineros de Chile y los ciudadanos; es un aspecto que día a día ocurre a lo largo del territorio nacional, caracterizándose históricamente como uno de sus atributos esenciales, esto es, la cercanía cotidiana con los habitantes del país. Por su naturaleza, despliegue territorial y labores que cumple, este cuerpo policial es depositario en la actualidad de una alta confianza pública, la que se sitúa por sobre el 70% en los recientes estudios de opinión en el país.

Pero esto ha experimentado variaciones en los últimos años. Las graves alteraciones al orden público producto de los sucesos del 18 de octubre de 2019, contingencia que en los medios de comunicación fue consignada como "estallido social", producto de una serie de problemas de orden estructural de la sociedad chilena, produjo un punto de inflexión en la relación de Carabineros de Chile con la ciudadanía. La magnitud de la violencia y destrucción ejercida por grupos radicalizados interpelaron seriamente a la función policial, poniendo en jaque su capacidad operativa y despliegue de personal efectivo entrenado específicamente para hacer frente a una grave contingencia que se desarrollaba a nivel nacional y que dejaba perpleja a la mayoría de los ciudadanos que observaban atónitos a través de los medios de comunicación cómo los límites del orden público eran arrasados y se materializaban a través de inéditos y graves enfrentamientos directos con las fuerzas policiales.

El saldo de aquellos convulsionados días significó un proceso doloroso para la institución de Carabineros. Cuestionamientos desde la ciudadanía por actuaciones policiales, acusaciones desde sectores políticos y actores sociales, funcionarios y civiles con daños físicos y psicológicos, implicaron el inicio de masivas investigaciones judiciales para esclarecer acontecimientos que tuvieron lugar en medio del caos reinante. Mientras, en forma paralela y haciendo frente a diversas presiones, Carabineros de Chile iniciaba un proceso de revisión, ajustes y modificación de sus prácticas en el contexto del control del orden público, especialmente lo que dice relación con escenarios complejos.

La reconexión con la ciudadanía surgió como una necesidad apremiante y, del mismo modo, mostrar una señal concreta a la sociedad chilena de la genuina voluntad de la Institución por buscar nuevos canales relacionales con las personas que concurren al espacio público a manifestarse o a participar en eventos masivos. Asimismo, era necesario enviar una clara señal evidenciando la voluntad dialogante de la institución de Carabineros con la ciudadanía, recuperar la confianza cuestionada y brindar un espacio de seguridad en el cual la comunicación entre civiles y policías superara la coacción. Esto implicó que Carabineros de Chile revisara experiencias en policías del extranjero que contaran con metodologías de acercamiento, con la finalidad de sondear su potencial aplicabilidad a la realidad cultural local.

En este marco, durante el año 2020, surgió la figura del funcionario policial como Agente de Diálogo, un actor que reconecta a la función policial con los ciudadanos que se manifiestan o se congregan masivamente de manera pacífica en el espacio público ejerciendo su derecho a la libre expresión. Con esta finalidad, desde ese año, se realiza periódicamente un curso bajo el alero del Centro Nacional de Perfeccionamiento y Capacitación de Carabineros de Chile, inicialmente en modalidad on line, a funcionarios de la institución, sin distinción de género, oficiales y personal, y de distinta graduación. Dicha instancia formativa, cuya duración es de cinco días, está compuesta por tres módulos en los cuales se aborda la temática de las sociedades complejas y la conflictividad social, el enfoque psicosocial del funcionario desplegado en escenarios críticos y los alcances jurídicos locales e internacionales que enmarcan el accionar de este agente. El estreno en terreno de los agentes de diálogo durante el año 2022, con ocasión de la inauguración de la Convención Constitucional en el edificio del Congreso Nacional en Santiago, tuvo una excelente recepción en los medios de comunicación, los cuales relevaron testimonios de ciudadanos gratamente sorprendidos con la misión de este agente dialogando con personas que se congregaban en los alrededores.

La figura del Agente de Diálogo, aborda el accionar policial como una instancia de comunicación expedita con ciudadanos en contextos pacíficos en los cuales se establece contacto e interlocución con quienes lideran la manifestación, proporcionando información útil a los participantes, dando orientaciones con respecto a las condiciones que deben prevalecer para preservar el carácter pacífico de la manifestación, como también atender requerimientos urgentes de parte de los ciudadanos, entre otras funciones. En este sentido, el rol del Agente de Diálogo cobra sentido necesariamente en contextos pacíficos y cuando están dadas las condiciones para la comunicación con las personas participantes en este tipo de eventos.

Dado lo anterior, el propósito esperado de la figura del Agente de Diálogo es generar un canal de interacción efectivo en el desarrollo de eventos masivos programados y no programados de orden público, destinado a la comunicación entre participantes de aquellos y personal policial, para la entrega recíproca de información relevante que garantice el desarrollo del evento en condiciones pacíficas, evitando el brote y escalamiento de actos violentos.

Las expectativas sobre el rol del Agente de Diálogo

El repertorio del accionar en terreno del funcionario Agente de Diálogo es una cuestión sobre la cual existen diversas expectativas. En relación a esto hay dos dimensiones importantes que se relacionan entre sí, una es el enfoque conceptual y lo otra está constituida por la experiencia práctica en terreno. Ambas, tanto las definiciones teóricas y su consonancia con el desenvolvimiento en terreno de estos funcionarios le imprimirán el sello necesario que contribuirá a la consolidación del agente de Diálogo en la calle. Para que esto ocurra el agente como figura debe desplegarse un tiempo razonable de manera sistemática en terreno, adquirir visibilidad pública y probar in situ la factibilidad de los roles asignados y las expectativas en torno al éxito en su gestión.

Dicho esto, el Agente de Diálogo debe ser capaz de entregar a la ciudadanía un canal que le brinde confianza y goce de legitimidad, para ejercer el derecho a la libre expresión en el espacio público y le garantice una adecuada interacción con la policía durante un evento que se desarrolla de manera pacífica. Esto con la finalidad de lograr un acercamiento entre funcionarios policiales y las personas participantes en eventos masivos, y que, a su vez, suponga un aislamiento entre estos últimos y los grupos que contemplan la violencia como mecanismo de expresión de descontento.

El despliegue de este funcionario debe favorecer la generación de un clima de distensión con quienes participan en manifestaciones pacíficas en el espacio público y proponer un tipo de comunicación que refleje la genuina intención de ayuda y orientación para que el evento se encauce adecuadamente, lo que contribuye a instalar un nuevo significado de la presencia policial en este tipo de convocatorias, asociadas al apoyo y la cooperación.

El Agente de Diálogo, debe desplegar competencias y conocimientos adecuados para la interacción y entrega de información a las personas en estos contextos, para lo cual deberá exhibir habilidades que favorezcan la comunicación eficaz con el propósito de incentivar la autogestión de aquellas con miras a inhibir y aislar eventuales brotes de violencia.

Finalmente, el contexto cultural es un aspecto relevante que no puede ser omitido al momento de implementar una función como la descrita en este artículo. La aplicabilidad de este tipo de actividad policial en otras partes del mundo no es garantía de éxito inmediato en el escenario local. Las expresiones de manifestación en el espacio público, el tipo de ocupación del territorio, las formas de canalizar la violencia, entre otros aspectos, forman parte las particularidades, valores y prácticas de la sociedad en que ocurren, como también la impronta que tienen las policías en cada realidad en la que operan. La legitimidad del actuar de los cuerpos policiales, la adhesión ciudadana hacia los mismos y los grados de consenso político y social sobre su labor son dimensiones que influyen en la percepción y evaluación la policía, por lo tanto, la valoración pública de cualquier iniciativa, particularmente si es novedosa, estará inscrita en un marco previo, favorable o desfavorable.

No obstante, y más allá de esta última reflexión, Carabineros de Chile, como institución moderna, valora y aspira a una eficaz conexión con la sociedad, para lo cual el despliegue del Agente de Diálogo constituye una valiosa oportunidad, la que viene a confirmar su atenta y aguda lectura de los cambios que experimenta el entorno social y el legítimo anhelo de proyectarse como un actor clave en la sociedad chilena que surgirá en los tiempos venideros, acercándose ya a los cien años de su fundación.

Referencias bibliográficas

Marshall, Pablo. (2010). El Estado de derecho como principio y su consagración en la Constitución Política. Revista de Derecho Universidad Católica del Norte. Sección: Ensayos. Año 17 - N° 2, 2010. pp. 185-204

Brunner, J.J. (2005). Chile: cambio cultural. Fundación Chile

Cordero, R; Marín, C. (2005). Los Medios Masivos y las Transformaciones de la Esfera Pública en Chile. Revista Persona y Sociedad, vol XIX, n° 3, año 2005. Escuela de Sociología, Universidad Diego Portales; Facultad de Ciencias Sociales e Historia, Universidad Diego Portales.

Ramírez, C; Yáñez, C; Salinas, I. Chile, la democracia se acabó: crisis institucional en el 18-O chileno. Revista Representaciones, segundo semestre de 2019. Carlos Ramírez, Escuela de Ciencia Política - Universidad de Artes y Ciencias Sociales; Cristopher Yáñez-Urbina, Escuela de Psicología - Universidad de Santiago de Chile; Iván Salinas, Instituto de Asuntos Públicos - Universidad de Chile.

13 Discernimiento en el uso de la fuerza y la compleja interpretación de los medios de comunicación y redes sociales. Periodista Mg. Marcelo A. Balbontín R.

(Julio 2023)

Introducción:

El concepto de la fuerza, si lo consideramos sólo desde el punto de vista de su significado, nos podría referir, según la Real Academia Española de la Lengua (RAE) al: "Vigor, robustez y capacidad, para mover algo o a alguien que tenga peso o haga resistencia; como para levantar una piedra, tirar una barra, etc." o en su segunda acepción de las dieciséis que contempla, a la "Aplicación del poder físico o moral.

En el imaginario colectivo de millones de personas, en tanto, y sobre todo para los amantes del cine de ciencia ficción, este término resulta imposible no llevarlo al *film Star Wars* y su saga, con la permanente lucha de conseguir y seguir el camino de la fuerza, incluso si este camino nos lleve al su lado oscuro.

Sin embargo, en el ámbito de los derechos humanos, y si ellos aplican a la función policial, el sentido de la fuerza cobra un significado fundamental, para su correcto uso; que se da principalmente en la aplicación de la fuerza y eventualmente en algunos aspectos muy específicos de la privación de la libertad. Para una fuerza policial, será fundamental poder definir con claridad este ámbito que, en Chile, hasta hoy, no está regido por una ley y sus referencias legales, sólo las podemos encontrar en normativa nacional propia del siglo XIX.

En ese sentido, y con las características de un mundo cada vez más interconectado e interdependiente, sumado a importancia en los medios de comunicación social y redes sociales en las temáticas del uso de la fuerza, en especial de las armas de fuego, cobran especial relevancia para los medios por los efectos que puedan tener en la legitimidad del uso de la fuerza por parte de agentes o instituciones del Estado, sobre todo si de su uso, como medida extrema, se puede quitar el bien más preciado por una sociedad como lo es la vida.

Así, la cobertura mediática de hechos policiales y situaciones de control del orden público y donde existe un uso de la fuerza, cobra especial interés y es sujeto de permanente análisis, que muchas veces por inexactitudes, desconocimiento y falta de transparencia, puede conducir a conclusiones erróneas e incluso predeterminar o limitar una actuación policial, pensando en cómo reaccionarán los medios y redes sociales.

Desarrollo:

Carabineros de Chile, a partir del año 2013 buscó definir un estándar en el uso de la fuerza que le permitiera con meridiana claridad resolver básicamente tres aspectos relativos a ella. Determinar la magnitud de la fuerza que debe ser usada, el contexto en que se ejerce y con qué los elementos y técnicas serán aplicados. En ese sentido, se podría señalar que, en ámbito normativo, no será hasta el año 2013, con la Circular de N° 1.756 del 13 de marzo de ese año, de la Dirección General de Carabineros que define un claro estándar que será actualizado en el 2019 con la Circular N° 1.832 de 01 de marzo de 2019 de la Dirección General de Carabineros. Ambas circulares, se basan en de la normativa chilena, los principios internacionales de derechos humanos aplicables a la función policial y las buenas prácticas policiales.

En ese sentido, el Manual de Técnica de Intervención Policial para Carabineros de Chile, Nivel 1(2016) señala claramente que la facultad de Carabineros para emplear la fuerza y armas de fuego en el cumplimiento de sus deberes deriva de la Constitución Política de la República que, en el artículo 101 inciso segundo, deposita en las Fuerzas de Orden y Seguridad el ejercicio del monopolio estatal de la fuerza en el ámbito interno. La Ley N° 18.961 de 1990 "Orgánica Constitucional de Carabineros de Chile", en los artículos 1° a 4°, confiere a Carabineros de Chile sus atribuciones legales de policía.

En ese mismo manual se señala que, "las causales de justificación penales específicas ante los posibles efectos dañinos de la fuerza coactiva de Carabineros se encuentran en el Código Penal, artículo 10 numerales 4° a 7°, que está relacionado, a su vez, con los artículos 410, 411 y 412 del Código de Justicia Militar".

Mientras que "en el ámbito internacional las normas más importantes se encuentran en el "Código de conducta para funcionarios encargados de hacer cumplir la Ley" del año 1979 y en los "Principios básicos sobre el empleo de la fuerza y las armas de fuego" de 1990".

En ese sentido, la fuerza solo debe aplicarse cuando sea estrictamente necesaria y en la medida requerida para el desempeño de las funciones policiales. Esta concepción generó la concurrencia de una serie de principios para su correcto uso (Legalidad, Necesidad, Proporcionalidad y Responsabilidad). A ellos se le podría sumar otros, lo que actualmente está en evaluación en Chile, como los principios en de distinción o precaución (ambos con un sentido diferente al que ofrecen en el Derecho Internacional Humanitario de donde son originarios) y el principio de racionalidad, que tendría su orientación en la capacidad de discernimiento de quien usa la fuerza.

Así mismo, este modelo para el uso de la fuerza en Carabineros de Chile generó un cuadro con niveles para su uso gradual y diferenciado que varían en su aplicación según la resistencia que ejerce, un infractor de ley o a quien se le realiza un control policial y la fuerza que ejerce el funcionario policial.

En ese sentido y pese a que dichas temáticas forman parte de las mallas curriculares de todos los planteles educacionales de la Institución, ya sea en sus etapas de formación inicial, perfeccionamiento, capacitación, especialización y en general durante todo el periodo de desarrollo de su carrera profesional, implementadas desde la Dirección de Educación, Doctrina e Historia de Carabineros, en conjunto con la Dirección de Derechos Humanos y Protección de la Familia de Carabineros, puedes existir dudas al momento de proceder, lo que sería esencial reforzar un discernimiento efectivo que permita el correcto uso de la fuerza, tema central de este libro.

Entonces, *¿Por qué se podría generar esta duda al proceder, influenciada por lo que aparezca o se diga en un medio de comunicación social, o se viralice en una red social?*

Al parecer, serían varios los factores los que podrían influir. En principio la agenda de los medios en el país, ya que pareciera que también en la región se contempla una amplia difusión de situaciones relativas a la inseguridad ciudadana y procedimientos policiales; lo que antiguamente en la jerga periodística era conocido como la "crónica roja". Ello se ve reforzado con los programas de televisión que durante muchas horas en las mañanas acompañan al televidente, con información miscelánea que tiende ser del ámbito policial. Debido a ello y al extenso espacio de tiempo que deben cubrir se contempla despachos en directo, análisis de los conductores e invitados expertos para analizar el tema. La misma dinámica ocurre o la vemos replicadas en medios radiales, escritos o digitales con algunas variantes propias de las características del medio.

Es así, como cuando ocurre un hecho de estas características tiende a recibir una amplia cobertura. Por ejemplo, el 8 de abril de 2016, cuando se realizaba una protesta masiva de taxistas en el centro de la capital, en reclamo contra las aplicaciones de transporte privado como Uber y Cabify. Durante la protesta, el conductor de un taxi fue detenido por Carabineros tras haber agredido a una persona en una avenida cercana al lugar donde se lo fiscalizaba.

La detención fue antecedida por un momento de tensión, ya que el Carabineros, instantes antes de detener al taxista, decidió desenfundar su arma de servicio y apuntar a conductor de taxi ante la negativa del hombre de detener y bajar del vehículo y tras acelerar el motor con una posible intención atropellas al funcionario policial.

Otro hecho ocurrió el 12 de junio de 2018, durante una fiscalización al vehículo de transporte informal que estaba dejando pasajeros en el aeropuerto de Santiago, luego de verificar que realizaba servicio Uber, el funcionario policial le notificó al conductor que el auto será retirado de circulación, tras lo cual se genera un intentó huir y abalanza el auto contra el policía. Ante esa situación, el uniformado hizo uso de su arma de servicio, disparando e hiriendo al conductor.

Finalmente, en febrero del 2021 en la comuna de Panguipulli, un joven que ejercía el oficio de malabaristas con machetes en las esquinas de un semáforo pedía dinero a los vehículos. La acción ocurre luego que el joven es fiscalizado por un funcionario policial, y de manera intempestiva el malabarista se abalanza contra en uniformado, intentando agredirlo con los machetes, ante lo cual el funcionario hace uso de su arma de fuego, lamentablemente provocándole la muerte.

Todos estos casos, se resolvieron judicialmente en favor de los funcionarios policiales al tiempo después, pero en su momento tuvieron una amplia difusión mediática, lo que implicó un exhaustivo análisis de ellas en los diferentes medios con la concurrencia de especialistas de Carabineros y de otras áreas como abogados, a diferentes para explicar dicho procedimiento.

Dicho lo anterior *¿Pueden estos hechos y el revuelo mediático que causan hacer dudar a un funcionario policial que está en medio de un procedimiento cómo debe* *actuar? ¿Requiere un especial discernimiento que contemple la opinión o mirada de los medios de comunicación?*

En primera instancia deberíamos contestar que no, categóricamente. No podría ni debería influenciar o condicionar la futura actuación de un Carabineros en un procedimiento policial lo que pueda decir un medio. Sin embargo, es importante señalar que mucho podría depender del ambiente social que se esté viviendo en un momento determinado y que dicho ambiente pudiera derivar en una agenda en los medios que genere un sesgo a la hora de informar. Un buen ejemplo de ello fue el estallido social en un primer momento, con sensación ambiente contraria a Carabineros por sus actuaciones en el control del orden público o actualmente con el aumento se los índices de inseguridad y luego de las lamentables muertes de funcionarios en actos de servicio, con una sensación ambiente claramente a favor de la institución. Ello podría llevar sin dudas a complejizar los fundamentos de una explicación de un procedimiento determinado ya sea en una ocasión o la otra.

Si eliminamos esta variable subjetiva (sesgo mediático), un funcionario policial debería estar en condiciones para poder explicar normativamente un procedimiento y que en dicha explicación incorporara además la forma de discernimiento que le llevó a la convicción que se actuó de acuerdo con estos estándares normativos vigentes y no de manera fortuita.

Lo importante, es que tanto es aspecto normativo del uso de fuerza con sus principios y niveles, como el proceso de discernimiento explicado en otros capítulos en este libro, sea el aspecto dominante por el cual se realizó un procedimiento policial.

Ello, porque el poder explicar un procedimiento policial bajo los estándares internacionales de derechos humanos, es una acción eminentemente técnica, que no requiere de otros elementos que no sean los incorporados en los procesos de aprendizajes y capacitación de un funcionario policial, desprovistas de sesgos, estereotipos y todo tipo de discriminación. Sólo de esta manera, se logrará garantizar la legitimidad del uso de la fuerza por parte de una institución policial y ser garantes de la seguridad de todos.

Sin embargo, también puede haber aspectos objetivos que dificulten en ese proceso de análisis y entrega de información clara. Ello debido a la constatación (registros audiovisuales posteriores) de errores frecuentes que se realizan en procedimientos policiales, los que no corresponden a las prácticas y protocolos vigentes, lo sumado a una cultura organizacional que en ocasiones tiende a ser poco transparente por temor a las críticas o sanciones conspira sin duda para una entrega de información, precisa, transparente y oportuna (Caso Catrillanca). En ese sentido, la reciente actualización de protocolos e incorporación progresiva de nueva tecnología y equipamiento para ampliar el rango del uso de la fuerza (Wrapball) o las cámaras corporales, resultan fundamentales para exhibir mejores índices de transparencia y legitimidad que ya demuestran las últimas encuestas de opinión públicas.

En otras ocasiones, existe una dificultad clara por parte de los medios, en comprender la forma en que se aplica el principio de proporcionalidad; principio fundamental para entender el uso correcto de la fuerza, lo que genera múltiples explicaciones y conjeturas de especialista jurídico, que no siempre logran aclarar el hecho para los medios, y por lo tanto con mayor razón para el público. Aquí, la figura de vocero institucional especialista, y con dotes comunicacionales mínimos; resulta fundamental, para lograr aclarar debidamente un procedimiento, y no permitir que un hecho en particular escale en una crítica o cuestionamiento de un procedimiento policial.

Conclusión

El discernimiento para el uso de la fuerza debe estar fundado en el conocimiento de la normativa vigente, por parte del funcionario policial. Su práctica, en tanto, debe estar fundada en el permanente entrenamiento de las técnicas y tácticas de intervención policial, de aquellos procedimientos más usuales que debe enfrentar un carabinero, y que guarda relación con el control o fiscalización de personas, vehículos, ingreso a lugares cerrados. De igual forma el control físico, la reducción, el esposamiento y la conducción de un detenido, son algunos de los momentos en que se bebe hacer uso de la fuerza de manera gradual o diferenciada y cuando sea absolutamente necesario y como último recurso incluso el arma de fuego.

En tanto, los medios de comunicación y periodistas, (a ellos se les puede pedir mayores niveles de responsabilidad en el uso y difusión de la información); deben tener claridad de cuáles son las normas que rigen el uso de la fuerza de las policías, las leyes, reglamentos o protocolos y clarificar de esta manera a las audiencias si el uso de la fuerza policial fue correcto o no. Las implicancias de esta acción no son de poca importancia, ya que el ejercicio de la facultad fiscalizadora de los medios de comunicación permite legitimar o no, no sólo el uso de la fuerza, sino legitimar la actuación de las instituciones policiales que legalmente tienen el monopolio del uso de la fuerza en la sociedad.

Finalmente, el funcionario policial y los funcionarios policiales deben entonces no tener solamente el claro, el cómo, el cuándo y el con qué medios usar correctamente la fuerza, sino que complementariamente a ello, poder explicar o fundamentar en un medio de comunicación o ante las consultas de periodistas, cómo, porqué y bajó que estándares se utilizó la fuerza. Ello se podrá responder adecuadamente, si se está debidamente capacitado en el conocimiento de las normativas, si se efectúa un proceso de discernimiento adecuado para tomar la decisión para el uso de la fuerza, que pase por la reflexión de sus principios y que ambos procesos sean parte del entrenamiento constante de un funcionario policial.

En ese sentido, los estándares de derechos humanos aplicados a la función policial son las actuaciones mínimas o básicas requeridas a la hora de realizar o adoptar un procedimiento. Por esta razón, la incorporación de los derechos humanos en las organizaciones policiales es fundamental, porque permiten tener claridad del límite que se tiene para actuar, (hasta donde puedo llegar), una guía para mi actuación (cómo debo actuar) y finalmente un respaldo a mi actuación (cuál es mi respaldo normativo o jurídico para actuar).

Por otro lado, los medios de comunicación deben tener consciencia de la responsabilidad, que tienen a la hora de informar adecuadamente estos procedimientos a los ciudadanos, exigiendo la transparencia que debe operar a la hora de dar cuenta de estos hechos por parte de las instituciones policiales, pero también contar con todos los elementos de juicio antes de emitir una información o dictaminar lo correcto o incorrecto de un hecho cubierto. En ese sentido, a lo mejor también sería una buena idea traspasar el concepto de discernimiento al ejercicio de la labor profesional del periodismo.

14 Regulación emocional y el uso de la fuerza: La dinámica del comportamiento en situaciones de alto impacto policial. Psicólogo Mg. Jasson Berly Zafirópulos

En situaciones de alto impacto policial, donde el correcto uso de la fuerza es necesario para garantizar la seguridad y respetar los Derechos Humanos, la regulación emocional juega un papel fundamental. Los agentes de policía se enfrentan a escenarios de gran tensión emocional y estrés, lo que puede influir en su capacidad para tomar decisiones adecuadas y responder de manera apropiada. En este ensayo, exploraremos la importancia de la inteligencia emocional en el comportamiento policial, analizando el discernimiento en situaciones de alto impacto emocional. Además, proporcionaremos una guía de autocuidado personal y grupal para ayudar a los agentes a mantener su bienestar mientras ejercen su profesión.

14.1 Análisis desde la inteligencia emocional

La inteligencia emocional, se refiere a la capacidad de reconocer, comprender y regular las propias emociones y las de los demás. En el contexto policial, es esencial que los agentes desarrollen una alta inteligencia emocional, para manejar eficazmente situaciones de alto impacto emocional. La regulación emocional implica la capacidad de controlar y gestionar las emociones de manera adecuada, evitando que estas interfieran con la toma de decisiones y el uso de la fuerza.

Cuando un oficial de policía se encuentra en una situación de alto impacto, como un enfrentamiento violento o una amenaza inminente, es natural que experimente una respuesta emocional intensa. Sin embargo, la capacidad de regular estas emociones y mantener la calma es crucial para evitar respuestas desproporcionadas o violentas. Un oficial emocionalmente inteligente puede evaluar rápidamente la situación, tomar decisiones informadas y responder de manera proporcionada, minimizando el riesgo de violaciones de los Derechos Humanos.

El discernimiento en situaciones de alto impacto emocional implica la capacidad de evaluar la amenaza real y percibida, así como de reconocer y diferenciar entre las emociones propias y las de los demás. Esto permite a los Funcionarios Encargados de Hacer Cumplir la Ley (FEHCL) o policías evaluar rápidamente la situación y responder de manera acorde, utilizando la fuerza de manera justa y proporcional. La empatía también desempeña un papel importante, ya que permite a los agentes comprender las emociones y motivaciones de las personas involucradas, facilitando la resolución pacífica de los conflictos cuando sea posible.

La regulación emocional, es una habilidad crucial en situaciones de alto impacto emocional, ya que puede ser la diferencia entre una respuesta adecuada y una respuesta excesiva o inapropiada. En el caso de las fuerzas policiales, la regulación emocional es especialmente importante, ya que su trabajo a menudo implica la necesidad de utilizar la fuerza para proteger a la comunidad y hacer cumplir la ley. Sin embargo, el uso inapropiado de la fuerza por parte de la policía puede tener graves consecuencias para los Derechos Humanos y la Seguridad Pública.

Para entender la dinámica del comportamiento en situaciones de alto impacto policial, desde una perspectiva de la Inteligencia Emocional, es importante considerar tres aspectos claves: *la conciencia emocional, la regulación emocional y la empatía.*

La conciencia emocional, se refiere a la capacidad de reconocer y entender las emociones propias y de los demás. En situaciones de alto impacto policial, la conciencia emocional, puede ayudar a los agentes a reconocer sus propias emociones, como el miedo o la ansiedad, y a comprender las emociones de las personas con las que interactúan. Esta habilidad puede permitirles responder de manera más efectiva y empática a las situaciones, evitando la escalada innecesaria de la violencia.

La regulación emocional, por otro lado, se refiere a la capacidad de controlar y regular las emociones propias. En situaciones de alto impacto policial, la regulación emocional es esencial para evitar respuestas excesivas o inapropiadas ante situaciones estresantes o peligrosas. Los agentes deben ser capaces de controlar sus emociones para tomar decisiones informadas y respetuosas de los derechos humanos, y para evitar la escalada de la violencia.

La empatía, es otra habilidad emocional clave en situaciones de alto impacto policial. Esta hace referencia a la capacidad de comprender y sentir las emociones de los demás. En situaciones de alto impacto policial, la empatía puede permitir a los agentes comprender las perspectivas y necesidades de las personas con las que interactúan, lo que puede ayudar a evitar la escalada de la violencia y de manera asertiva resolver los conflictos de manera pacífica.

Además, de estas habilidades emocionales, es importante que los agentes de policía adopten prácticas de autocuidado personal y grupal; para ayudar a prevenir el agotamiento emocional y el estrés. Estas prácticas pueden incluir la meditación, el ejercicio, la terapia y el apoyo emocional de los compañeros y superiores. Los FEHCL, también deben recibir capacitación en regulación emocional y resolución de conflictos, para ayudarles a responder de manera efectiva y respetuosa ante situaciones de alto impacto.

¿Cómo se puede enseñar a los agentes de policía, a desarrollar habilidades de conciencia emocional, regulación emocional y empatía?

Existen diversas estrategias, que pueden ser utilizadas para enseñar a los agentes de policía a desarrollar habilidades de conciencia emocional, regulación emocional y empatía. Algunas posibles estrategias incluyen:

1. Entrenamiento en inteligencia emocional: Los agentes de policía pueden recibir capacitación en inteligencia emocional, ya sea en forma de talleres, cursos en línea o sesiones de entrenamiento individualizado. Estas capacitaciones pueden ayudar a los agentes a desarrollar habilidades de conciencia emocional, regulación emocional y empatía, a través de ejercicios prácticos y discusiones grupales.

2. Role-playing y simulaciones: La realización de role-playing y simulaciones, pueden ayudar a los agentes a practicar situaciones de alto impacto emocional, y así; desarrollar habilidades de regulación emocional y empatía. Estas prácticas pueden ser realizadas en equipo, supervisadas por un instructor psicólogo, que brinde una correcta retroalimentación y una guía asertiva.

3. Prácticas de mindfulness: Las prácticas de mindfulness, pueden ayudar a los agentes a desarrollar habilidades de conciencia y regulación emocional, a través de la meditación y la atención plena. Estas prácticas pueden ser enseñadas desde la aplicación de talleres o como parte de programas de entrenamiento de inteligencia emocional.

4. Capacitación en resolución de conflictos: Los agentes de policía, reciben capacitación en técnicas de resolución de conflictos, que pueden ayudarles a desarrollar habilidades de empatía y a resolver situaciones de alto impacto emocional de manera pacífica y respetuosa.

Es importante destacar que la enseñanza de habilidades socioemocionales no es un proceso único y estático, sino que es un proceso continuo y adaptativo. Los agentes de policía deben recibir capacitación y apoyo constante, para desarrollar y mantener estas habilidades que luego aplicará de manera efectiva en situaciones de alto impacto emocional.

¿Cómo se puede asegurar que los agentes de policía apliquen efectivamente las habilidades socioemocionales en situaciones de alto impacto emocional?

Para asegurar que los agentes de policía apliquen efectivamente las habilidades socioemocionales en situaciones de alto impacto emocional, es importante implementar un enfoque integral, que aborde tanto la capacitación y el desarrollo de habilidades socioemocionales; como la supervisión y el apoyo continuo. Algunas medidas que se pueden considerar son:

1. Supervisión y retroalimentación: Los supervisores deben monitorear el comportamiento de los agentes de policía en situaciones de alto impacto emocional, para luego brindar retroalimentación constructiva, en beneficio y mejoramiento del desempeño de los agentes de policía. La retroalimentación debe ser específica, concreta y relevante para la situación.

2. Evaluación de desempeño: La evaluación regular de desempeño de los agentes de policía, debe incluir una evaluación de su capacidad, para aplicar habilidades socioemocionales en situaciones de alto impacto emocional. Esta evaluación de desempeño emocional puede ser realizada por personal de un staff de psicólogos institucionales o por expertos externos.

3. Apoyo emocional: Los agentes de policía, deben tener acceso a un apoyo emocional que les permita de la mejor manera manejar el estrés y el agotamiento emocional, asociado con el trabajo policial. Este apoyo puede incluir servicios de asesoramiento, grupos de apoyo y programas de bienestar emocional.

4. Cultura organizacional: La cultura organizacional, debe fomentar la aplicación efectiva de habilidades socioemocionales en situaciones de alto impacto emocional. Esto puede lograrse a través de la promoción de valores como la empatía, la compasión y el respeto por los derechos humanos, la creación de oportunidades para el desarrollo de habilidades socioemocionales y la celebración de ejemplos de aplicación efectiva de estas habilidades.

Es importante destacar, que la aplicación efectiva de habilidades socioemocionales en situaciones de alto impacto emocional es un proceso continuo, que requiere un compromiso constante por parte de los líderes y supervisores de las fuerzas policiales. Al implementar estas medidas, se puede ayudar a garantizar que los agentes de policía apliquen efectivamente estas habilidades en situaciones de alto impacto emocional, lo que puede mejorar la seguridad pública y el respeto por los derechos humanos.

Además de las medidas que mencioné anteriormente, existen otras estrategias que pueden ayudar a asegurar que los agentes de policía apliquen efectivamente las habilidades socioemocionales en situaciones de alto impacto emocional. Algunas de estas estrategias son:

1. Establecer protocolos claros: Los protocolos claros, pueden ayudar a los agentes de policía a saber cómo deben actuar en situaciones de alto impacto emocional. Estos protocolos deben incluir instrucciones sobre cómo aplicar habilidades socioemocionales en situaciones de alto impacto emocional, así como instrucciones sobre cómo utilizar la fuerza de manera adecuada y respetuosa ante los derechos humanos.

2. Capacitación continua: La capacitación en habilidades socioemocionales, debe ser un proceso continuo y no solo una actividad puntual. Los agentes de policía deben recibir capacitación periódica para mantener y mejorar sus habilidades socioemocionales, y para aprender nuevas estrategias y enfoques que puedan aplicar en situaciones de alto impacto emocional.

3. Monitoreo y evaluación: Es importante monitorear y evaluar el desempeño de los agentes de policía en situaciones de alto impacto emocional, para identificar áreas de mejora y proporcionar retroalimentación constante. Esto puede ayudar a los agentes a mejorar su desempeño y a aplicar efectivamente las habilidades socioemocionales en situaciones de alto impacto emocional.

4. *Participación comunitaria:* La participación comunitaria, puede ayudar a fomentar la aplicación efectiva de habilidades socioemocionales en situaciones de alto impacto emocional. Los agentes de policía pueden trabajar con la comunidad para desarrollar estrategias de resolución de conflictos y para promover el diálogo y el entendimiento mutuo. Esto puede ayudar a prevenir situaciones de alto impacto emocional y a reducir la necesidad de utilizar la fuerza.

14.2 Una perspectiva desde las Neurociencias

Las Neurociencias, consiguen ser una herramienta valiosa para los agentes de policía en situaciones de alto impacto emocional, ya que pueden ayudarles a entender cómo funciona el cerebro en situaciones de estrés, y cómo pueden aplicar habilidades socioemocionales de manera efectiva y respetuosa de los Derechos Humanos. Algunos aspectos de las neurociencias que pueden ser relevantes para los agentes de policía en actuaciones operativas de alto impacto incluyen:

1. *La respuesta al estrés:* En situaciones de alto impacto emocional, el cerebro puede activar la respuesta de lucha o huida, que puede afectar la capacidad de los agentes de policía para tomar decisiones racionales y aplicar habilidades socioemocionales de manera efectiva. Los agentes de policía pueden aprender a identificar los signos de estrés en sí mismos y en otros, y a de manera correcta utilizar técnicas de regulación emocional, para mantener la calma y tomar decisiones más acertadas.

2. *La empatía y la perspectiva de los demás*: La empatía, es una habilidad socioemocional clave que puede ayudar a los agentes de policía a comprender la perspectiva de las personas con las que interactúan en situaciones de alto impacto emocional. Las neurociencias han demostrado que la empatía y la capacidad de tomar la perspectiva de los demás, están relacionadas con la actividad en ciertas regiones del cerebro, y que estas habilidades pueden ser entrenadas y desarrolladas.

3. *La toma de decisiones:* En situaciones de alto impacto emocional, los agentes de policía pueden enfrentarse a decisiones difíciles, que pueden tener consecuencias importantes para la seguridad pública y el respeto de los derechos humanos. Las neurociencias pueden ayudar a los agentes de policía, a entender cómo funciona la toma de decisiones en situaciones de estrés, y cómo pueden aplicar técnicas de toma de decisiones efectivas y éticas en diversas situaciones.

En conclusión, las neurociencias pueden ser una herramienta valiosa para los agentes de policía, en situaciones de alto impacto emocional, ya que pueden ayudarles a desarrollar habilidades socioemocionales y de toma de decisiones efectivas y respetuosas de los derechos humanos. Al utilizar estos conocimientos de las neurociencias, los agentes de policía pueden mejorar su capacidad para interactuar de manera efectiva y respetuosa con las personas en situaciones de alto impacto emocional, lo que puede mejorar la seguridad pública y la confianza de la comunidad en la policía.

¿Cómo pueden los agentes de policía, aplicar estas habilidades en situaciones de la vida real?

Los agentes de policía pueden aplicar estas habilidades socioemocionales en situaciones de la vida real, utilizando diferentes técnicas y estrategias adaptadas a cada situación. Algunas posibles formas en que los agentes de policía pueden aplicar estas habilidades en situaciones de la vida real incluyen:

1. Escucha activa: Los agentes de policía pueden demostrar empatía y habilidades de escucha activa al escuchar atentamente las preocupaciones y necesidades de las personas involucradas en la situación. Esto implica prestar atención no solo a las palabras, sino también a la comunicación no verbal y al tono de voz.

2. Regulación emocional: Los agentes de policía pueden aplicar habilidades de regulación emocional para mantener la calma en situaciones de alto impacto emocional. Esto implica identificar las emociones propias y de los demás, utilizando técnicas de relajación y respiración que puedan   reducir el estrés y mantener la claridad mental.

3. Perspectiva de los demás: Los agentes de policía, pueden aplicar habilidades de perspectiva de los demás, para entender las necesidades y perspectivas de las personas involucradas en la situación. Esto puede implicar ponerse en el lugar de las personas involucradas y considerar sus circunstancias, necesidades y preocupaciones.

4. Toma de decisiones éticas: Los agentes de policía, pueden aplicar habilidades de toma de decisiones éticas, para tomar decisiones efectivas y respetuosas de los derechos humanos en situaciones de alto impacto emocional. Esto implica considerar las opciones disponibles, evaluar los riesgos y beneficios de cada opción, para así tomar una decisión ética y coherente desde las normas y valores de la sociedad.

Es importante destacar, que la aplicación efectiva de estas habilidades en situaciones de la vida real requiere práctica y experiencia. Los agentes de policía pueden beneficiarse de la capacitación y el entrenamiento continuo para el desarrollo de estas habilidades, su aplicación efectiva en situaciones de la vida real. Además, los diferentes mandos de las fuerzas policiales pueden proporcionar apoyo y retroalimentación constante, para ayudar a los agentes a mejorar su desempeño y aplicar efectivamente estas habilidades en situaciones de alto impacto emocional.

La aplicación efectiva de habilidades socioemocionales en situaciones de la vida real, puede ser un proceso complejo y desafiante para los agentes de policía, especialmente en situaciones de alto impacto emocional. Sin embargo, hay varias estrategias que pueden ayudar a los agentes de policía a aplicar efectivamente estas habilidades en situaciones de la vida real. En este sentido, la aplicación efectiva de habilidades socioemocionales en situaciones de la vida real requiere un enfoque integral que aborde la capacitación, la supervisión, el modelado de comportamiento, el desarrollo de protocolos y directrices y la participación comunitaria.

14.3 La importancia del autocontrol emocional que deben tener los agentes policiales en su acción diaria

El autocontrol emocional, es una habilidad clave para los agentes de policía en su acción diaria. El autocontrol emocional se refiere a la capacidad de regular y controlar las emociones propias en situaciones estresantes y emocionales. En el caso de los agentes de policía, el autocontrol emocional es importante, porque les permite mantener la calma y tomar decisiones racionales y éticas en situaciones de alto impacto emocional.

La falta de autocontrol emocional puede tener graves consecuencias en la acción policial, ya que puede llevar a decisiones impulsivas y poco efectivas. Por ejemplo, un agente de policía que pierde el control emocional en una situación tensa puede utilizar la fuerza de manera excesiva o inapropiada, lo que puede poner en riesgo la seguridad de todos los involucrados y socavar la confianza de la comunidad en la policía.

Por otro lado, el autocontrol emocional puede ayudar a los agentes de policía a tomar decisiones acertadas y respetuosas de los derechos humanos en situaciones de alto impacto emocional. El autocontrol emocional les permite mantener la claridad mental y la capacidad de razonamiento crítico, lo que les permite evaluar la situación de manera efectiva y tomar decisiones que sean apropiadas y éticas.

Además, el autocontrol emocional, puede ayudar a los agentes de policía a establecer relaciones más efectivas y respetuosas con las personas involucradas en la situación. Los agentes de policía que demuestran autocontrol emocional pueden transmitir una sensación de calma y confianza, que ayuda a reducir la tensión y mejorar la comunicación con las personas involucradas.

El autocontrol emocional, es una habilidad crucial para los agentes de policía en su acción diaria. El autocontrol emocional les permite mantener la calma y tomar decisiones racionales y éticas, en situaciones de alto impacto emocional, lo que puede mejorar la seguridad pública y la confianza de la comunidad en la policía. Los agentes de policía pueden desarrollar el autocontrol emocional, a través de la capacitación y el entrenamiento, la práctica y la retroalimentación constante, por parte de los líderes y supervisores de las fuerzas policiales.

Además, de los beneficios mencionados anteriormente, el autocontrol emocional también puede ayudar a los agentes de policía a evitar la escalada de situaciones conflictivas. Si un agente de policía pierde el control emocional, puede ser más probable que se involucre en una confrontación física o verbal con la persona involucrada, lo que puede aumentar el riesgo de lesiones o daños a la propiedad. Por otro lado, un agente de policía que demuestra autocontrol emocional puede ser capaz de reducir la tensión en una situación conflictiva y evitar una confrontación más grave.

El autocontrol emocional, también es importante para la salud mental y el bienestar de los agentes de policía. El trabajo policial puede ser estresante y emocionalmente agotador, y los agentes de policía que no tienen un buen control emocional, pueden ser más propensos a experimentar problemas de salud mental, como ansiedad, depresión y trastorno de estrés postraumático.

Por lo tanto, la capacitación y el entrenamiento en habilidades de autocontrol emocional, deben ser una parte integral del desarrollo profesional de los agentes de policía. Los agentes de policía deben aprender a identificar las emociones propias y de los demás, deben aplicar correctamente técnicas de regulación emocional, que ayuden a mantener la calma y a tomar decisiones acertadas en situaciones de alto impacto emocional.

Algunas de estas técnicas de regulación emocional, incluyen la respiración profunda, el mindfulness, la visualización y la relajación muscular progresiva. Estas estrategias pueden ayudar a los agentes de policía a reducir el estrés, la ansiedad y otros síntomas emocionales, que pueden interferir con su capacidad en la toma de decisiones efectivas y respetuosas de los derechos humanos.

Otro aspecto importante del autocontrol emocional es su relación con la empatía. La empatía se refiere a la capacidad de comprender y sentir las emociones de los demás, y es una habilidad clave para los agentes de policía en su interacción con la comunidad. La empatía puede ayudar a los agentes de policía, a establecer relaciones más efectivas y respetuosas con las personas involucradas en la situación, lo que puede mejorar la cooperación y la comunicación.

El autocontrol emocional es importante para la empatía, porque permite a los agentes de policía, mantener la calma y la claridad mental en situaciones emocionales, lo que les permite comprender y responder de manera efectiva a las emociones de los demás. Si un agente de policía pierde el control emocional en una situación tensa, puede ser difícil para ellos comprender y responder de manera efectiva a las emociones de los demás, lo que puede socavar la empatía y la capacidad de establecer relaciones efectivas.

Además, el autocontrol emocional; también puede ayudar a los agentes de policía a evitar el agotamiento emocional y la fatiga, puesto que estos pueden interferir con su capacidad para mostrar empatía y tomar decisiones efectivas. Los agentes de policía que no tienen un buen control emocional pueden ser más propensos a experimentar agotamiento emocional y fatiga, lo que puede afectar su capacidad para responder de manera efectiva a las necesidades y emociones de los demás.

En conclusión, el autocontrol emocional, es una habilidad crucial para los agentes de policía en su acción diaria. El autocontrol emocional les permite mantener la calma y tomar decisiones racionales y éticas, en situaciones de alto impacto emocional, como también les permite mostrar empatía y establecer relaciones efectivas con la comunidad. Los agentes de policía pueden desarrollar el autocontrol emocional a través de la capacitación, el entrenamiento, la práctica y la retroalimentación constante, por parte de los líderes y supervisores de las fuerzas policiales.

Existen varios autores importantes en el campo de la gestión socioemocional, que han desarrollado teorías y modelos para justificar la importancia de incorporar estos estudios en la práctica policial. Algunos de los autores más relevantes son los siguientes:

1. Daniel Goleman: Autor conocido en el campo de la inteligencia emocional. En su libro "Inteligencia Emocional", Goleman argumenta, que el éxito en la vida no solo depende del coeficiente intelectual, sino también de la capacidad de regular y controlar las emociones propias y de los demás. La inteligencia emocional es una habilidad que se puede desarrollar y que es esencial para liderar y trabajar efectivamente en equipos.

2. Richard Boyatzis: Autor importante en el campo del liderazgo y la gestión de equipos. Boyatzis ha desarrollado la teoría de las "competencias emocionales", que se refiere a la capacidad de los líderes y los miembros del equipo para comprender y regular las emociones propias y de los demás, así como para establecer relaciones efectivas y respetuosas con los demás.

3. Paul Ekman: Su trabajo radica en el campo psicológico de las emociones. Ekman ha desarrollado la teoría de las emociones básicas, que incluyen la alegría, la tristeza, el miedo, la ira, la sorpresa y el asco. Según Ekman, estas emociones son universales y se expresan de manera similar en todas las culturas. Los agentes de policía que comprenden y reconocen estas emociones pueden ser más efectivos en la comunicación con las personas involucradas en la situación.

4. Peter Salovey y John Mayer: Autores importantes en el campo de la inteligencia emocional. Salovey y Mayer han desarrollado la teoría de la inteligencia emocional, que se refiere a la capacidad de comprender y regular las emociones propias y la de los demás. Según ellos, la inteligencia emocional es una habilidad que se puede desarrollar, puesto que es esencial para el éxito en la vida personal y profesional.

La teoría y las investigaciones de estos autores pueden justificar la importancia de la gestión socioemocional en la práctica policial. La inteligencia emocional, la competencia emocional, la comprensión de las emociones básicas y el desarrollo de habilidades de regulación emocional pueden ayudar a los agentes de policía a comunicarse efectivamente con la comunidad, para así establecer relaciones respetuosas, que reduzcan el riesgo del uso excesivo de la fuerza. Además, estas habilidades pueden ayudar a los agentes de policía a manejar mejor el estrés y la tensión emocional dentro y fuera del trabajo, lo que puede optimizar su salud mental y bienestar.

La teoría de Salovey y Mayer, fundamentan el discernimiento en el uso de la fuerza, en situaciones de alto impacto emocional, que directamente recae sobre los agentes de policía

La teoría de Salovey y Mayer, sobre la inteligencia emocional; se centra en la capacidad de las personas para comprender y regular sus propias emociones, como las emociones de los demás. Según ellos, la inteligencia emocional, se compone de cuatro habilidades básicas:

- La percepción emocional.
- La comprensión emocional.
- La regulación emocional.
- La utilización emocional.

En el contexto de la gestión de situaciones de alto impacto emocional, las habilidades de percepción emocional y comprensión emocional son particularmente relevantes para los agentes de policía. La percepción emocional se refiere a la capacidad de reconocer y comprender las emociones propias y de los demás. En el caso de los agentes de policía, la percepción emocional les permite comprender y evaluar de manera efectiva las emociones de las personas involucradas en una situación, lo que puede ayudarles a tomar decisiones más informadas y respetuosas.

La comprensión emocional hace referencia a la capacidad de comprender y analizar las emociones, su influencia en el pensamiento y la conducta. Los agentes de policía, que tienen una buena comprensión emocional, pueden ser más efectivos en la gestión de situaciones emocionales y toma de decisiones en situaciones de alto impacto emocional.

Dicha regulación es otra habilidad importante en la teoría de Salovey y Mayer, puesto que menciona la capacidad de controlar y regular las emociones propias. En situaciones de alto impacto emocional, los agentes de policía deben ser capaces de controlar y regular sus propias emociones, para evitar reacciones impulsivas y tomar decisiones efectivas y respetuosas.

En cuanto a la utilización emocional, esta habilidad se refiere a la capacidad de utilizar las emociones de manera efectiva, para facilitar el pensamiento y la conducta. En el caso de los agentes de policía, la utilización emocional puede implicar la habilidad de utilizar las emociones propias y de los demás, donde se establezcan relaciones efectivas y respetuosas, con la comunidad, y así comunicarse de manera efectiva en situaciones emocionales.

En resumen, la teoría de Salovey y Mayer, sobre la inteligencia emocional, puede proporcionar una base teórica en la importancia del discernimiento del uso de la fuerza en situaciones de alto impacto emocional para los agentes de policía. Las habilidades de percepción emocional, comprensión emocional y regulación emocional pueden ayudar a los agentes de policía a comprender y gestionar las emociones propias y de los demás, en situaciones de alto impacto emocional; lo que puede mejorar su capacidad en la toma de decisiones informadas y respetuosas en estas específicas situaciones.

14.4 Cómo mejorar la regulación emocional en situaciones de alto impacto y manejar sus emociones de manera efectiva.

Algunas de estas estrategias incluyen:

1. *Entrenamiento en habilidades de regulación emocional:* Los agentes de policía pueden recibir entrenamiento específico en habilidades de regulación emocional. Este tipo de entrenamiento puede incluir técnicas de respiración y relajación, visualización, meditación y otras técnicas de mindfulness que les permitan controlar y manejar sus emociones en situaciones de alto impacto emocional.

2. *Desarrollo de la resiliencia emocional:* La resiliencia emocional se refiere a la capacidad de recuperarse rápidamente de situaciones emocionales difíciles. Los agentes de policía pueden desarrollar su resiliencia emocional a través de la práctica de actividades que les permitan

fortalecer su capacidad de recuperación, como el ejercicio físico, la meditación y el establecimiento de relaciones positivas con amigos y familiares.

3. Reflexión y autoevaluación: Los agentes de policía pueden mejorar su habilidad de regulación emocional al reflexionar sobre sus reacciones emocionales en situaciones de alto impacto y evaluando cómo podrían haber manejado la situación de manera diferente. La autoevaluación y la reflexión les permiten identificar patrones de comportamiento y emocionales y desarrollar estrategias para manejarlos de manera más efectiva.

4. Apoyo social y terapia: Los agentes de policía pueden buscar apoyo social y terapia para manejar el estrés y las emociones relacionadas con su trabajo. El apoyo social puede provenir de amigos, familiares, colegas y organizaciones de apoyo para agentes de policía, mientras que la terapia puede ayudar a los agentes de policía a desarrollar habilidades de regulación emocional y a manejar el estrés relacionado con su trabajo.

En resumen, los agentes de policía pueden mejorar su habilidad de regulación emocional en situaciones de alto impacto emocional a través de la práctica de técnicas de regulación emocional, el desarrollo de la resiliencia emocional, la reflexión y autoevaluación, el apoyo social y la terapia. Al mejorar su habilidad de regulación emocional, los agentes de policía pueden tomar decisiones más informadas y respetuosas en situaciones de alto impacto emocional y reducir el riesgo de uso excesivo de la fuerza.

¿Cómo pueden los agentes de policía, identificar patrones de comportamiento emocional para desarrollar estrategias de manejo efectivo?

Los agentes de policía pueden identificar patrones de comportamiento emocional para desarrollar estrategias de manejo efectivo a través de diversas técnicas y herramientas que les permitan reflexionar sobre sus experiencias y emociones en situaciones de alto impacto emocional. Algunas de estas técnicas incluyen:

1. Llevar un diario: Los agentes de policía, pueden llevar un diario donde registren sus experiencias y emociones en situaciones de alto impacto emocional. Esto les permite identificar patrones de comportamiento y emocionales que pueden estar afectando su capacidad para manejar estas situaciones de manera efectiva.

2. Evaluar las emociones: Los agentes de policía, pueden hacer una evaluación emocional después de una situación de alto impacto para identificar cómo se están sintiendo y cómo sus emociones pueden estar afectando su capacidad para tomar decisiones efectivas. Esto les permite desarrollar estrategias para manejar sus emociones de manera más efectiva en situaciones futuras.

3. Solicitar retroalimentación: Los agentes de policía pueden pedir retroalimentación a colegas y supervisores sobre su comportamiento y emociones, en situaciones de alto impacto emocional. Esto les permite obtener una perspectiva externa y objetiva, sobre su capacidad para manejar diferentes situaciones, y así, desarrollar estrategias para mejorar su rendimiento dentro y fuera de su contexto habitual.

4. Participar en grupos de discusión: Los agentes de policía, pueden participar en grupos de discusión con colegas, donde puedan discutir sus experiencias en situaciones de alto impacto emocional, para luego compartir y aplicar estrategias que manejen asertivamente dichas situaciones. Esto les permite aprender de las experiencias de otros y desarrollar nuevas habilidades como estrategias.

En resumen, los agentes de policía pueden identificar patrones de comportamiento emocionales, para desarrollar estrategias de manejo efectivo a través de la reflexión, la evaluación emocional, la retroalimentación y la participación en grupos de discusión. Al identificar estos patrones, y al desarrollar estrategias para manejarlos de manera efectiva, los agentes de policía pueden mejorar su capacidad para tomar decisiones informadas y respetuosas en situaciones de alto impacto emocional.

14.5 Una breve "Guía de autocuidado personal y grupal"

Para garantizar que los agentes de policía mantengan su bienestar emocional, y actúen de manera adecuada en situaciones de alto impacto, es esencial implementar prácticas de autocuidado personal y grupal. Estas son algunas sugerencias que pueden ser útiles:

1. *Entrenamiento en inteligencia emocional:* Proporcionar programas de capacitación en inteligencia emocional, para ayudar a los

agentes a reconocer y regular sus propias emociones, así como a comprender las emociones de los demás.

2. *Apoyo psicológico*: Establecer servicios de apoyo psicológico accesibles para los agentes, donde puedan hablar abiertamente sobre las experiencias estresantes y recibir orientación profesional para manejar el estrés y el trauma.

3. *Estrategias de manejo del estrés*: Enseñar técnicas de manejo del estrés, como la respiración profunda, la meditación o el ejercicio físico, que ayuden a los agentes a relajarse y mantener la claridad mental en situaciones tensas.

4. *Apoyo social*: Fomentar un entorno de trabajo que promueva el apoyo mutuo entre los agentes, y la construcción de relaciones sólidas. Esto puede incluir actividades sociales, sesiones de trabajo en equipo y programas de mentoría.

5. *Evaluación y revisión de políticas:* Regularmente evaluar y revisar las políticas y procedimientos relacionados con el uso de la fuerza, garantizando que estén alineados con los principios de los Derechos Humanos y fomentando una cultura de responsabilidad y transparencia.

En situaciones de alto impacto policial, la regulación emocional desempeña un papel crucial en el comportamiento adecuado y el uso correcto de la fuerza. A través del desarrollo de la inteligencia emocional, los agentes de policía pueden mejorar su capacidad para tomar decisiones informadas, responder de manera proporcionada y proteger los Derechos Humanos. Al mismo tiempo, es importante implementar estrategias de autocuidado personal y grupal para mantener el bienestar emocional de los agentes, permitiéndoles enfrentar los desafíos de su profesión de manera saludable y efectiva.

En conclusión, la regulación emocional es una habilidad crucial para las fuerzas policiales en situaciones de alto impacto. Los agentes de policía deben desarrollar habilidades de conciencia emocional, regulación emocional y empatía para responder de manera adecuada y respetuosa ante situaciones estresantes o peligrosas. Además, deben adoptar prácticas de autocuidado personal y grupal para prevenir el agotamiento emocional y el estrés. Al hacerlo, pueden ayudar a garantizar que la policía actúe de manera efectiva y respetuosa de los derechos humanos en situaciones difíciles y complejas.

En resumen, el autocontrol emocional es una habilidad crucial para los agentes de policía en su acción diaria. Dicho autocontrol, les permite mantener la calma y tomar decisiones racionales y éticas, en situaciones de alto impacto emocional, lo que puede mejorar la seguridad pública y la confianza de la comunidad en la policía. Los agentes de policía pueden desarrollar el autocontrol emocional a través de la capacitación y el entrenamiento, la práctica y la retroalimentación constante por parte de los líderes y supervisores de las fuerzas policiales.

15 Reflexiones Finales

Luego de revisar cada uno de los robustos aportes efectuados por los y las profesionales en las diferentes áreas del conocimiento, quienes han sido invitados por el autor, para complementar las miradas sobre el discernimiento del uso de la fuerza; se derivan las siguientes reflexiones finales:

Para tratar un tema tan delicado como los derechos humanos en la función policial, sin duda, es importante tomar como punto de partida a la ética; muy bien detallado por el doctor Alejandro Arroyo, lo cual está en sintonía con lo que en su momento expresó, el jurista francés René Cassin, de ahí, que, en la formación de un policía, es de suma relevancia potencializar y reforzar los valores y principios, establecidos en la doctrina de la esencia policial. El saber discernir, es clave en la función policial, por lo tanto, iniciar con el discernimiento ético, es un punto de partida lógico, como base argumentada; para luego poder aplicarlo al discernimiento del uso de la fuerza en situaciones reales.

Por otro lado, el rol que han jugado los organismos internacionales en promover una cultura de derechos humanos, como parte del multilateralismo; ha tenido réditos importantes, no obstante, es preciso mantener una legitimidad, para poder exigir con autoridad moral por el bien superior y no por fines personales o partidistas. En esta línea el doctorando Felipe Cartes entregó una mirada destacando que estos organismos desempeñan un papel vital, ya que a través de su labor, han establecido estándares y principios que buscan promover y proteger los derechos humanos en el contexto de las acciones policiales, tal como hemos observado en cada uno de los ejemplo propuesto, donde no solo han demostrado supervisar y ser un órgano contralor a la hora de generar cambios y sugerencias a los Estados por sobre el actuar de sus fuerzas de seguridad, sino que también han ayudado a crear nuevas estructuras de seguridad en las naciones adscritas a dichos organismos con la intención de prevenir la ocurrencia de hechos que vayan en contra la seguridad humana y el correcto desarrollo del respeto a los derechos fundamentales de los ciudadanos.

Como abordó la abogada Carolina Landaeta en su capítulo, hoy se requiere más que nunca actuar con probidad y transparencia en cada uno de los niveles, dado que la ciudadanía pone toda su confianza en los servidores públicos. Ejemplos de lo contrario a la probidad hay muchos y no revisten mayor análisis de las lamentables consecuencias que generan para quienes hacen bien su labor, lo que incide de cierta manera la seguridad pública.

El libro sostiene que un policía que desconoce el DUF (Discernimiento del Uso de la Fuerza) tiene mayores probabilidades de vulnerar los derechos humanos. Esta premisa queda plenamente comprobada al considerar el completo detalle presentado por el abogado Rodrigo Muñoz, en el cual el Estado de Chile reconoció internacionalmente ante la CIDH (Comisión Interamericana de Derechos Humanos) que violó los derechos humanos del joven Alex Lemún. A partir de este hecho, se comenzaron a establecer una serie de incorporaciones legales y de capacitación con énfasis en el uso de la fuerza, con la finalidad de dar cumplimiento a los tres deberes de: parar, reparar y garantizar la no repetición.

El autor en su calidad de docente, y experiencia en diferentes áreas de la función policial, tiene la plena convicción que el DUF, se puede potenciar y mejorar. Es por lo que la capacitación y entrenamiento en servicio son claves para un estado ideal. De ahí, que a falta de un programa robusto y anual para todos quienes se desempeñan en el ámbito operativo, en calidad de obligatorio como derecho adquirido, hace la gran diferencia entre una policía y otra, por ende, se debe por lo menos buscar otras estrategias metacognitivas y metodológicas que no irrogan por lo demás gastos económicos, como por ejemplo, la iniciativa "todos aportamos en derechos humanos" donde cada policía debe exponer un caso policial, lo que lo obliga a involucrarse, garantizando un aprendizaje más significativo. Ahora bien, si ya existe un programa para el cien por ciento con el estudio de caso como complemento se disminuye la curva del olvido.

Los agentes de diálogo, como bien trató el sociólogo Sergio Vivanco; son hoy una clara muestra de lo positivo de llevar a la práctica el discernimiento del uso de la fuerza. La verbalización es clave, pero para ello, se requiere tener competencias específicas, ahora bien, siempre alguien hacia esa función de diálogo, pero ahora al emular la experiencia europea con una vestimenta diferente y roles bien definidos se ha podido constatar la efectividad de esta modalidad y el evitar hacer uso de la fuerza en circunstancias cuando no es necesario.

Interpretar un hecho policial, no es tan fácil como parece, el ser objetivo en el siglo XXI, a pesar de toda la tecnología; es sin duda un claro desafío, por eso en el uso de la fuerza es clave para un profesional de las comunicaciones tener nociones básicas de derechos humanos aplicados a la función policial, lo que no es lo mismo que saber normativas legales contempladas en un código. Pero bueno, sería ideal que, en la malla curricular de periodismo, se enseñara, aunque sea a modo de taller derechos humanos aplicados a la función policial, lo que impactaría en la precisión de la noticia y a su vez un mayor aporte a la cultura cívica.

Por otro lado, tal como dejó claro el psicólogo Jasson Berly, en situaciones de alto impacto policial, la regulación emocional desempeña un papel crucial en el comportamiento adecuado y el uso correcto de la fuerza. A través del desarrollo de la inteligencia emocional, los agentes de policía pueden mejorar su capacidad para tomar decisiones informadas, responder de manera proporcionada y proteger los Derechos Humanos. Al mismo tiempo, es importante implementar estrategias de autocuidado personal y grupal para mantener el bienestar emocional de los agentes, permitiéndoles enfrentar los desafíos de su profesión de manera saludable y efectiva.

Para quien recién está en proceso de formación de convertirse en policía, es clave tener en cuenta que la vida es un derecho supremo como bien expresa el CICR, por ende, se debe hacer todo lo posible por preservarla y es ahí donde es clave saber discernir, dado que si se han agotado todas las instancias o existe un grave riesgo para la vida propia o de terceros se debe hacer el uso racional de la fuerza, lo cual estará amparado por las respectivas normas nacionales e internacionales de legítima defensa. Dudar un segundo puede hacer la diferencia, es por ello, que nadie puede coartar el utilizar los elementos menos letales o letales en dichas circunstancias.

La frase cuidar a los que cuidan que ya se ha difundido a nivel mundial parece ser hoy una filosofía que cambió el antiguo paradigma del policial temerario que actuaba sin meditar las consecuencias para demostrar su ímpetu policial, que terminaba en trágicas consecuencias. Eso no es sinónimo de no hacer, sino que poder tomar una mejor decisión de manera más inteligente para lograr los mismos y mejores resultados.

Finalmente, solo me queda por expresar mi profunda admiración por cada hombre y mujer que diariamente arriesgan su vida por ayudar a mantener una sociedad segura, donde se puedan ejercer los derechos humanos en plenitud. Es por ello, que las reflexiones y opiniones de este libro deben ser tomadas como una orientación para la protección de la propia vida y además para discernir con conocimiento y seguridad antes de hacer uso de la fuerza en alguna situación determinada, con lo cual se pretende evitar daños que pueden ser irreversibles.

16 Glosario de derechos humanos

(Citas textuales de fuentes de referencia)

Alto Comisionado de las Naciones Unidas para los Derechos Humanos (ACNUDH): El Alto Comisionado para los Derechos Humanos es el principal funcionario de derechos humanos de las Naciones Unidas. El Alto Comisionado encabeza la Oficina del Alto Comisionado de las Naciones Unidas para los Derechos Humamos (OACNUDH) y dirige los esfuerzos de las Naciones Unidas en materia de derechos humanos. Forma parte de la Secretaría de las Naciones Unidas y su sede principal está establecida en Ginebra.

FUENTE: Glosario de términos claves en materia de derechos humanos y enfoque de derechos (ACNUDH Paraguay 2009)

Disponible en https://www.acnudh.org/wp-content/uploads/2019/07/Glosario-de-t%C3%A9rminos-claves-en-materia-de-DDHH.pdf

Consejo de Derechos Humanos de la ONU (CDH): Es el órgano político principal de las Naciones Unidas, que debate sobre cuestiones de derechos humanos. El CDH está conformado por Estados miembros. Entre sus funciones figuran la de crear los mandatos de los procedimientos especiales de derechos humanos, y nombrar a los relatores/as especiales, así como desarrollar el Examen Periódico Universal (EPU).

FUENTE: Glosario de términos claves en materia de derechos humanos y enfoque de derechos (ACNUDH Paraguay 2009)

Disponible en https://www.acnudh.org/wp-content/uploads/2019/07/Glosario-de-t%C3%A9rminos-claves-en-materia-de-DDHH.pdf

Comisión Interamericana de Derechos Humanos: Órgano principal de la OEA encargado de promover la observancia de la defensa de los derechos humanos en el continente americano. Sirve también como órgano de consulta a los Estados Miembros de la OEA en materia de derechos humanos (Carta de la OEA, 1948: artículo 106). La CIDH se creó en 1959, como una entidad autónoma de la OEA.

Sin embargo, en 1967 se integró como uno de sus órganos principales (Rodríguez-Pinzón, 2004: 174-175). Tiene su sede en Washington, D.C., y está integrada por siete expertos independientes, quienes deben contar con una alta autoridad moral y una reconocida trayectoria en materia de derechos humanos. Los expertos son elegidos a título individual por los Estados Miembros de la OEA y durarán en su encargo cuatro años con la opción de ser reelegidos (Estatuto de la CIDH, 1960: artículos 2-3, 16).

La CIDH, ejerce sus funciones en tres niveles: El primer grupo de funciones las ejerce con relación a todos los Estados Miembros de la OEA. El segundo grupo de funciones las ejerce con relación a los Estados Miembros que han ratificado la CADH, u otro instrumento internacional que le otorgue las mismas atribuciones. El tercer grupo de funciones las ejerce con relación a los Estados Miembros de la OEA que no han ratificado la CADH, ni ningún otro instrumento internacional que le otorgue estas atribuciones (Estatuto de la CIDH, 1960: artículos 18-20).

Las funciones de la CIDH las podemos dividir en (Rodríguez Pinzón, 2004: 177-206):

i) Políticas: Consisten en todos aquellos mecanismos –negociación, presión política, etc. – que le permiten promover y proteger los derechos humanos en un Estado Miembro de la OEA. Dentro de las funciones políticas, encontramos:

• Observaciones o visitas in loco. Es la facultad que tiene la CIDH de realizar visitas a los países con la finalidad verificar la situación de los derechos humanos en su territorio. Sin embargo, para llevarse a cabo se requiere la invitación del Estado.

• Informes. Es la facultad que tiene la CIDH para elaborar informes, los cuales pueden ser generales, de seguimiento, temáticos o especiales.

• Relatorías. Es la facultad que tiene la CIDH para crear relatorías sobre un tema específico que considera de importancia para la región.

La CIDH cuenta con otras funciones, como la solicitud de medidas cautelares (véase Medidas cautelares) y provisionales (véase Medidas provisionales), la emisión de opiniones que le requieran los Estados Miembros de la OEA y la solicitud de opiniones consultivas a la Corte IDH (véase Corte Interamericana de Derechos Humanos).

ii) Judiciales. Consiste en el mecanismo, que tramita casos individuales por violación de los derechos humanos reconocidos en la DADDH, en la CADH o en otros instrumentos internacionales que le otorguen estas atribuciones, en contra de un Estado que tiene jurisdicción sobre el territorio donde se dieron los hechos. Con relación a la CADH y a otros instrumentos internacionales, se requiere que el Estado en cuestión los haya ratificado previamente, y que los hechos hubiesen ocurrido con posterioridad a dicho acto. El conocimiento de los casos puede provenir de una petición individual, de una petición interestatal, o bien, tramitarlos de oficio la CIDH. Para tramitar un caso, la CIDH debe verificar que se hayan agotado los mecanismos de protección judicial (véase Protección judicial) de los Estados, es decir, los recursos de jurisdicción interna. La CIDH puede emitir informes sobre admisibilidad, de no admisibilidad, de solución amistosa, de fondo, así como resoluciones de seguimiento a las recomendaciones de los informes. Asimismo, puede enviar casos ante la Corte IDH (véanse Corte Interamericana de Derechos Humanos, Sistema Interamericano, concepto de)

Fuente: Anaya Muñoz A. Et Al 2005, Glosario de términos básicos sobre derechos humanos. México

Disponible en: https://biblioteca.corteidh.or.cr/tablas/24425.pdf

Comité Internacional de la Cruz Roja: Institución independiente, imparcial y neutral enfocada a la promoción y guarda del Derecho Internacional Humanitario, que busca garantizar cierto grado de protección a las víctimas de los conflictos armados –cualquiera que sea el tipo de estos– y de los disturbios u otro tipo de violencia interna, al tiempo que sirve como intermediario neutral entre las partes involucradas en dichos conflictos.

El CICR, fue fundado en 1863, por cinco ciudadanos suizos: Louis Appia, Théodore Maunoir, Gustave Moynier, Guillaume-Henri Dufour y Henry Dunant. El 24 de junio de 1859, más de 40 mil soldados murieron o resultaron heridos en la Batalla de Solferino, entre los ejércitos francés y austriaco; este hecho, atestiguado por Henry Dunant, se convirtió en el punto de partida de su lucha por el reconocimiento internacional de ciertas normas que rigieran las acciones en los conflictos armados, y para el establecimiento de una organización encargada de promover, difundir y vigilar el cumplimiento de dichas normas, la cual evolucionó hasta convertirse en el CICR. La naturaleza del CICR es, sin lugar a duda, sui generis.

A pesar de que, según la legislación suiza, continúa siendo una sociedad ordinaria formada por ciudadanos suizos, la comunidad internacional le ha reconocido y otorgado, a través del tiempo, ciertas facultades y mandatos que le permiten actuar en el ámbito internacional de manera específica (Bouvier y Sassòli, 1999: 279-287). El mandato del CICR deviene, y se puede clasificar, de dos fuentes (Bouvier y Sassòli, 1999: 279-287):

1. Convencionales: Facultades o responsabilidades establecidas de manera formal en un instrumento internacional, entre las que destacan:

(i) Servir como intermediador neutral entre las partes en conflicto.

(ii) Visitar a los prisioneros de guerra.

(iii) Proveer alivio y protección a la población civil de cualquier tipo de conflicto, y

(iv) Localizar personas desaparecidas –sean civiles o militares– a fin de reunirlos con o proporcionar información a sus familiares, entre otros.

2. Extraconvencionales: Aquellas establecidas en otros documentos que no constituyen tratados internacionales, principalmente el Estatuto del Movimiento Internacional de la Cruz Roja y Media Luna Roja. Estos instrumentos otorgan un mandato general, pero de gran relevancia: servir como guardián de las normas de Derecho Internacional Humanitario, además de reconocerle la posibilidad de tomar todas aquellas medidas humanitarias que deriven de su papel como institución independiente, imparcial y neutral.

En este sentido, las principales líneas de actividad del CICR son:

(i) Brindar atención médica para víctimas de los conflictos armados;

(ii) Dar asistencia alimenticia en las zonas de conflicto.

(iii) Visitar los lugares de detención de los prisioneros de guerra y de la población civil protegida.

(iv) Visitar y brindar ayuda material a las personas detenidas por razones de seguridad;

(v) Asistir a las personas desplazadas, interna o internacionalmente, por los conflictos;

(vi) Difundir y promover el conocimiento de las normas del Derecho Internacional Humanitario.

(vii) Capacitar miembros de las fuerzas armadas nacionales en el Derecho Internacional Humanitario, entre otras (Bouvier y Sassòli, 1999: 279-287).

Fuente: Anaya Muñoz A. Et Al 2005, Glosario de términos básicos sobre derechos humanos. México

Disponible en: https://biblioteca.corteidh.or.cr/tablas/24425.pdf

Corte Interamericana de Derechos Humanos: Es un organismo judicial autónomo, de carácter no permanente, con sede en San

José, Costa Rica. La Corte IDH tiene como propósito la aplicación e interpretación de las disposiciones de la CADH, así como de otros instrumentos internacionales que le otorguen estas atribuciones. La Corte IDH está integrada por siete jueces de nacionalidad de alguno de los Estados Miembros de la OEA. Los jueces son elegidos a título personal y deben contar con la más alta autoridad moral y conocimientos de derechos humanos, así como cumplir con los requisitos para ocupar las más elevadas funciones judiciales de su país, o bien, del país que los propone. Los jueces duran en su cargo seis años con la posibilidad de ser reelectos por un periodo de igual duración (Estatuto de la Corte IDH: artículos 1-5).

La Corte IDH tiene dos funciones (Martin, 2004: 217-270):

i) *Contenciosa:* Es la función por medio de la cual resuelve sobre una controversia en la que se alegan presuntas violaciones de los derechos humanos reconocidos en la CADH, así como de otros instrumentos internacionales que le otorguen estas atribuciones, en contra de un Estado que tiene jurisdicción sobre el territorio donde se dieron las presuntas violaciones. La controversia puede ser presentada ante la Corte IDH por la CIDH o un Estado Miembro de la OEA, siempre y cuando dicho Estado haya reconocido previamente la competencia a la Corte IDH y los hechos se hubieren cometido con posterioridad a dicho reconocimiento. Para que la Corte IDH pueda conocer de cualquier asunto, se requiere que el mismo haya pasado previamente por el procedimiento de peticiones individuales ante la CIDH. La Corte IDH puede emitir sentencias sobre excepciones preliminares, de fondo, de reparaciones y de interpretación de sentencias, así como resoluciones sobre el cumplimiento de las sentencias.

ii) *Consultiva:* Es la función por medio de la cual la Corte IDH interpreta –a petición de cualquier órgano principal u Estado Miembro de la OEA– la CADH u otros tratados concernientes a la protección de los derechos humanos en los Estados americanos. Asimismo, la Corte IDH, a petición de un Estado Miembro de la OEA, puede emitir opiniones acerca de la compatibilidad de su legislación interna con los tratados concernientes a la protección de los derechos humanos de los que sea parte.

La Corte IDH tiene también, dentro de sus facultades, la posibilidad de adoptar medidas provisionales (véase Medidas provisionales).

Fuente: Anaya Muñoz A. Et Al 2005, Glosario de términos básicos sobre derechos humanos. México

Disponible en: https://biblioteca.corteidh.or.cr/tablas/24425.pdf

Corte Penal Internacional: Institución internacional permanente e independiente, competente para enjuiciar a personas presuntamente responsables de haber cometido genocidio, crímenes de lesa humanidad, crímenes de guerra y de agresión. Su sede está en la ciudad de La Haya, Holanda.

La Corte Penal Internacional es una institución con personalidad internacional propia y no es parte de la ONU. La relación con dicha organización está regulada por un acuerdo internacional aprobado y firmado por la Asamblea de Estados Parte de la Corte Penal Internacional –órgano "legislativo" de la Corte– y la propia ONU.

Su tratado constitutivo es el Estatuto de Roma de la Corte Penal Internacional, el cual fue aprobado el 1 de julio de 1998 por la Conferencia de Plenipotenciarios de la ONU por una Corte Penal Internacional (véase Plenipotenciarios, conferencia de), que tuvo lugar en la ciudad de Roma, Italia. El Estatuto de Roma entró en vigor el 1 de julio de 2002 y es el resultado de más de 50 años de negociaciones internacionales.

La Corte Penal Internacional tiene una competencia complementaria a los órganos judiciales nacionales (véase Complementariedad).

La competencia de la Corte Penal Internacional se determinará por el lugar en el que hayan sucedido los hechos o por la nacionalidad de los presuntos responsables. Es decir, la Corte Penal Internacional únicamente podrá enjuiciar los crímenes que se hayan cometido en el territorio de un Estado Parte del Estatuto de Roma o que haya sido perpetrado por un nacional de dichos Estados. Estos elementos de competencia no son, sin embargo, concurrentes; en otras palabras, basta con que se cumpla uno de ellos para que la Corte Penal Internacional tenga competencia para conocer de la situación.

La Corte Penal Internacional no tiene competencia retroactiva, lo que significa que no puede investigar o enjuiciar hechos que hayan sucedido con anterioridad de la entrada en vigor del Estatuto de Roma, o aquellos que hayan acontecido con anterioridad a la fecha en la que el Estado –en cuyo territorio se cometió el crimen o cuyo nacional sea el presunto responsable– haya ratificado o accedido al Estatuto de Roma. A diferencia de otras cortes internacionales –como la Corte Internacional de Justicia y las cortes Interamericana y Europea de Derechos Humanos ante las cuales comparecen los Estados– la Corte Penal Internacional está facultada para enjuiciar a personas, individuos que al momento de la comisión del crimen sean mayores de 18 años.

Una situación en la que presuntamente se hayan cometido uno o varios de los crímenes competencia de la Corte Penal Internacional, puede ser conocido por esta institución siempre y cuando aquélla sea remitida por (i) un Estado Parte del Estatuto de Roma;

(ii) el Consejo de Seguridad de la ONU, o (iii) cuando el fiscal de la

Corte Penal Internacional haya iniciado de oficio una investigación

Fuente: Anaya Muñoz A. Et Al 2005, Glosario de términos básicos sobre derechos humanos. México

Disponible en: https://biblioteca.corteidh.or.cr/tablas/24425.pdf

Crímenes de lesa humanidad: Crimen internacional, cometido como parte de un ataque generalizado o sistemático contra una población civil, conociendo el perpetrador dicho plan. Por ataque generalizado, siguiendo las definiciones establecidas en el Estatuto de Roma (véase Corte Penal Internacional), se puede entender una línea de conducta que implique la comisión múltiple de actos considerados como constitutivos del crimen, en tanto que el término sistemático implica que dichas conductas han sido cometidas de conformidad con un plan de un Estado o de una organización para cometer el ataque o para promover una política determinada (Estatuto de Roma: artículo 7).

El concepto de crímenes de lesa humanidad ha sido utilizado de manera reiterada en el ámbito internacional desde 1919, año en el que se empleó por primera vez para describir los hechos cometidos por oficiales turcos en contra de la población armenia.

Posteriormente, en el marco de los juicios de Nüremberg y Tokio, las potencias aliadas acordaron incluir los crímenes de lesa humanidad como uno de los crímenes competencia de dichos órganos. Es importante señalar que, en los estatutos de cada uno de los tribunales antes mencionados, la definición de crimen de lesa humanidad incluía un elemento adicional, de manera que, para poder enjuiciar a un presunto responsable por la comisión de un crimen de lesa humanidad, debía existir una relación entre dicho crimen y un conflicto armado o los actos preparatorios del mismo (Gutman y Rieff, 1999: 107-108).

El vínculo entre los crímenes de lesa humanidad y los conflictos armados se mantuvo durante varias décadas, siendo incluido en el Estatuto del Tribunal Penal Internacional para la Antigua Yugoslavia. Sin embargo, para 1994, la definición de "crímenes de lesa humanidad" establecida en el Estatuto del Tribunal Penal Internacional para Ruanda no incluyó dicho vínculo (véase Tribunales penales internacionales ad hoc). Es decir, según esta última definición, los crímenes de lesa humanidad no tienen que darse, necesariamente, en el contexto de conflictos armados.

Con el Estatuto de Roma de la Corte Penal Internacional, la existencia de los crímenes de lesa humanidad como crimen internacional independiente quedó consolidada al ser establecida en un tratado internacional multilateral, resultado de un acuerdo entre los Estados.

De conformidad con la definición de dichos crímenes establecida en el artículo 7 del Estatuto de Roma de la Corte Penal Internacional, éstos deben ser cometidos en un contexto definido para ser considerados como tales. Así, la conducta debe ser perpetrada (i) de manera sistemática o generalizada, en el sentido antes indicado; (ii) en contra de la población civil, en exclusión del personal u objetivos militares, y (iii) el perpetrador debe tener conocimiento de que la conducta se ha cometido en el marco de un ataque sistemático o generalizado en contra de la población civil, aunque no conozca la extensión del mismo, o que haya tenido la intención de que el hecho fuera parte de un ataque con estas características (Cassese, 2003: 64-91).

El mismo artículo 7 del Estatuto de Roma, al que nos referimos por ser la definición más consolidada del crimen de lesa humanidad, señala las conductas que constituyen crímenes de lesa humanidad cuando son cometidas en el contexto ya mencionado. Entre dichas conductas se encuentran: (i) asesinato; (ii) exterminio; (iii) esclavitud; (iv) deportación o traslado forzoso de personas; (v) privación grave de la libertad; (vi) tortura; (vii) desaparición forzada; (viii) Apartheid; (ix) persecución de un grupo o colectividad por motivos políticos, raciales, nacionales, étnicos, culturales, religiosos y de género, entre otros; (x) violación, esclavitud sexual, prostitución forzada, embarazo forzado, esterilización forzada, o cualquier otra forma de violencia sexual de gravedad similar, y (xi) otros actos inhumanos de carácter similar (Estatuto de Roma: artículo 7). Con respecto a estas conductas, es importante señalar que la inclusión de los actos de violencia sexual, los cuales incluyen la violencia en contra tanto de mujeres como de hombres, fue uno de los logros más trascendentes en el proceso de las negociaciones del Estatuto de Roma y se debe, en gran medida, a los grupos feministas que apoyaron el proceso alrededor del mundo (véanse también Crímenes de guerra y Derecho Internacional Humanitario).

Fuente: Anaya Muñoz A. Et Al 2005, Glosario de términos básicos sobre derechos humanos. México

Disponible en: https://biblioteca.corteidh.or.cr/tablas/24425.pdf

Debido proceso: Derecho humano, civil y político, que consiste en el conjunto de garantías procesales, que protegen al individuo sometido a un procedimiento judicial. Proviene del artículo séptimo de la Declaración de los Derechos del Hombre y del Ciudadano de 1789, así como de las enmiendas cuarta a séptima de la Constitución estadounidense de 1776, adoptadas en 1791 (Valencia, 2003: 107).

El derecho al debido proceso, se encuentra reconocido principalmente en la DUDH, artículos 8 (derecho a un recurso efectivo), 10 (derecho a ser oído por un Tribunal independiente e imparcial) y 11 (principio de presunción de inocencia), en el PIDCP, artículos 14 (garantías judiciales), 15 (principio de retroactividad de la ley penal) y 26 (principio de igualdad ante la ley), y en la CADH, artículos 8 (garantías judiciales), 9 (principio de legalidad y retroactividad), 10 (derecho a la indemnización) y 25 (protección judicial).

Las disposiciones relativas al derecho en el debido proceso legal –tanto del PIDCP como de la CADH– crean una obligación positiva en los Estados, y así mantener la infraestructura institucional necesaria para una adecuada administración de justicia, y de la misma manera en promulgar e implementar una legislación que garantice que los procedimientos, sean en sí mismos, justos y equitativos (OACNUDH, 2004: 233-234). El Comité de Derechos Humanos de la ONU (véase Sistema Universal de Protección de los Derechos Humanos, definición y estructura de) en su Observación General Núm. 13 relativa a la interpretación y alcance del derecho al debido proceso, particularmente en el PIDCP, señaló que: "[…] la finalidad de todas estas disposiciones, es garantizar la adecuada administración de justicia y, a tal efecto, afirmar una serie de derechos individuales, como la igualdad ante los tribunales y cortes de justicia, como el derecho a ser oído públicamente con las debidas garantías por un Tribunal competente, independiente e imparcial, establecido por ley [...]."

Fuente: Anaya Muñoz A. Et Al 2005, Glosario de términos básicos sobre derechos humanos. México

Disponible en: https://biblioteca.corteidh.or.cr/tablas/24425.pdf

Declaración Universal de los Derechos Humanos (DUDH): Aprobada por la Asamblea General de la ONU, el 10 de diciembre de 1948; tiene cada vez mayor reconocimiento como derecho consuetudinario internacional, y todos los estados miembros de la ONU que han acordado adoptar los principios y normas de la Declaración Universal. La Corte Internacional de Justicia, dispuso que la DUDH refleja los principios y derechos a los que alude la Carta de la ONU, por lo que su contenido es vinculante para todos los miembros de la ONU, a pesar de no ser un tratado, y por ello no ser susceptible de ratificación. Representa el mínimo común universal de derechos para todos y todas.

FUENTE: Glosario de términos claves en materia de derechos humanos y enfoque de derechos (ACNUDH Paraguay 2009)

Disponible en https://www.acnudh.org/wp-content/uploads/2019/07/Glosario-de-t%C3%A9rminos-claves-en-materia-de-DDHH.pdf

Defensores/as de derechos humanos: Según la Declaración sobre el derecho y el deber de los individuos, los grupos y las instituciones de promover y proteger los derechos humanos y las libertades fundamentales universalmente reconocidos, adoptada en 1999, toda persona tiene derecho, individual o colectivamente, a promover, procurar la protección y realización de los derechos humanos y las libertades fundamentales en los planos nacional e internacional. Entre estos derechos, figura el de desarrollar, debatir ideas y principios nuevos relacionados con los derechos humanos, y a preconizar su aceptación, así como participar en actividades pacíficas contra las violaciones de los derechos humanos y las libertades fundamentales y denunciarlas. Incumbe al Estado la responsabilidad de adoptar medidas legislativas, judiciales, administrativas o de otra índole, apropiadas para promover que todas las personas sometidas a su jurisdicción accedan a la comprensión de sus derechos civiles, políticos, económicos, sociales y culturales. Existe una Relatora Especial sobre la situación de los Defensores y Defensoras de Derechos Humanos, en el marco del Consejo de Derechos Humanos de la ONU.

Derechos civiles y políticos: Derechos particularmente relativos a la participación en la vida pública, como el derecho a la vida, la libertad y seguridad; igualdad ante la ley; la identidad; libertades fundamentales como la libertad de pensamiento, de conciencia y de religión; la libertad de expresión; la libertad de asociación y manifestación pacífica; la protección contra la tortura; el derecho a un juicio justo y a una protección judicial; y el derecho al voto y a ser elegido, entre otros.

Fuente principal: Pacto Internacional de Derechos Civiles y Políticos (PIDCP).

Derechos económicos sociales y culturales: Derechos básicos fundamentales, como el derecho a un nivel de vida adecuado, (que incluye entre otros el derecho a la alimentación, al agua y al vestido) el derecho a la salud, la educación y la vivienda adecuada, el derecho al trabajo, el derecho a preservar y desarrollar la identidad cultural, entre otros. Los principios esenciales que guían la aplicación de estos derechos obligatorios son la progresividad, la obligación de utilizar hasta el máximo los recursos disponibles y la no regresividad, es decir no retroceder en el logro de estos y en los recursos y presupuestos establecidos.

Derechos humanos (DDIIII): Los derechos que cada una de las personas tiene simplemente en virtud del hecho de ser un ser humano, independientemente de su condición o características personales, sociales, u otras diferencias o particularidades.

Diversidad: La diversidad es parte del derecho a la igualdad y no discriminación. Significa que, si bien todas las personas tienen derechos y son iguales en dignidad y derechos, cada persona es distinta y merece el respeto de todos sus derechos sin discriminación por sus diferencias o su diversidad. Para garantizar el respeto a la igualdad y a la no discriminación se requiere el respeto por las diferencias y la diversidad de las personas y grupos, así como de las características o particularidades de estos.

Enfoque basado en los derechos humanos (HRBA): Un enfoque basado en los derechos humanos es un marco conceptual para el proceso de desarrollo humano, que se fundamenta en las normas internacionales de derechos humanos, y que está dirigido a promover y proteger los derechos humanos. Se trata de analizar las desigualdades que se encuentran en el corazón de los problemas de desarrollo, y corregir las prácticas discriminatorias y el injusto reparto de poder que impiden el progreso del desarrollo. La mera caridad no es suficiente desde una perspectiva de derechos humanos. Bajo un enfoque basado en los derechos humanos, los planes, políticas y procesos de desarrollo están anclados en un sistema de derechos y obligaciones correspondientes, establecidos por el derecho internacional. Esto ayuda a promover la sostenibilidad de la labor de desarrollo, fortalecimiento de capacidades de las personas- especialmente aquellas más marginadas- para participar en la formulación de políticas y pedir cuentas a los que tienen el deber de actuar. En un enfoque basado en los derechos humanos para el desarrollo, los estándares de derechos humanos definen los parámetros o puntos de referencia para los resultados deseables (garantizar los derechos), mientras que los principios de derechos humanos representan condiciones para el proceso. Los criterios del proceso incluyen todos los principios de los derechos humanos: participación e inclusión, igualdad y no discriminación, transversalidad e integralidad, y transparencia y rendición de cuentas.

Todos estos especifican el mínimo requerido. Un enfoque basado en los derechos humanos demanda la misma atención tanto a los resultados como al proceso. El enfoque de derechos se aplica tanto a la programación, como a la implementación de planes, proyectos y programas, en la elaboración de las políticas públicas y de los presupuestos, como en el monitoreo y evaluación, por ejemplo, a través de indicadores de derechos humanos. Se trata de un enfoque centrado en las personas como titulares de derechos y no como personas con necesidades, teniendo en cuenta la perspectiva de género y la diversidad étnico-cultural, frente a las cuales se identifican las obligaciones y los titulares de estas o garantes de derechos, en particular las instituciones pertinentes del Estado, en un marco de respecto y conformidad con los compromisos internacionales (normas, principios y recomendaciones en la materia).

FUENTE: Glosario de términos claves en materia de derechos humanos y enfoque de derechos (ACNUDH Paraguay 2009)

Disponible en https://www.acnudh.org/wp-content/uploads/2019/07/Glosario-de-t%C3%A9rminos-claves-en-materia-de-DDHH.pdf

Estándares de derechos humanos: Las normas de derechos humanos orientan toda la cooperación al desarrollo y la programación en todos los sectores y en todas las fases del proceso de programación, monitoreo y evaluación. Estas normas representan resultados deseables en un enfoque de derechos humanos para el Desarrollo, por ejemplo, la educación básica universal, el acceso a los servicios de salud, la protección social, la ausencia de la tortura, etc. Las normas de derechos humanos no son un techo aspiracional; por el contrario, fijan estándares mínimos para el respeto y protección de los derechos, es decir que los Estados deben garantizar esos mínimos pudiendo por supuesto alcanzar una protección mayor, según su voluntad y recursos.

FUENTE: Glosario de términos claves en materia de derechos humanos y enfoque de derechos (ACNUDH Paraguay 2009)

Disponible en https://www.acnudh.org/wp-content/uploads/2019/07/Glosario-de-t%C3%A9rminos-claves-en-materia-de-DDHH.pdf

Examen Periódico Universal (EPU): Es un mecanismo de derechos humanos relativamente nuevo, desarrollado por el Consejo de Derechos Humanos de la ONU. Se trata de un examen entre pares, en cuyo marco cada país presenta su informe sobre avances y desafíos en materia de derechos humanos y, como resultado de un debate interactivo con los representantes de los otros países, se concluye en un informe que contiene las recomendaciones de los Estados al país examinado. Este último tiene la potestad de indicar las recomendaciones que son aceptadas, así como aquellas recomendaciones sobre las que toma nota sin aceptarlas.

FUENTE: Glosario de términos claves en materia de derechos humanos y enfoque de derechos (ACNUDH Paraguay 2009)

Disponible en https://www.acnudh.org/wp-content/uploads/2019/07/Glosario-de-t%C3%A9rminos-claves-en-materia-de-DDHH.pdf

Igualdad y no discriminación: La igualdad y la dignidad de las personas, es la base esencial del concepto de derechos humanos. Todas las personas dentro de una sociedad gozan de igualdad de acceso a los bienes y servicios disponibles que son necesarios para satisfacer las necesidades humanas básicas.

FUENTE: Glosario de términos claves en materia de derechos humanos y enfoque de derechos (ACNUDH Paraguay 2009)

Disponible en https://www.acnudh.org/wp-content/uploads/2019/07/Glosario-de-t%C3%A9rminos-claves-en-materia-de-DDHH.pdf

Instrumentos internacionales: Es el conjunto de documentos; tratados, principios, directrices y declaraciones; que establecen normas y principios internacionales aplicables a los derechos humanos. En este conjunto de documentos, se incluyen los tratados ratificados por el país, así como los otros documentos como la DUDH, la Declaración sobre los Derechos de los Pueblos Indígenas y la Declaración sobre el derecho y el deber de los individuos, los grupos y las instituciones de promover y proteger los derechos humanos y las libertades fundamentales universalmente reconocidos, (conocida como Declaración sobre los Derechos de los Defensores de Derechos Humanos), Código de conducta para funcionarios encargados de hacer cumplir la Ley, entre otros.

http://www.ohchr.org/SP/ProfessionalInterest/Pages/UniversalHumanRightsInstruments.aspx

FUENTE: Glosario de términos claves en materia de derechos humanos y enfoque de derechos (ACNUDH Paraguay 2009)

Disponible en https://www.acnudh.org/wp-content/uploads/2019/07/Glosario-de-t%C3%A9rminos-claves-en-materia-de-DDHH.pdf

Mecanismos internacionales de protección: En el ámbito de las Naciones Unidas, estos mecanismos se dividen entre los órganos de vigilancia o supervisión de los tratados, los procedimientos especiales (Relatores Especiales temáticos o geográficos o Grupos de trabajo) y el Examen Periódico Universal (los dos últimos como mecanismos dependientes del Consejo de Derechos Humanos de la ONU). Todos estos mecanismos, entre otras funciones, emiten recomendaciones internacionales a los países.

FUENTE: Glosario de términos claves en materia de derechos humanos y enfoque de derechos (ACNUDH Paraguay 2009)

Disponible en https://www.acnudh.org/wp-content/uploads/2019/07/Glosario-de-t%C3%A9rminos-claves-en-materia-de-DDHH.pdf

Obligaciones de derechos humanos: Todos los estados, están obligados a garantizar el cumplimiento del derecho internacional de los derechos humanos; más aún porque han ratificado ciertos tratados. Los Estados que todavía no han ratificado los tratados están no obstante obligados a respetar los principios generales del derecho consuetudinario internacional, por ejemplo, el derecho a no estar sometido a esclavitud ni a servidumbre, a la protección contra la tortura, etc.

Asimismo, estas obligaciones, tanto de hacer como de no hacer, implican acciones de protección, promoción, respecto y garantía de los derechos humanos, así como prevención de violaciones y reparación a las víctimas. Entre estas obligaciones están la armonización de su legislación interna haciéndola compatible con sus compromisos internacionales, la adopción de medidas administrativas, políticas o de otro carácter, así como la organización institucional necesaria para la puesta en práctica de todas estas obligaciones.

FUENTE: Glosario de términos claves en materia de derechos humanos y enfoque de derechos (ACNUDH Paraguay 2009)

Disponible en https://www.acnudh.org/wp-content/uploads/2019/07/Glosario-de-t%C3%A9rminos-claves-en-materia-de-DDHH.pdf

Observaciones o recomendaciones generales: Los órganos de tratados adoptan documentos en forma de observaciones o recomendaciones generales, que proporcionan directrices para los Estados Parte, sobre la interpretación de aspectos específicos del tratado de derechos humanos, de preocupación para el comité en particular. Se trata de la interpretación de aspectos específicos del tratado, o de los derechos en él incluidos, como, por ejemplo, la dimensión y contenido del derecho a la salud, a la educación, la prohibición de la tortura, etc. Pueden ser consultados en: www.ohchr.org

FUENTE: Glosario de términos claves en materia de derechos humanos y enfoque de derechos (ACNUDH Paraguay 2009)

Disponible en https://www.acnudh.org/wp-content/uploads/2019/07/Glosario-de-t%C3%A9rminos-claves-en-materia-de-DDHH.pdf

Ombudsman: Término que se instituye en Suecia en 1809, para designar a la persona encargada de la protección de los derechos del ciudadano, en sus contactos con las autoridades. Constituye una garantía contra las medidas opresoras y contra la mala administración, dentro del sistema judicial y de la administración civil, (Instituto Sueco, 2000: 1). La palabra, en países de habla hispana, ha sido utilizada como representante (Fix-Zamudio, 1999: 347). Una "persona que actúa por cuenta de otra y sin tener un interés personal propio en el asunto que interviene" (Nilsson, 1986).

En México, se le ha dado el carácter de Ombudsman a los presidentes de las comisiones públicas de derechos humanos (véase Comisiones públicas de derechos humanos), por representar a la institución responsable de la protección de los derechos humanos. Estos representantes, entre sus principales características, deberán ser personas que gocen de buena reputación, estar en pleno goce y ejercicio de sus derechos civiles y políticos, contar con experiencia en materia de derechos humanos y no desempeñar o haber desempeñado cargos que pudieran constituir una pérdida de objetividad en su desempeño, tales como la dirección nacional o estatal de algún partido político, secretario o subsecretario de Estado, procurador general de la República o de alguna entidad federativa, gobernador o jefe de Gobierno del Distrito Federal, etcétera (Ley de la Comisión Nacional de los Derechos Humanos, 1992). El Ombudsman en México, es elegido por el voto de las dos terceras partes de los miembros presentes de la Cámara de Senadores o, en sus recesos, por la Comisión Permanente del Congreso de la Unión, con la misma votación calificada. Durará en su cargo cinco años y podrá ser reelecto por una sola vez (Ley de la Comisión Nacional de los Derechos Humanos, 1992).

Fuente: Anaya Muñoz A. Et Al 2005, Glosario de términos básicos sobre derechos humanos. México

Disponible en: https://biblioteca.corteidh.or.cr/tablas/24425.pdf

Perspectiva de género: El enfoque o perspectiva de género, permite observar las diferencias sociales, biológicas, psicológicas y ambientales en las relaciones de poder entre las personas y el rol que desempeñan en la familia y grupo social. La perspectiva de género, permite observar el impacto diferenciado de prácticas en programas, planes, presupuestos, proyectos y leyes sobre los hombres y las mujeres; hacer visible lo que está oculto en cuanto a necesidades, experiencias y abusos, que sufren generalmente las mujeres por el hecho de ser mujeres, o que les afectan de forma desproporcionada, con el objetivo de actuar para transformar las causas de la violencia y la discriminación, para luego reconocer que tanto hombres como mujeres, pueden cambiar su entorno.

FUENTE: Glosario de términos claves en materia de derechos humanos y enfoque de derechos (ACNUDH Paraguay 2009)

Disponible en https://www.acnudh.org/wp-content/uploads/2019/07/Glosario-de-t%C3%A9rminos-claves-en-materia-de-DDHH.pdf

Principios de derechos humanos: Los principios de derechos humanos guían la programación en todas las fases del proceso de programación, incluidas la evaluación y el análisis, la planificación y el diseño, la implementación, el monitoreo y la evaluación. Estos principios representan criterios para un proceso aceptable, o adecuado en un enfoque de derechos humanos para el desarrollo. Estos principios, incluyen la igualdad y la no discriminación, la participación y la inclusión, la rendición de cuentas y el estado de derecho. Fuera del marco de programación, los principios de derechos humanos; son aquellos que generalmente no dependen de la ratificación de tratados por ser principios universales, para la protección de la dignidad humana.

FUENTE: Glosario de términos claves en materia de derechos humanos y enfoque de derechos (ACNUDH Paraguay 2009)

Disponible en https://www.acnudh.org/wp-content/uploads/2019/07/Glosario-de-t%C3%A9rminos-claves-en-materia-de-DDHH.pdf

Principio pro-persona: Es el principio esencial de interpretación de las normas de derechos humanos. Según este principio, las normas se interpretan siempre en favor de las personas y sus derechos. En contrapartida, las restricciones a los derechos deben interpretarse restrictivamente. Mientras que los derechos son inherentes a las personas y no necesitan una norma escrita para existir, las restricciones requieren de una norma legal que las identifiquen taxativamente. En síntesis, este principio está representado por el dicho coloquial que afirma que "todo lo que no está prohibido, está permitido".

FUENTE: Glosario de términos claves en materia de derechos humanos y enfoque de derechos
(ACNUDH Paraguay 2009)

Disponible en https://www.acnudh.org/wp-content/uploads/2019/07/Glosario-de-
t%C3%A9rminos-claves-en-materia-de-DDHH.pdf

Ratificación: Un país decide oficialmente y formalmente, que quiere convertirse en un Estado Parte en un tratado. Esa manifestación de voluntad formal se realiza a través de la ratificación del tratado, haciendo éste obligatorio para el país. El país que solo "firma" un tratado, se compromete a no entorpecer su vigencia y a respetar sus objetivos, aun cuando todavía no asume directamente las obligaciones específicas derivadas del mismo. El país que firmó un tratado y quiere convertirse en Estado Parte, podrá hacerlo mediante la "adhesión" al tratado, que produce los mismos efectos que la ratificación. Algunos tratados permiten la realización de algunas reservas a algunos aspectos del tratado; sin embargo, no se admiten las reservas que vayan contra el objeto y fin de este.

FUENTE: Glosario de términos claves en materia de derechos humanos y enfoque de derechos
(ACNUDH Paraguay 2009)

Disponible en https://www.acnudh.org/wp-content/uploads/2019/07/Glosario-de-
t%C3%A9rminos-claves-en-materia-de-DDHH.pdf

Recomendaciones internacionales: Son recomendaciones formuladas a cada Estado por parte de los mecanismos internacionales de protección de los derechos humanos, (en particular órganos de supervisión de tratados, relatores especiales y el Examen Periódico Universal). Las recomendaciones identifican generalmente desafíos y déficit en diversas áreas de derechos humanos y constituyen guías y orientaciones para superarlos.

FUENTE: Glosario de términos claves en materia de derechos humanos y enfoque de derechos
(ACNUDH Paraguay 2009)

Disponible en https://www.acnudh.org/wp-content/uploads/2019/07/Glosario-de-
t%C3%A9rminos-claves-en-materia-de-DDHH.pdf

Rendición de cuentas y estado de derecho: El uso de un enfoque de derechos humanos requiere la identificación de quienes son los titulares de derechos, (las personas que reclaman sus derechos) y quiénes son los portadores de las obligaciones correlativas. Esto identifica a los titulares de obligaciones o garantes responsables del cumplimiento de los derechos humanos para los titulares de derechos. Los portadores de obligaciones son responsables y rinden cuentas a través de la asignación de presupuesto, de la creación de capacidades para trabajar en la realización de los derechos específicos, así como a través del imperio de la ley, los tribunales y los mecanismos judiciales. La transparencia y rendición de cuentas es un requisito fundamental del enfoque basado en los derechos humanos, y una de sus herramientas lo constituyen los indicadores de derechos humanos para medir los progresos y el impacto de la acción del Estado sobre los derechos de las personas.

FUENTE: Glosario de términos claves en materia de derechos humanos y enfoque de derechos (ACNUDH Paraguay 2009)

Disponible en https://www.acnudh.org/wp-content/uploads/2019/07/Glosario-de-t%C3%A9rminos-claves-en-materia-de-DDHH.pdf

Respeto, protección y garantía de los derechos humanos: Son las obligaciones que tienen los Estados, como portadores de obligaciones y principales garantes de derechos, y como parte de sus compromisos internacionales en materia de derechos humanos, así como de sus respectivas constituciones.

Estas obligaciones, no solo implican deberes de omisión o de no hacer, (no violar los derechos); hace referencia también a las obligaciones positivas, para proteger a las personas y generar las condiciones que garantizan a las mismas, y donde puedan gozar de sus derechos. Adicionalmente, el Estado también tiene obligaciones de procurar la reparación a las víctimas de violaciones de derechos humanos y de prevenir dichas violaciones.

FUENTE: Glosario de términos claves en materia de derechos humanos y enfoque de derechos (ACNUDH Paraguay 2009)

Disponible en https://www.acnudh.org/wp-content/uploads/2019/07/Glosario-de-t%C3%A9rminos-claves-en-materia-de-DDHH.pdf

Seguridad pública: La idea de seguridad pública hace referencia a la función (la obligación) del Estado en garantizar una vida segura a todas las personas bajo su jurisdicción. Su ausencia, es decir; la inseguridad pública, denota actos violentos, generalmente tipificados como delictivos o antisociales, en contra de la vida y la propiedad de los ciudadanos. Tradicionalmente, la inseguridad pública ha sido vista como un asunto eminentemente policial, relativo a la detención y castigo de los delincuentes. Ciertamente, el sistema de procuración de justicia en México es altamente ineficiente (Zepeda, 2003), lo cual, presumiblemente, tiene una relación directa con los altos niveles de inseguridad, pues la impunidad alienta o al menos no inhibe la comisión de delitos. Existe, no obstante, un acercamiento que ve a la inseguridad pública como un fenómeno complejo y multicausal, relacionado –entre otros asuntos– con factores estructurales como la cohesión social, la desigualdad socioeconómica, la marginalidad, el desempleo e incluso la falta de alternativas deportivas y culturales (Peñaloza y Garza Salinas, 2002; Peñaloza, 2002; Bailey y Chabat, 2003 :23-30). En años recientes, los problemas relativos a la seguridad pública se han vuelto prioritarios dentro de la agenda política en México, figurando dentro de las principales preocupaciones y demandas de la ciudadanía, la cual percibe a la autoridad no solamente como incapaz de garantizar su seguridad, sino como fuente en sí de la inseguridad en la que vive (Bailey y Chabat, 2003: 18, 33-35).

Particularmente, a partir la década de los noventa, la respuesta gubernamental a esta "crisis de seguridad pública "se ha basado en una creciente participación de personal militar en funciones de procuración de justicia. Los resultados, no obstante, han sido poco alentadores: los índices delictivos no han disminuido y las denuncias de violaciones a los derechos humanos por parte de la policía (en gran medida militarizadas) son frecuentes (Bailey y Chabat, 2003: 36-40). En este sentido, distintas instancias nacionales e internacionales de protección de los derechos humanos han manifestado su preocupación sobre los efectos de la militarización de las instituciones de procuración de justicia, particularmente en materia de derechos civiles relativos al debido proceso.

Recientemente, se ha planteado en nuestro país una supuesta contradicción entre seguridad pública y derechos humanos. El argumento es que el respeto por los derechos humanos entorpece los esfuerzos gubernamentales por garantizar la seguridad de los ciudadanos. Se ha demostrado, no obstante, que éste es un falso debate y que una auténtica seguridad pública se basa en el respeto irrestricto a los derechos humanos de las víctimas y a los derechos procesales de los presuntos responsables (Zepeda, 2003: 141-144).

Fuente: Anaya Muñoz A. Et Al 2005, Glosario de términos básicos sobre derechos humanos. México

Disponible en: https://biblioteca.corteidh.or.cr/tablas/24425.pdf

Tratados: Son acuerdos, en virtud del derecho internacional establecidos en su mayoría entre los Estados y/u organizaciones internacionales. (Pactos y Convenciones de la ONU son tratados). Los tratados son obligatorios y jurídicamente vinculantes para los Estados que los han ratificado, sin poder argumentar la imposibilidad de cumplirlos por disposiciones de derecho interno.

FUENTE: Glosario de términos claves en materia de derechos humanos y enfoque de derechos (ACNUDH Paraguay 2009)

Disponible en https://www.acnudh.org/wp-content/uploads/2019/07/Glosario-de-t%C3%A9rminos-claves-en-materia-de-DDHH.pdf

Bibliografía

ACNUR, 2017 Relato histórico de los Derechos Humanos, Agencia de la ONU para los Refugiados [en línea]. 10 de diciembre de 2017 [consultado el 21 de julio de 2023]. Disponible en: https://eacnur.org/es/actualidad/noticias/eventos/historia-de-los-derechos-humanos-un-relato-por-terminar

ACNUR Paraguay 2009, Glosario de términos claves en materia de derechos humanos y enfoque de derechos. Paraguay.

AMNISTÍA INTERNACIONAL, 2009 Historia de los Derechos Humanos, disponible en https://www.amnistiacatalunya.org/edu/pdf/historia/dudh-historia.pdf

ARMENDÁRIZ LASSO, Enrique 2008, Gerente vs Líder Revista Ciencia Unemi, vol. 1, núm. 1, pp. 46-47 Universidad Estatal de Milagro

ASAMBLEA GENERAL DE NACIONES UNIDAS. (10 de Diciembre de 1948). Declaración Universal de Derechos Humanos. Recuperado el 29.09 2022, de Organización de Naciones Unidas: http://www.un.org/es/documents/udhr/

ASAMBLEA GENERAL DE NACIONES UNIDAS, 1979 Código de conducta para funcionarios encargados de hacer cumplir la ley

BASS, B. M., & Avolio B. J. (1993). Transformational leadership A response to critiques.

BIBLIOTECA DEL CONGRESO NACIONAL | Ley Chile. En línea. www.bcn.cl/leychile. 2018. Disponible en: https://www.bcn.cl/leychile/navegar?idNorma=1126341. [consultado el 12/08/2023].

CARABINEROS DE CHILE 2017, Manual de Técnicas y Tácticas de intervención Policial Nivel I

CENTRO DE ESTUDIOS EN SEGURIDAD CIUDADANA DEL INSTITUTO DE ASUNTOS PÚBLICOS UNIVERSIDAD DE CHILE. Monitor of Use of Lethal Force in Latin America and the

Caribbean. En línea. Universidad de Chile. 2022. Disponible en: https://www.monitorfuerzaletal.com/docs/MonitorFuerzaLetal_2022_Chile.pdf. [consulta-do el 07/08/2023].

CEVALLOS IZQUIERDO, E. C. (2020). Uso progresivo de la fuerza policial: estudio de los lineamientos en Ecuador en perspectiva comparada con Perú y Colombia (Master's thesis, Quito: Universidad Andina Simón Bolívar). https://repositorio.uasb.edu.ec/bitstream/10644/7568/1/T3281-MDE-Cevallos-Uso.pdf

CICR 2012 Guía para la Conducta y el Comportamiento de la Policía, derecho internacional de los derechos humanos y principios humanitarios para el ejercicio profesional de la función policial.

CICR 2015, Violencia y Uso de la Fuerza Disponible en https://www.icrc.org/es/doc/assets/files/other/violencia-y-uso-de-la-fuerza_(web).pdf

COMISIÓN INTERAMERICANA DE DERECHOS HUMANOS, caso 12.880

CÓDIGO DE CONDUCTA PARA FUNCIONARIOS ENCARGADOS DE HACER CUMPLIR LA LEY, Adoptado por la Asamblea General en su resolución 34/169, de 17 de diciembre de 1979.
DE CASAS 2019 ¿Qué son los estándares de derechos humanos? / 291-301revistaidh.org

ECUADOR 2007 MANUAL DE DERECHOS HUMANOS, disponible en https://www.ministeriodegobierno.gob.ec/wp-content/uploads/downloads/2012/12/Manual-de-Derechos-Humanos.pdf

ESKIBEL, D. (2011). La teoría de las ventanas rotas, el delito es mayor en las zonas descuidadas, sucias y maltratadas. Foro de Seguridad, 50-54

ESCOBAR, Guillermo. 2005 Introducción a la teoría jurídica de los derechos huma-nos, editorial Trama editorial, Madrid España p. 33

ESCOBAR, Guillermo. 2021 Teoría y práctica de los derechos humanos, Tema 1 ¿Qué Derechos tenemos? Universidad Alcalá, España, pp 1-5. (Apuntes de clase)

FISCHMAN, D. (2005). El Líder Transformador

GAVET.A. 1899. El Arte de Mandar disponible en https://jefferson-americas.org/wp-content/uploads/2020/08/EL-ARTE-DE-MANDAR.pdf

HENRÍQUEZ 2008, Jerarquía de los tratados de derechos humanos: análisis jurisprudencial desde el método de casos. https://www.scielo.cl/scielo.php?script=sci_arttext&pid=S0718-52002008000100004

FAUNDEZ LEDESMA, H. (2000). El Sistema Interamericano de Protección de los Derechos Humanos Aspectos Institucionales y Procesales (Tercera ed.). San José: Instituto Interamericano de Derechos Humanos pp 4 disponible en https://biblioteca.corteidh.or.cr/ adjunto/36527

IPSA, 2016 World Internal Security & Police Index, en línea, disponible en http://ipsa-police.org/Images/uploaded/Pdf%20file/WISPI%20Report.pdf

KANT I, definición dignidad, (en línea) disponible en https://www.academia.edu/20196340/Abbagnano_Diccionario_de_Filosof%C3%ADa_2a_ed.

LUZIO W, 1977 Ensayos Culturales y Profesionales, Tomo III Carabineros de Chile, pp1955-1959

MARTÍNEZ F. 2008 Uso de la Fuerza disponible en http://www.cesc.uchile.cl/publicaciones /dt 04 usodelafuerza.pdf

MINISTERIO DE JUSTICIA Y. DD.HH. PNDH 2022-2025. En línea. 2023. Disponible en: https://ddhh.minjusticia.gob.cl/media/2016/12/2do_PDDHH_2022_30ene2023.pdf. [consultado el 10/08/2023].

MOLOENZNIK, M. 2002, LA SEGURIDAD HUMANA Un nuevo enfoque impulsado por la ONU, pp 46

MOLOEZNIK, M. 2013 ¿QUÉ ES LA SEGURIDAD CIUDADANA? Primera Edición, México Pp. 23

MOLOEZNIK, M 2018. Todo sobre pensamiento estratégico militar (Enseñanzas para el Sistema de Defensa de México)

NASH, C., & NÚÑEZ, C. (2015). Estudios y capacitación: Derechos humanos y juicio penal en Chile. Santiago: Centro de Documenta-ción Defensoría Penal Pública, pp. 21 Disponible en https://www.academia.edu/ 30518383/ Derechos_Huma-nos_y_Juicio_Penal_en_Chile

ONU, (2018) Informe nacional presentado con arreglo al párrafo 5 del anexo de la resolución 16/21 del Consejo de Derechos Humanos https://documents-ddsny.un.org/doc/UNDOC/GEN/G18/254/65/PDF/ G1825465. pdf? OpenElement

ONU, (2020) Informe nacional presentado con arreglo al párrafo 5 del anexo de la resolución 16/21 del Consejo de Derechos Humanos https://documents-ddsy.un.org/doc/UNDOC/GEN/G20/204/19/PDF/G202041 9 .pdf? OpenEle

ONU, 2020 Orientaciones sobre el empleo de armas menos letales en el mantenimiento del orden.

ONU 2022 ¿Qué son los derechos Humanos? Disponible en https://www.un.org/es/global-issues/human-rights

ONU, 2022 Aprovechar al máximo la utilización del Examen Periódico Universal enlos países disponible en https://www.ohchr.org/sites/default/files/Documents/HRBodies /UPR/UPR_ Practical_ Guidance_SP.pdf

PALLARES P. 2013 La justificación racional de los derechos humanos en los redactores de la declaración universal de derechos humanos.

PÉREZ HERNÁNDEZ, Víctor Hugo. (2017). "El ombudsman policial: órgano defensor de los derechos humanos de las y los policías". (Tesis de Doctorado). Universidad Nacional Autónoma de México, México. Recuperado de https://repositorio.unam.mx/contenidos/81365

RAE. 2023 Definición Dignidad, disponible en https://dle.rae.es/dignidad

ROVER C. 2018 Servir y Proteger Comité Internacional de la Cruz Roja disponible en file:///C:/Users/psmar/Downloads/0698_003-ebook.pdf

SANTOS, J. 2004 La Ruta: un mapa para construir futuros. El Salvador: Editorial de la Universidad de El Salvador

TARDIF, E. 2011 Teoría y práctica del uso legítimo de la fuerza en la comunidad internacional: evolución durante el último siglo y tendencias recientes / Theory and practice of the legitimate use of force in the international community: evolution over the last century, and recent trends pp.83 disponible en https://www.jstor.org/stable/41969366

Made in the USA
Columbia, SC
01 September 2023

22184448R30148